本成果受國家社科基金重大項目：
「『佔中』後香港國家安全立法問題研究」
（項目號：15ZDA036）資助，特此感謝！

中山大學粵港澳发展研究院

Institute of Guangdong, Hong Kong and Macao
Development Studies, Sun Yat-sen University

郭天武　陳雪珍　嚴林雅 ——

著

香港特別行政區
司法權與終審權問題研究

港澳制度
研究叢書

A Study on
Judicial Power
and Power of
Final Adjudication
of Hong Kong
Special Administrative
Region

總 序

鄒平學[*]

　　自國家誕生後，人類社會產生了多少政治的、法律的、經濟的、社會的各種「制度」，可能是一個誰也無法回答的問題。「制度」研究也一直是法學、政治學、經濟學、管理學以及社會學等學科共有的現象。「制度」是什麼？制度就是體系化的規則、規矩。中國人常說，沒有規矩就不成方圓。所有的人、人所組成的各種組織乃至國家、社會，都離不開各種制度。所以，制度很重要，制度研究也很重要。

　　港澳回歸已有 20 多年之久，「一國兩制」實踐和基本法實施開始進入「五十年不變」的中期階段，可謂進入「深水區」。特別是2019 年以來，中央出手先後制定《香港國安法》、完善香港選舉制度之際，三聯書店（香港）有限公司決定推出一套「港澳制度研究叢書」，可謂恰逢其時，遠見卓識，意義重大。這是出版界第一套專門冠名「港澳制度研究」的叢書，從他們組織策劃叢書的初心與選題設想看，我不禁為香港三聯書店匠心獨具、籌劃周詳而擊節讚嘆。我認為，這套書將努力達成三個「小目標」，或者說將具有三個方面的亮點或特點。

　　第一，抓住港澳研究的根本。港澳回歸以來，港澳研究熱點迭出，成為顯學。從坊間的各種論著看，港澳制度研究最為熱門。鄧小平曾指出：「一九九七年我們恢復行使主權之後怎麼樣管理香港，

[*] 鄒平學，法學博士，深圳大學法學院教授，博士生導師，兼任全國人大常委會港澳基本法委員會基本法理論研究基地深圳大學港澳基本法研究中心主任，教育部國別與區域研究基地深圳大學港澳與國際問題研究中心主任，國務院發展研究中心港澳研究所學術委員會委員兼高級研究員，全國港澳研究會理事，廣東省法學會港澳基本法研究會會長。

也就是在香港實行什麼樣的制度的問題。」[1] 可見，在港澳實行什麼樣的制度，是實踐「一國兩制」、依法管治港澳的根本。習近平總書記指出：「作為直轄於中央政府的一個特別行政區，香港從回歸之日起，重新納入國家治理體系。中央政府依照憲法和香港特別行政區基本法對香港實行管治，與之相應的特別行政區制度和體制得以確立。」[2] 港澳制度實質是港澳被納入國家治理體系後形成和發展的、具有中國智慧和中國風格的「一國兩制」政策的制度呈現。港澳回歸後的實踐表明，在港澳實行的「一國兩制」制度體系，不僅是解決歷史遺留下來的港澳問題的最佳方案，也是港澳回歸祖國後保持長期繁榮穩定的最佳制度安排。「港澳制度研究叢書」的推出，顯然敏銳抓住了「一國兩制」制度體系這個港澳研究的根本。

第二，拓展港澳制度研究的問題論域。坊間以往印行的港澳研究論著，以政法制度研究居多。這說明，港澳政法制度研究是港澳制度研究較為重視的論域。究其原因，是因為「一國兩制」的制度體系是我國國家治理體系的重要組成部分，這一體系是政策、法律和制度的有機構成。政法制度是港澳制度較為根本、活躍和基礎的部分。鄧小平告訴我們，「一國兩制」能不能夠真正成功，要體現在香港特別行政區基本法裏面。根據憲法制定的港澳基本法先後為我國兩個特別行政區設計了一套嶄新的制度和體制，這就是港澳特別行政區制度或者簡稱港澳制度。港澳制度實質就是「一國兩制」政策的法律化、制度化，是根據憲法制定港澳基本法、建構「一國兩制」制度體系來完成的。所以，在港澳政法制度研究的論著裏，較多地是圍繞根據憲法和基本法管治港澳的理論和實踐來展開。數年前，三聯書店（香港）有限公司精心打造推出的、由王振民教授主編的「憲法與基本法研究叢

1　鄧小平：《鄧小平文選》（第三卷），北京：人民出版社 1993 年版，第 85 頁。

2　〈習近平在慶祝香港回歸祖國 20 週年大會暨香港特別行政區第五屆政府就職典禮上的講話〉，新華社 2017 年 7 月 1 日電。

書」即是這方面的積極成果。在當下港澳制度進入重要創新發展階段，「港澳制度研究叢書」的問世，不僅將繼續關注「一國兩制」、憲法和基本法在港澳的實施等問題的宏觀討論，還較大範圍拓展了問題論域，將突出從中觀、微觀角度，去探索港澳制度具體實際運作層面的體制機制層面，深入挖掘港澳研究的中觀、微觀研究板塊，推出更多高質量的、以往被宏觀的「一國兩制」論述所遮蔽的更細緻、更具體的研究成果，拓展、拓深港澳制度研究的格局。特別是，叢書將不僅限於政法制度，還將視野擴及港澳經濟、社會、文化、教育、科技、政府管治、媒體等方面的制度，這將使得港澳制度研究在廣度、深度方面更為拓展和深化，進一步豐富港澳制度研究範疇的包容性和統攝性，為廣大讀者展示港澳制度立體多面的全貌，這十分令人期待。

　　第三，前瞻港澳制度研究的未來發展。港澳制度研究要為港澳「一國兩制」事業做出應有的貢獻，不僅要敏銳抓住研究論域的根本和重點，還要善於把握港澳制度的脈搏和運行規律。毋庸諱言，現有的港澳制度研究成果對制度運行的規律性研究還不夠，高水平、有分量、有深度的成果還不多，特別是能有效解決疑難問題、足資回應實踐挑戰的成果還不多。進入新時代以後，港澳形勢出現的新情況、新問題給中央管治港澳提出了新的挑戰。**在政治方面**，香港維護國家主權、安全、發展利益的制度還需完善，對國家歷史、民族文化的教育宣傳有待加強。2020 年國家層面出台國安法，為解決治理危機提供了有力抓手，但國安法律制度和執行機制如何進一步發展完善還有很多具體和複雜問題需要研究解決。而且，單靠國安法的落地還不夠，還需要認真研究特區教育、媒體、司法、文化、政府管治方面的制度問題。需要指出的是，港澳制度中的「制度」既包括在特區內實行的制度，也包括決定這個制度的制度。因而港澳制度就不能僅僅限於兩個特區內部實行的制度，而首先應從國家治理體系的制度角度出發。

例如目前中央全面管治權的制度機制都面臨一些新情況和新問題，如中央對特區政治體制的決定權、中央對特區高度自治權的監督權包括對特首的實質任命權、特區本地立法向人大的備案審查等制度問題，都存在值得研究的理論和實踐問題。澳門特區政府依法治理的能力和水平，與形勢發展和民眾的期待相比仍需提高，政府施政效率、廉潔度和透明度與社會的發展存在一定的差距。習近平提出，澳門要「繼續奮發有為，不斷提高特別行政區依法治理能力和水平。回歸以來，澳門特別行政區治理體系和治理能力不斷完善和提高。同時，我們也看到，形勢發展和民眾期待給特別行政區治理提出了更新更高的要求」。[3] **在經濟方面**，香港經過幾十年的快速發展，面臨著經濟結構進一步調整等問題，部分傳統優勢有所弱化，新經濟增長點的培育發展需要時間，來自其他經濟體和地區的競爭壓力不斷增大；澳門博彩業「一業獨大」，明顯擠壓其他行業的發展空間，經濟結構單一化問題突出，經濟多元發展內生動力不足，缺乏政策配套和人才支持。**在社會方面**，港澳長期積累的一些深層次問題開始顯現，特別是土地供應不足、住房價格高企、貧富差距拉大、公共服務能力受限等民生問題突出，市民訴求和矛盾增多，中下階層向上流動困難，社會對立加大，改善民生、共用發展成果成為港澳居民普遍呼聲。要解決港澳社會存在的各種問題，歸根結底是要全面準確理解和貫徹「一國兩制」方針，始終依照憲法和基本法辦事，不斷完善與憲法和基本法實施相關的制度和機制，聚焦發展，維護和諧穩定的社會環境。

研究解決這些問題，都需要在完善制度機制方面下功夫，而這些正是港澳制度研究的未來，亟待深度開掘。據我所知，本叢書重視和歡迎如下選題：中央權力實際行使需要完善的制度機制，回歸後國家在港澳建立健全的相關制度，全面落實愛國者治港治澳的制度，憲法

3　參見習近平：〈推進澳門「一國兩制」成功實踐走穩走實走遠〉（2014 年 12 月 20 日），載習近平：《習近平談治國理政》（第二卷），北京：外文出版社有限責任公司 2017 年版，第 424 頁。

和基本法上對特區的授權制度，特區依法行使高度自治權的相關制度和機制，特區行政主導體制，特區政府施政能力和管治水平方面的制度，特區行政管理權實施的制度機制，特區立法權實施的制度機制，特區司法權的制度機制（如香港司法審查制度），基本法有關特別行政區經濟、教育、文化、宗教、社會服務和勞工方面的制度運行問題，特區區域組織或市政機構及其制度，特區公務員制度以及香港政黨制度，香港的某些特殊制度（如高官負責制、新界原住民權利），等等。

　　香港三聯書店特邀請我擔任本叢書的主編，我十分高興，也非常期待和樂意與廣大內地、港澳學人共襄此舉，為實現上述三個「小目標」，為完善「一國兩制」制度體系貢獻智識和力量。「一國兩制」是一個史無前例的偉大事業，我有幸參與研究港澳問題 20 多年，深深體會到，港澳制度的理論和實踐，是中國對於世界治理所能奉獻的獨有的、寶貴的領地，從學術理論上探討和解決上述一系列複雜、敏感和重大的制度運行問題並不斷完善它們，必將有利於回答堅持「一國兩制」制度體系對於維護國家主權、安全和發展利益，保障港澳的長期繁榮穩定，對於推進國家治理體系和治理能力現代化為什麼十分必要、為什麼現實可能、為什麼是歷史必然這一時代命題。因此，我相信本叢書的推出，將對支撐建構中國特色哲學社會科學奉獻中國獨有的理論貢獻和智力支撐，這不但是值得期許的，也是中國學人的使命擔當。

　　是為序。

鄒平學

2021 年 4 月 1 日於深圳

前　言

　　香港回歸 20 多年來，「一國兩制」與《中華人民共和國香港特別行政區基本法》（以下簡稱基本法）的實施取得了舉世公認的成就，展現出強大生命力。基本法作為「一國兩制」的法制化和具體化，確保了香港的長期繁榮穩定，為解決各方面重大問題提供了根本依據。「一國兩制」在香港的成功實施，其中一個重要的評價標準就是香港特別行政區司法權與終審權的運行狀態。從「一國」的角度來看，特別行政區司法權與終審權的運行狀態體現了地方法院行使的司法權與整個國家司法權、國家主權之間的協調關係。從「兩制」的角度來看，特別行政區司法權的實踐則反映了行政權、立法權與司法權之間制衡的實然狀態，關係到香港特區的法治環境、政治生態及社會發展。

　　香港特別行政區享有獨立的司法權與終審權是確定的，但其具體內容卻不十分明確。具體來說，雖然說基本法對於香港特區法院所享有的該項權力進行了規定，但是由於各種因素的影響，香港特區法院在具體案例中行使該項權力時可能會出現諸多問題。回顧回歸以來的相關案例，圍繞着司法權與終審權的問題始終是案例的核心爭點。例如：基本法對特區法院無管轄權的案件範圍的規定應當如何解讀？特區法院在獨立行使司法權的情況下對哪些法律可以進行解釋？在明確授權性權力來源的前提下，授權者與被授權者各自行使權力應當遵循何種原則？授權者對被授權者的行為如何實施監督？特區法院享有獨立的終審權這一規定可能會有哪些潛在的問題？在現有的憲制框架

內，如何解決這些問題？從更宏觀的角度來看，特區法院獨立行使司法權與終審權，不僅僅體現了司法解決糾紛這一基本功能，更關係到香港特區政治體制是否能夠良好運轉，如何維護中央政府在特區的權威，香港特區如何維護國家主權、國家安全等一系列問題。此外，作為一種創造性的設計，「一國兩制」還會對我國整體的司法實踐帶來新的問題訴求。例如，香港與內地之間的司法協助框架應當如何構建等。

因此，對香港特別行政區司法權與終審權相關的問題展開細緻研究十分必要。

本書主體內容包含七個部分，分別為香港特區司法權與終審權的形成與發展、司法權和其他權力的關係、司法權與終審權的性質、司法權與終審權的權限和範圍、司法權的運作、法官制度、香港與我國其他地方的司法協助。具體內容如下：

（一）香港特區司法權與終審權的形成與發展。本部分闡釋了香港司法權與終審權的概念及問題的由來；分析、總結香港回歸 20 年來司法權與終審權運行的基本情況和經驗。我們認為，要確保香港司法權與終審權的行使真正符合「一國兩制」下高度自治的精神，可以在以下幾個方面努力，包括：明確特區法院維護國家安全的義務；鼓勵法官遴選本地化，強化行政長官在法官遴選中的作用；完善法官培訓制度，加強國情教育；加強與內地的司法交流與合作，在適宜的限度內參照域外判例等。

（二）司法權和其他權力的關係。關於香港特區政治體制的特點，學界中有「行政主導」、「立法主導」、「三權分立」等不同觀點。我們認為，基本法體現了「行政主導」的立法原意。在香港政治體制的運行之中，「行政主導」與司法獨立之間具有一定的張力。本部分主要結合具體判例分析司法權與立法權、行政管理權之間的制衡關係，重點分析特區內部的公權力關係對司法權範圍的影響以及「行政

主導」體制下司法審查的限度。

（三）司法權與終審權的性質。我們認為，香港特區的司法權與終審權具有以下三種屬性：一是地方性權力，香港特別行政區所享有的司法權和終審權並不是基於分權而享有的當然權力，而是基於基本法中的授權條款所享有的地方性權力；二是從屬性權力，全國人大常委會對基本法的解釋權是固有的、最終的、效力最高的，而香港特區法院對基本法的解釋權是具體的從屬性權力；三是有限性，香港特區法院所享有的司法權是有限的，主要體現在管轄權的有限性和對基本法解釋權的有限性上。

（四）司法權與終審權的權限和範圍。本部分在基本法的框架下從理論與實踐兩個層面對香港特區司法權和終審權的範圍進行分析。我們認為，一方面，香港特區法院的司法權受到中央與地方權力關係的限制，中央有權監督特區法院依法行使司法權與終審權。另一方面，香港特區法院的司法管轄權受到特區內部公權力關係的限制，「行政主導」體制下香港特區的「內部政治問題」應當具有更加豐富的內涵，對於特區內部政治問題，法院須主動放棄對這些事項的管轄權。

（五）司法權的運作。本部分具體探討香港特區法院適用的法律、司法權運作的基本原則及司法審判程序。關於《中華人民共和國憲法》（以下簡稱憲法）在香港特區的效力和適用，我們認為，有必要區分憲法效力、憲法適用和憲法在司法中的適用。關於國際人權公約在香港的適用，我們認為，公約並不具有凌駕於其他法律的地位。關於司法權運作的基本原則，我們認為，司法獨立原則也需要一定的限制，司法權作為國家權力的一種，與其他國家權力存在一定的互動和配合關係，共同承擔維護社會安全的責任。

（六）法官的遴選、任命和監督。本部分具體分析了香港特區司法人員的類別和範圍、法官的選任資格、選任程序、法官的職業保障

制度和法官的行為監督機制等。我們認為，法官任命程序中，行政長官享有實質意義上的任命權，對於一些明顯不合適的法官人選，行政長官應當有權決定不予任命。備案是任免終審法院法官和高等法院首席法官的必經程序，中央對報送的材料進行收集、整理，並保留不接受備案的權力。

（七）香港與我國其他地方的司法協助。我們認為，內地與香港特區的司法協助應當採取雙邊協議的模式，由香港特別行政區與全國其他地區的司法機關通過協商依法進行。在民商事司法協助方面，有必要擴大法院判決相互認可和執行的範圍，限制公共秩序保留原則在區際司法協助中的適用。在刑事司法協助方面，提出促進區際刑事管轄權衝突的協調、規範司法文書協助送達程序、構建調查取證協助制度等建議。

本書在研究內容的前沿性和創新性上主要表現為以下方面：

（一）提出香港特區司法權的非閉合性和不完整性，從縱向權力關係探討香港特區獨立的司法權和終審權的界限及其與國家司法權的協調問題。本書廓清香港特區司法權與終審權的性質和範圍，探討如何協調香港特區終審權與中央監督權之間的張力問題。中央充分尊重特區法院依法行使獨立的司法權與終審權，但作為我國的一個地方行政區域，香港的司法權與終審權不是絕對的。特區不能以獨立的司法權與終審權對抗中央依法行使權力。對於涉及中央權力的案件，法院沒有管轄權；對於涉及「兩制」的重大、敏感性案件，法院應保持謙抑，避免對相關問題進行審查。

（二）強調司法獨立原則的有限性，司法權與其他國家權力存在一定的互動和配合關係，共同承擔維護國家、社會安全的責任。本書分析了司法獨立原則在世界各國的運用和發展動態，闡明司法獨立的實質內涵及其所受的限制。從司法權的公權力性質出發論述司法機構在維護國家安全和社會秩序上的責任。

（三）針對實踐中的司法擴權問題，以特區內部政治問題為視角，分析特區橫向權力關係對司法管轄範圍的限制。香港特區的司法管轄範圍在回歸以來呈擴張趨勢。本書深入分析特區的「內部政治問題」理論，提出行政主導體制下香港特區的「內部政治問題」應當具有更加豐富的內涵，對於特區內部政治問題，法院須主動放棄對這些事項的管轄權。

（四）系統研究香港特區司法機構的運行機制，具體探討司法人員的分類與管理、外籍法官的聘用、法官的國家忠誠義務等問題。回歸以來，香港特區在保留原有司法制度的基礎上，逐漸建立了一套包括法官的培養、選拔、任用、晉升及投訴監督等方面在內的法官制度。本書對香港特區的法官制度進行深入分析，探討如何通過司法人員選任機制的完善，以確保司法權在合理的範圍內行使。

本研究成果的學術價值在於深入系統地研究香港特區司法權及終審權的性質和範圍，有助於回顧香港回歸以來的法制發展歷程，總結落實「一國兩制」方針的成功實踐，提煉行之有效的成功做法，從而全面、正確地理解國家對香港的基本方針政策，不斷地豐富與發展「一國兩制」理論。

本研究成果的應用價值主要有兩點：一是有助於完善香港司法運行機制，防止司法實踐中可能出現的司法擴權傾向，解決香港特區司法權及終審權實施過程中產生的實際問題；二是研究港澳特區的司法權及終審權運作，借鑒其成熟的司法管理經驗，對於豐富我國司法體制的改革理論和促進司法制度的創新也有着很大的促進作用。

本研究成果具有較大的社會影響，成果主要報送全國人大常委會港澳基本法委員會、國務院港澳辦、中央政府駐香港聯絡辦公室、香港特別行政區司法機關、澳門特別行政區司法機關、國內外高校及科研機構圖書館等機構。該成果不僅可用於教學、科研，對實務工作也有較大的參考意義。

總體來說，對於香港特別行政區司法權與終審權問題的研究是考察「一國兩制」實踐生命力的重要素材。司法權與終審權行使過程中所產生的一系列實際問題都是「一國兩制」實施效果的客觀反映。因此，對於這一系列實際問題的分析及建議都具有非常積極的意義。此外，對於司法權與終審權問題的關注還應當具有前瞻性。除了通過對既有凸顯問題的分析來解決存在的爭議，使基本法的實施更為順暢，還應當着眼於「一國兩制」下香港未來的發展前景及與內地的互動趨勢來豐富「一國兩制」的內涵。

目　錄

第一章

香港特區
司法權與終審權的
形成與發展

◇◇◇

香港回歸 20 多年來,「一國兩制」與基本法的實施取得了舉世
矚目的成就,展現出強大生命力。基本法作為「一國兩制」方針的具
體化、法律化、制度化,這部憲制性法律把國家對香港的基本方針政
策和特別行政區制度確定下來,明確了香港特別行政區在「一國」下
的法律地位,明確了中央與特別行政區的權力關係等基本問題,為解
決各方面重大問題提供了根本依據,確保了香港的長期繁榮穩定。
「一國兩制」與特別行政區制度是歷史上中國及其他國家為解決族群
衝突與地方差異而採取的一種常見的不對稱治理形式,其中一個方面
就是對特區司法權的深度下放。[1] 鄧小平同志最早於討論台灣問題時
提出「司法獨立,終審權不須到北京」,但同時強調「自治不能沒有
限度,既有限度就不能『完全』。制度可以不同,但在國家上代表中
國的,只能是中華人民共和國」。[2] 鄧小平同志的此段講話為今後「一
國兩制」在香港的實踐奠定了基礎,即在司法權與終審權問題上既要
強調「一國」,也要推行「兩制」,確保在國家主權之下充分賦予特
區高度自治的權力。實際上,香港司法權與終審權問題是基本法起草
過程中極受關注的重要內容,無論在基本法草創之初抑或在諮詢期
內、通過頒佈之時,都是社會各界關注的焦點。

回歸 20 多年後的今天,香港司法權與終審權的行使仍然是香港
政制發展的熱點與重點,如何確保司法權與終審權的科學、合理、正
確行使?香港特區的司法權與終審權到底包含哪些內容、在司法實踐

1　參見程潔:〈不對稱治理格局下香港的憲制基礎與憲法適用〉,《中國法律評論》2018 年第 5 期。

2　鄧小平:〈中國大陸和台灣和平統一的設想〉,載鄧小平:《鄧小平文選》(第三卷),北京:人民
　　出版社 1993 年版,第 30 頁。

中面臨哪些問題與挑戰？對這些問題的討論與解決，不論對香港經濟社會發展，還是對「一國兩制」理論的發展都有極其重要的意義。一是在社會意識方面，香港是法治社會、法治之區，一切事務習慣於用法治思維進行管理，確定司法權與終審權的行使範圍與方式，能夠為香港社會穩定發展奠定基礎；二是在經濟與社會領域，香港經濟的高速發展、香港社會的繁榮與穩定都離不開司法權與終審權的正確行使；三是在政治領域，香港特區政治體制的最大特點是行政主導，如何在全面準確地把握香港政制特點基礎上確保司法權與行政權、立法權的有效互動，是確保香港社會始終體現高效、秩序、公平，確保香港繁榮穩定的關鍵問題。

由於香港特區與內地有着迥然不同的法律文化、制度、解釋方式以及容納政治壓力的能力，而長久以來業已形成的法治傳統又促使社會爭議問題往往首先轉化為法律問題，因此香港特區法院首當其衝，憑其對基本法的理解來維護法治。近年來，香港特區的司法權與終審權無論在行使方式抑或行使內容方面都遭遇難題，例如早前有吳嘉玲案、莊豐源案等帶來的釋法問題，近期有七警案、「宣誓風波」、「一地兩檢」等問題，均將司法機關行使司法權與終審權推上社會輿論的風口浪尖，也暴露出司法權與終審權行使過程中存在諸多待解決的問題。應當看到的是，基本法實施以來，香港行政主導體制日漸受到挑戰，立法會對行政長官制約有餘，配合不足。但值得肯定的是，香港特區法院在處理「政治議題」時保持了司法克己的優良傳統，因而不能一概而論把法院介入立法會內部權限紛爭、政治選舉、立法與行政權限爭議的舉動都視為對行政主導體制的破壞，而應當認識到，當前香港特區法院通過某種程度的「司法擴權」恰恰是由於現行基本法對香港政制構建的規定存在缺失、疏漏或模糊之處，是香港政治市場運行失靈或失序的結果。而且，從近期的法院判決來看，雖然大量政治性、觸動根本體制的案件湧入法院，但並不意味着裁判結果就一定是

政治性的，總體而言，香港特區法院在行使司法權與終審權、適用司法審查制度等方面依然表現審慎克制，在保障香港本地法律的合憲性和行政行為的合法性方面仍然是十分有效的。未來香港法院應繼續在司法審查實踐中結合個案進一步澄清法院司法審查權力的邊界，同時避免介入高度政治性的爭議，以謙抑與克制的態度恪守「一國兩制」下的司法角色。

香港特區司法權與終審權的概念與由來

◇◇◇

▌一、香港特區司法權的概念及其由來

在「一國兩制」構想提出之初，鄧小平同志曾就解決香港問題所採取的立場、方針、政策作出堅定表態，「我國政府在一九九七年恢復行使對香港的主權後，香港現行的社會、經濟制度不變，法律基本不變，生活方式不變，香港自由港的地位和國際貿易、金融中心的地位也不變，香港可以繼續同其他國家和地區保持和發展經濟關係。」[1] 這一具有歷史意義的講話奠定了回歸後香港法律制度與司法制度保留不變的共識與基礎。根據《中華人民共和國政府和大不列顛及北愛爾蘭聯合王國政府關於香港問題的聯合聲明》（以下簡稱中英聯合聲明）附件一第三部分規定：「香港特別行政區成立後，除因香港特別行政區法院享有終審權而產生的變化外，原在香港實行的司法體制予以保留。」基本法規定了香港特別行政區享有高度自治權，基本法第 2 條規定「全國人民代表大會授權香港特別行政區依照本法的規定實行高度自治，享有行政管理權、立法權、獨立的司法權和終審權。」香港特區享有獨立的司法權與終審權，是香港特區實行高度自治的重要內容。因此，香港特區司法權與終審權的權力性質與權力歸

1　　鄧小平：〈一個國家，兩種制度〉，載鄧小平：《鄧小平文選》（第三卷），第 58 頁。

屬主要來自於香港特區被授予的高度自治權。此處應有幾點基本認識：第一，香港特別行政區實行高度自治，也就是說，香港特區的高度自治權來自中央授權，是國家決定授予香港高度自治權；第二，高度自治權是有限授權，獨立的司法權與終審權這類高度自治權是一種有限的高度自治，不是「絕對自治」，也不是完全獨立的；第三，香港特區目前擁有的高度自治權是有史以來地方政府所能夠享有的最高的自治權。「司法權是指國家司法部門對於發生在公民與公民、公民與政府或者法人、法人與法人、政府與法人或者政府機構之間的法律糾紛所行使的裁判權。」[2] 按照司法權的設立原理，一個國家一般只設立一個終審法院行使司法權與終審權，但在「一國兩制」之下，允許香港設立終審法院行使司法權與終審權。

對香港特區司法權的概念，應當有三點認識：首先，香港特區的司法權是憲法性權力，香港特區司法權來自基本法的規定與授予，其設立與行使應當遵守我國憲法與基本法的規定；其次，香港特區的司法權是高度自治權的組成部分，是有限授權，並非完全獨立；最後，儘管是有限授權，但香港特區的司法權相較於其他國家與地區已是擁有最大限度的高度自治權力。從總體來看，香港特區法院司法權的行使主要體現為如下方面：

第一，香港司法管轄權。對香港特區法院的司法管轄權的規定進一步涉及裁判權行使範圍與界限，是裁判權的重要體現。但由於涉及中央和香港特區的權力劃分以及高度自治權的範圍等關鍵問題，此問題在基本法草創之初曾存在頗多爭議。這些爭議在《中華人民共和國香港特別行政區基本法（草案）徵求意見稿》（以下簡稱《香港基本法（草案）徵求意見稿》）第 18 條的規定中有所體現，該條規定：「香港特別行政區享有獨立的司法權和終審權。香港特別行政區法院

2　王振民：《中央與特別行政區關係：一種法治結構的解析》，北京：清華大學出版社 2002 年版，第 189 頁。

除繼續保持香港原有的法律原則對法律審判權所作的限制外，對所有的案件均有審判權。香港特別行政區法院對屬於中央人民政府管理的國防、外交事務和中央人民政府的行政行為的案件無管轄權。香港特別行政區法院在審理案件中，如遇有涉及國防、外交和中央人民政府的行政行為的問題，應徵詢行政長官的意見。行政長官就該等問題發出的證明文件對法院有約束力。行政長官在發出上述證明文件前，須取得全國人民代表大會常務委員會或國務院的證明書。」根據中英聯合聲明中對「一國兩制」的聲明，只有把現有的香港司法體制保留下來，才能確保「一國兩制」中的兩個制度能同時間在一國下共同存在，而不會因兩者間的差異而構成衝突和矛盾，也只有兩個制度下的司法體系維持獨立和互不干預，兩個不同本質的制度才可以在法律的明文規定下共同存在、運作和協調。但儘管《香港基本法（草案）徵求意見稿》為規定出限制香港法院司法管轄權的總原則作出了努力，但其中第 3 款中規定的管轄例外情形即「國防、外交和中央人民政府行政行為」仍然存在頗多爭議。不少意見認為這些規定空泛，單從字義上去理解已經產生相當多的不同解釋，尤其對何為「中央人民政府的行政行為」的概念界定容易產生歧義，港人對此意見頗多。此問題的本質認識在於香港特區法院除了國防、外交案件絕對不能審理之外，是否還存在一些既不屬於國防、外交，又不屬於香港特區管理事務範圍的案件，而是香港法院不能審理的呢？答案是肯定的。1988年 6 月，內地起草委員會訪港小組對此界定為普通法意義上的國家行為以及由此產生的事實問題。普通法意義上的國家行為包括戰爭與和平的宣佈、國際條約的締結、領土的併合與割讓等國家自主權運用的範圍；也包括國家與個人之間的關係所產生的行為。而國家事實是指法院在確定某件事情是否牽涉國家行為而依賴的事實證據，例如對外國政府的承認是一項國家事實，法院不能自行決定，必須向行政機關

徵求有約束力的證明文件。[3] 最終，基本法第 19 條第 3 款規定為「香港特別行政區法院對國防、外交等國家行為無管轄權。香港特別行政區法院在審理案件中遇有涉及國防、外交等國家行為的事實問題，應取得行政長官就該等問題發出的證明文件，上述文件對法院有約束力。行政長官在發出證明文件前，須取得中央人民政府的證明書。」

第二，香港特區法院的審判權。基本法第 19 條第 2 款規定：「香港特別行政區法院除繼續保持香港原有法律制度和原則對法院審判權所作的限制外，對香港特別行政區所有的案件均有審判權。」基本法第 80 條規定：「香港特別行政區各級法院是香港特別行政區的司法機關，行使香港特別行政區的審判權。」這是對香港特區法院審判權與司法機關的總括性規定。香港特區司法機關負責審訊一切檢控案件，裁定居民之間或居民與政府之間的民事糾紛。在審理案件過程中，嚴格遵守香港特區法律，包括基本法、基本法附件三所列的「在香港特別行政區實施的全國性法律」、特別行政區立法機關制定的法律，以及與基本法相符合的香港原有法律。

第三，香港特區法院的法律解釋權。香港特區法院的法律解釋權，尤其是對基本法的解釋權問題，是影響香港特區司法權與終審權、法院運作乃至整個司法架構獨立性等方面的重大問題。在普通法傳統之下，香港司法機關適用「遵循先例」原則，在處理司法案件時可對案件適用的法律進行解釋。法院行使法律解釋權時應當遵循幾項基本原則：一是法院在作出解釋時應當遵循法律的合目的性原則，要考慮法律條文本身的含義，不可任意作出與該條文相悖的解釋；二是法律解釋具有具象性，法院在作出解釋時必須從具體案件中產生，不能抽象性、原則性地解釋法律；三是法律解釋權具有補充性，法院只能對法律漏洞或疏誤進行補充與闡釋，不能替代立法機關進行立法；

3　參見李昌道、龔曉航：《基本法透視》，香港：中華書局（香港）有限公司 1990 年版，第 99-100 頁。

四是遵循先例原則，法院在判決中對有關法律所作出的解釋將成為法律的一部分，對後面的判決產生先例拘束力。對於基本法的解釋權，一直以來都是各界關注的焦點。在基本法起草時，也存在不同意見。主要觀點有三種：一是香港特區法院有全面解釋權；二是香港特區法院對基本法無解釋權；三是人大常委會與香港特區共同擁有解釋權。第一種觀點沒有體現主權原則，第二種觀點則沒有體現高度自治，在當時均不被採納。第三種觀點最終被採納並體現為基本法第 158 條對於基本法解釋權的解釋主體的規定，主要思路為：一是明確授權香港特區法院對自治範圍內的條款自行解釋；二是明確規定香港特區法院對基本法的其他條款也可以解釋；三是具體規定報請全國人大常委會對有關條款作出解釋的條件，包括存在關於中央人民政府管理的事務或中央和香港特區關係的條款；該條款的解釋影響到案件的判決；時間節點是在該案作出不可上訴的終局判決前。直至今天，對法律解釋權問題的理論與實踐仍然體現了「一國兩制」的偉大創舉與中華民族解決問題的智慧，這一思想應當繼續指導當前人大釋法與相關司法實踐。

　　第四，香港特區法院的司法審查權。香港特區法院是否享有違反基本法審查權，一直以來都是一個廣受爭議的問題。香港法院獲得具有違憲審查意義上的司法審查權始於 1991 年《英皇制誥》第 7 條的修訂和《香港人權法案條例》的通過。基本法實施之初，「特區法院有無違憲審查意義上的司法審查權」這一爭議隨 1999 年香港終審法院在吳嘉玲案中的判決達到頂峰。有學者認為，「考慮到任何法律或決定都有高於它的效力等級的法律或憲法存在，只要法院擁有終審權，就沒有任何辦法完全剝奪法院的司法審查權」。[4] 回歸以來，通過解釋基本法，香港特區法院實際行使着違反基本法審查權，並以此作

4　陳欣新：〈香港與中央的「違憲審查」協調〉，《法學研究》2000 年第 4 期。

為制約立法權和行政管理權的重要手段。基本法實施至今已有 20 多年，特區法院積累了大量有關基本法的審判實踐經驗。不管在理論上存在何種爭議，在實踐中香港特區法院已經實際行使了司法審查權並發揮了一定的作用。[5] 我們認為，香港特區享有獨立的司法權，具體體現在各級法院「行使香港特別行政區的審判權」，[6] 也就是說，中央明確授予香港特區司法機關的是審判權，而不是違反基本法審查權。香港特區法院不能未經中央的授權或者同意而自行通過司法判例為香港創設該項權力。

▌二、香港特區法院終審權的內涵

終審權是司法權的重要體現，是指法院具有最終的裁判權。香港特區終審法院是香港特區的最高審判機關，香港特區的終審權充分體現了「一國兩制」和高度自治的精神，由基本法第 82 條首次賦予，規定「香港特別行政區的終審權屬於香港特別行政區終審法院。終審法院可根據需要邀請其他普通法適用地區的法官參加審判。」這在世界範圍內都是絕無僅有的。從歷史上看，回歸之前的香港並無終審權，司法終審權在英國樞密院司法委員會。上訴的任何一方對香港法院的判決不服，最終可向英國樞密院的司法委員會提出上訴。在理論上司法委員會不是真正的法庭，形式上他們只提供司法意見，最終由英女王根據樞密院的報告頒發女王樞密院令，使其意見生效；但實質上終審意見就是一份判決書，納入殖民地法院的判例體系。[7] 臨近回歸之時，全國人大常委會香港特別行政區籌委會關於香港特區終審法

5　包括由居港權問題引起的一系列訴訟，如吳嘉玲訴入境事務處處長，FACV 14/1998；司法審查的問題也出現在其他涉及刑事或民事問題的案件，如古思堯及另一人訴香港特別行政區行政長官，FACV 12/2006。

6　參見基本法第 80 條。

7　參見李昌道、龔曉航：《基本法透視》，第 221 頁。

院的組建問題進行了專門討論，為了遵守中英聯合聲明和基本法的有關規定，保障香港特區享有獨立的司法權與終審權，確保香港現有司法制度保持不變，委員們認為，在特區政府成立時就必須有一個終審法院，有一套獨立的、完整的司法體制，避免出現所謂的「司法真空」。[8] 籌委會在政務小組第五次全體會議中提出了八點原則性建議，包括組建終審法院的指導原則、終審法院及審判庭的組成、法官的資格、法官的任命及程序、法官的任期和免職、法官的辭職程序，終審法院的管轄權、訴訟程序等方面。上述原則性建議在中英聯合聯絡小組關於香港終審法院問題的談判中得到充分採納。

《香港終審法院條例》（第 484 章）第 17 條規定，終審法院可確認、推翻或變更上訴所針對的法院的判決，或將有關事項發還該法院處理並附上終審法院的指導意見。從本質上講，終審權也屬於司法權的範疇，終審權的範圍受香港特區法院司法管轄範圍的限制。香港特區雖然享有獨立的司法權與終審權，但特區的司法權不是沒有限制的，在司法權有限的情況下，終審權必然也受到相應的限制。首先，香港特區的終審權僅限於自治範圍內的事項，對於國防、外交等國家行為，香港特區法院沒有司法管轄權，自然也沒有對該類案件的終審權。例如，在剛果（金）案中，終審法院根據基本法第 158 條第 3 款提請全國人大常委會釋法。根據人大常委會的解釋，中央政府有權決定中國的國家豁免規則或政策，在中國領域內統一實施，「國防、外交等國家行為」包括中央政府就國家豁免規則或政策所作的決定。[9] 另一方面，根據基本法第 158 條的規定，香港特區的終審權還受特區法院基本法解釋權範圍的限制。中央授權香港特區法院在審理案件時對基本法關於特區自治範圍內的條款進行解釋，但特區法院的基本法

8　全國人大常委會香港基本法委員會辦公室編：《全國人民代表大會常務委員會香港特別行政區籌備委員會預備工作委員會文件彙編》，北京：中國民主法制出版社 2011 年版，第 175 頁。

9　參見〈全國人民代表大會常務委員會關於《中華人民共和國香港特別行政區基本法》第十三條第一款和第十九條的解釋〉。

解釋權是有限的，香港特別行政區法院在審理案件時需要對基本法關於中央人民政府管理的事務或中央和香港特別行政區關係的條款進行解釋，而該條款的解釋又影響到案件的判決，在對該案件作出不可上訴的終局判決前，應由香港特別行政區終審法院請全國人民代表大會常務委員會對有關條款作出解釋。

香港特區的終審權是「一國兩制」下由中央授予的地方性權力。基本法第 2 條明確規定，全國人大授權香港特區依照基本法實行高度自治。香港特區的一切權力都是中央授予的，屬於地方自治權，沒有主權屬性。終審權也屬於授權性質的權力。「根據授權理論，被授權者應該嚴格按照授權的範圍和方式行使所授的權力。」[10] 單一制國家內的香港特區不存在「剩餘權力」的問題，基本法未明確授予香港特區的權力應當由中央保留。「香港特別行政區處於國家完全主權之下。中央授予香港特別行政區多少權，特別行政區就有多少權，沒有明確的，根據基本法第二十條的規定，中央還可以授予，不存在所謂剩餘權力的問題。」[11]

10　董立坤：《中央管治權與香港特區高度自治權的關係》，北京：法律出版社 2014 年版，第 60 頁。

11　吳邦國：〈深入實施香港特別行政區基本法，把一國兩制偉大實踐向前推進〉，載全國人大常委會香港基本法委員會辦公室編：《紀念香港基本法實施十週年文集》，北京：中國法制出版社 2007 年版，第 6 頁。

香港特區司法權與終審權的行使現狀

◇◇◇

回歸 20 多年以來香港特區的司法實踐表明，司法權與終審權的行使與運作並非是僅僅從法律上進行原則性規定或技術性操作的簡單問題，也絕非可以輕易地從國外政制發展與司法制度中找到完全相同的解決方案，而是建立在「一國兩制」背景之下中央與香港的權力關係的深刻認識基礎上，凝結與運用起來的高超政治智慧、司法理念與處理技巧。在這個角度講，香港特區的政制發展與司法權力運作經驗是世界上絕無僅有也難以複製的。

一、香港特區司法權與終審權的行使現狀與經驗

近代的司法權理論表明司法權與立法權、行政權的關係已經不再如孟氏的權力分立理論所認為般界限分明。純粹法學派創始人凱爾森認為，司法權與其他權力之間存在有限範圍上的分立，但立法權和行政權已分別發展為「法院控制下的立法」和「司法控制下的行政」。一方面，司法審查原則得以發展，法院有權對立法進行司法審查，「當法院有權審查不僅是個別行政措施，而且還是行政法規和行政法律時，那麼這些立法職能實際上就處於法院控制之下。」[1] 另一方面，行政行為與司法行為的同質化，使得現代的行政權實際上為「司法控

1　〔奧〕凱爾森著，沈宗靈譯：《法與國家的一般理論》，北京：商務印書館 1996 年版，第 311 頁。

制下的行政」，司法權對行政權的分立，從嚴格意義上來講是不可能的，只有在比較有限的範圍上才可能。現代意義上的司法權已逐漸從對司法被動、獨立、中立的討論轉向對司法能動及其價值的探討，其中頗具代表性的為美國大法官卡多佐（Benjamin Nathan Cardozo），這位實務界中的學術翹楚認為普通法系的司法過程中應當以「遵循先例」為司法權行使的一般原則，同時在司法過程中若碰到先例或傳統所不涉及的空白地帶，應當由法官以立法者的智慧在法律合目的性原則之下進行創作。[2] 由此觀之，從古典意義上的絕對權力觀到現代意義上的有限權力理論，對司法權的討論已經逐漸從獨立性轉向有限性。

隨着對司法獨立的觀點已成為共識，司法權的未來將更多從概念、性質、價值等定性探討轉向對權力限度、權力互動、權力制約等定量探討，從而在理論與實務上均面臨諸多新課題，這些新課題在「一國兩制」之下的香港特區司法實踐中表現得尤為明顯。香港特區司法權與終審權的行使建立在如下共識之上：一是中央與特區的權力關係是主權與授權的關係，應當堅持以中央的全面管治權為前提下的特區高度自治；二是儘管香港特區享有高度自治權，但特區法院尤其是終審法院不能主張「剩餘權力」；三是嚴格按照基本法規定的解釋機制進行釋法，不規避、不回避全國人大常委會解釋基本法的法定權力。在此認識的基礎上，近年來香港特區司法權與終審權的行使也獲得如下經驗：

（一）堅持正確適用基本法及適用於香港的全國性法律，維護香港法治

習近平總書記曾深刻指出，「關鍵是要全面準確理解和貫徹『一

2　〔美〕本傑明‧卡多佐著，蘇力譯：《司法過程的性質》，北京：商務印書館 2000 年版，第 71 頁。

國兩制』方針，維護基本法權威」。香港特區法院的重要使命之一，就是堅持正確解釋基本法，維護香港地區的法治傳統。法治是香港社會最重要的核心價值之一，香港的普通法及相應的司法制度一直都在實質意義和象徵意義上守護着香港的法治精神，因此香港社會一直守護珍惜着象徵法治的普通法傳統與司法制度。而香港特區的司法機構，就相當於香港法治精神的「守門人」。香港特別行政區按照基本法行使行政管理權、立法權，以及獨立的司法權與終審權，特區居民的權利和自由得到保障，比回歸前有過之而無不及。近年來，中央人民政府發表《「一國兩制」在香港特別行政區的實踐》白皮書，全面闡述了「一國兩制」方針政策及其實踐所取得的巨大成功，起到了正本清源、激濁揚清的作用；香港特區政府與司法機關在中央的有力支持下依法處置非法「佔中」活動，維護了香港社會的法律秩序和大局穩定；全國人大常委會對基本法第 104 條作出解釋，明確了參選和宣誓就任特別行政區法定職務的法定條件和要求，堅決遏制和打擊「港獨」勢力，維護了基本法的權威和香港社會的法治傳統與精神。

（二）明確人大釋法的權力與效力，積累釋法的經驗

基本法第 158 條規定的解釋機制，「正是『一國』與『兩制』的巧妙安排，這既兼顧到我國憲法規定的法律解釋體制，又考慮到香港由法院解釋法律的普通法傳統。」[3] 明確全國人大常委會解釋基本法的權力及其效力，是正確實施基本法、維護基本法權威的關鍵。迄今為止，全國人大常委會對基本法的解釋共有五次。[4] 其中有香港特區

3　王禹：《「一國兩制」憲法精神研究》，廣州：廣東人民出版社 2008 年版，第 109 頁。

4　第一次釋法是對基本法第 22 條第 4 款和第 24 條第 2 款第 3 項的解釋；第二次釋法是關於基本法附件一和附件二行政長官和立法會產生辦法的解釋，是關於政改方案的解釋；第三次釋法是關於補選產生的行政長官任期的解釋，及時保證了政治體制的平穩發展；第四次釋法是剛果（金）案中關於基本法第 13 條第 1 款和第 19 條香港特區法院管轄權的解釋；第五次釋法是關於基本法第 104 條宣誓制度的解釋。

政府通過國務院提請的解釋，有特區終審法院根據基本法第 158 條第 3 款向全國人大常委會提請的解釋，也有全國人大常委會主動進行的解釋。五次釋法實踐完善了基本法的解釋程序，進一步明確全國人大常委會解釋基本法的權力及效力。[5] 從實踐看，中央對基本法解釋權的行使是非常審慎的。每一次解釋都是為了使法律更加清晰，解決重大問題的爭議，維持香港的穩定和法治。

（三）堅持司法獨立，保持法律制度的穩定性

司法獨立是香港法治的基石，是司法公正和司法權威的保障。司法獨立原則是香港特區司法權運作的首要原則。香港特區享有獨立的司法權與終審權，中央不干涉香港特區法院獨立行使審判權。因此，司法獨立不僅是權力制約和權利保障的一般原則，也是「一國兩制」方針和香港特區高度自治的重要體現。

司法覆核是香港特區針對行政行為最常見的一種司法救濟途徑，通過司法覆核程序，市民可以向法院提起訴訟，挑戰公共機構的決定。撇除居港權案件，2001 年共有 116 宗司法覆核申請，至 2005 年已升至 149 宗。2009 年，入稟的司法覆核申請共有 144 宗。2016 年共有 228 宗，較 1997 年的 112 宗增加了一倍。2008 年至 2014 年期間，法院對司法覆核申請給予許可的數目範圍為 51-84 宗，獲批准許可的比例約為 47%。近年獲批許可的比例明顯下降，分別為 2015 年的 25% 及 2016 年的 7%，[6] 表明香港特區法院提高了司法覆核的門檻，適當平衡保障居民權利和政府施政之間的關係。

香港律政司及特區法院在監督公權力行使方面發揮了巨大的作用，推動了香港特區的良政善治。根據「透明國際」發表的清廉指

5　特區終審法院在判決中指出：「常委會解釋《基本法》的權力在特區是完全獲得承認及尊重的。」「常委會在不同制度下依照第一百五十八條的規定作出的解釋在特區是具有約束力的，並且是特區制度的一部分。」參見「入境事務處處長訴莊豐源」案，FACV 26/2000，第 6.2 節。

6　香港立法會秘書處資料研究組：《數據透視：司法及法律》。

數，歷年來香港特區的清廉指數在亞洲地區均名列前茅，保持在全世界的前 20 名。

（四）充分保障香港居民的基本權利

基本法中有關基本權利的規定，意味着香港居民可以獲得維護這些基本人權的救濟手段。基本法中的這些規定均有可能被援引作為請求法院進行司法覆核的根據。而回歸後香港特區的司法覆核實踐也印證了這一點，「自 1997 年以來，不少基本法的條文，包括關乎個人權利，如言論自由、集會自由，以及牽涉財產和經濟利益的條文，都曾在司法覆核案件中考慮過。不少案件關乎對個人權利加以限制是否有效的議題。」[7] 香港特區法院始終將個人權利和自由置於首要位置，充分保障了香港居民的基本權利。

1. 香港特區法院對權利限制行為進行嚴格審查。法律或者政府限制基本權利，必須符合兩項要求：（1）有關限制必須由法律規定；（2）有必要才限制。例如，在「梁國雄及其他人訴香港特別行政區」案 [8] 中，終審法院裁定：《公安條例》相關條款賦予處長為了公共秩序的目的而限制和平集會的權力這項「酌情決定權」適用範圍過於寬泛，不符合「有關限制須由法律規定」的要求。在考慮有關限制是否必要時，特區法院採取「相稱的驗證標準」，即 a. 該限制是為了達致某個合法目的；b. 該限制必須有合理理據可以認定跟合法目的相關聯；c. 該限制不能超越為達致該合法目的所必須作出的限制。[9] 而有關限制是否正當，須由政府提供證據加以證明。

7　香港終審法院首席法官李國能在 2008 年 12 月 10 舉行的「有效的司法覆核：良好管治的基石」會議上的演辭。

8　FACV 1、2/2005。

9　終審法院在多個判決中強調限制權利的「相稱的驗證標準」，如：破產管理署署長及其他訴破產人陳永興及林海三，FACV 7、8/2006；陳健森訴律政司司長，HCAL 79、82、83/2008；莫乃光訴譚偉豪，FACV 8/2010。

2. 香港特區法院採取不同的解釋方式，以此擴大基本權利的範圍，嚴格控制公權力對個人基本權利和自由的限制。在審查有關限制居民基本權利的法律或者政策是否符合香港基本法時，特區法院「對於受憲法保障的權利應採取寬鬆釋義，對於任何針對該權利的限制則應作狹義詮釋。」[10] 例如，在 Gurung Kesh Bahadur 案 [11] 中，法院對基本法第 31 條有關旅行和入境權利的條文，給予寬鬆的釋義，而對基本法第 39 條第 2 款有關限制權利和自由的條文，則給予狹義的解釋。又如，在秘密監察案 [12] 中，特區法院對基本法第 30 條所指的「依照法律程序」中的「法律」限縮解釋為「立法會制定的法律」，因此裁定行政長官發佈的行政命令並不能作為執法機關進行秘密監察的依據。

二、香港特區司法權與終審權行使中存在的問題及其原因分析

終審法院總體上是「一國兩制」和基本法維護者的角色，[13] 但在當前香港特區的司法實踐中，也暴露出司法權與終審權行使的不到位、不受限和不純粹之處。司法權與終審權的「不到位」是指檢控機關對司法案件的檢控力度不足，介入度不夠的問題；「不受限」是指對法院行使司法權與終審權缺乏有效制約機制，中央與特區權力關係在司法制度上的安排得不到充分體現；「不純粹」是指愛國愛港法官在香港法院中佔比不足，外籍法官比例偏高，易存在司法隊伍不夠純粹帶來司法權行使上的風險。

---

10 終審法院在多個判決中強調這一點，例如，梁國雄及其他人訴香港特別行政區，FACV 1、2/2005；破產管理署署長及其他訴破產人陳永興及林海三，FACV 7、8/2006。

11 Gurung Kesh Bahadur 訴入境事務處處長，FACV 17/2001。

12 古思堯及另一人訴香港特別行政區行政長官，FACV 12、13/2006。

13 曹旭東：〈香港特區終審法院基本法審查的司法哲學（1997-2017）〉，《法學評論》2020 年第 3 期。

（一）當前香港特區司法權與終審權行使中存在的問題

1. 香港特區法院對香港律政司的檢控行為監控力度不足

香港實行起訴便宜主義，按照普通法，人人皆有權為公眾利益提出刑事檢控。但香港律政司司長有權介入私人檢控程序並接手進行檢控，成為當事法律程序中的一方，取代原來檢控一方。由私人檢控而展開的法律程序，香港律政司司長可繼續該等法律程序，也可拒絕簽署控罪書或公訴書，從而阻止該等法律程序繼續進行（見《區域法院條例》（第 336 章）第 74 和 75 條，以及《刑事訴訟程序條例》（第 221 章）第 17 條）。「對於檢察官決定不起訴的案件，基本不存在制約措施。」[14] 由香港律政司司長決定是否提起檢控、是否接管私人檢控，以及是否中止法律程序，任何人不得干涉。根據《刑事訴訟程序條例》（第 221 章）第 15 條，香港律政司司長在任何案件中如認為為了社會公正而不需要其參與，則並非一定需要檢控任何被控人。檢控人員決定是否提起檢控，通常考慮兩方面的因素，首先是證據是否充分；其次是提出檢控是否符合公眾利益。因此，即使在證據充分的情況下，檢控人員仍然可以基於公眾利益的考慮而決定不提起控訴。「檢控人員必須時刻按公眾利益行事，審慎和公正執法，同時以公眾利益考慮為依歸或主導。」[15] 雖然香港律政司頒佈的《檢控守則》中列舉了進行公眾利益評估時需要考慮的因素，在一定程度上使檢控標準透明化，但最終如何評估仍須由檢控人員決定。

在香港現有控訴制度下，針對香港律政司應當檢控而沒有提起的情況以及涉嫌濫用起訴裁量權的情況，法院有權通過裁判權或終審權的行使進行監督，然而目前仍未看到法院嘗試對此進行問責，極易造成放縱犯罪的後果，影響司法權的公正形象。「立法機關通過行使質詢獨立檢控方的權力來監察該決策程序是否符合公眾利益，但從本質

14　宋英輝、吳宏耀：〈不起訴裁量權研究〉，《政法論壇》2000 年第 5 期。

15　《檢控守則》，2013 年。

上講，這種監察的範圍和效果是非常有限的。⋯⋯ 似乎不存在對獨立控訴權進行問責的完美機制。」[16] 因此，一旦香港律政司決定不起訴，意味着案件將排除在訴訟程序之外，無法接受法院的審查，直接造成放縱犯罪的後果。值得舉例說明的是，截至 2017 年 3 月 27 日，警方在 2014 年佔領運動期間及之後共拘捕了 1,003 人，但已經或正在經司法程序處理的僅有 225 人（直至 2017 年 3 月底，包括「佔中三子」在內的 9 名佔中參與者，才分別被控罪），其中有 123 人須承擔法律後果（被定罪的僅 81 人，另 42 人須簽保守行為）。[17]

2. 審判權的行使尚有不足

中央與香港特區的關係是基本法的核心內容。「一國兩制」方針創造性地在我國社會主義的單一制框架下解決了實行資本主義的香港與澳門的統一問題。香港特區享有高度自治權，中央對香港恢復行使主權。在具體制度的設計上，中央授予香港特區獨立的司法權和終審權，但香港特區法院對國防、外交等國家行為並無管轄權。[18] 中央授權香港特區法院在審理案件時自行解釋香港基本法中關於特區自治範圍內的條款，但基本法的解釋權屬於全國人大常委會，在特定的情況下，部分條款不能由法院自行解釋，而是應由香港特區終審法院請全國人大常委會進行解釋。[19] 總之，基本法精心構築了中央與特區的關係的基本內容，然而，在香港特區的司法實踐中，基本法關於中央與特區關係的制度安排並沒有得到全面落實。

16　Albert H Y Chen, "Prosecutorial Discretion, Independence, and Accountability" , (1998) *Hong Kong L. J.* (28), p.411.

17　參見立法會會議過程正式紀錄，2017 年 3 月 1 日；《明報》，2017 年 4 月 18 日。

18　參見基本法第 19 條。

19　參見基本法第 18 條、第 158 條。

3. 外籍法官的比例偏高 [20]

根據基本法，香港特區雖然是一個地方行政區域，卻享有高度自治權，行使着傳統主權理論中屬於主權標誌的一些特權。[21] 同時考慮到香港回歸時的現實情況，基本法第 92 條明確規定香港特區的法官和其他司法人員可以從其他普通法適用地區聘用，第 82 條規定終審法院可根據需要邀請其他普通法適用地區的法官參加審判。「外籍法官」一直是香港法官隊伍中的重要力量，對香港普通法的發展具有突出貢獻。如果說由於本地化起步較晚，香港在回歸時本地法律人才不足，那麼時至今日，「香港缺乏合資格的本地法律人才擔任法官的論點在今天已經完全沒有說服力了」。[22] 司法也是治理香港的核心，「港人治港」強調擔任法官參與治港者，必須以愛國的港人為主。

4. 內地與香港特區司法協助進展緩慢

目前內地與香港特區在刑事司法協助方面已經有了一定的進展，積累了一些實踐經驗。然而，內地與香港在刑法的基本原則、犯罪的概念與分類、犯罪的構成要件、刑事責任、刑罰種類等刑事實體法內容和管轄制度、辯護制度、證據制度等刑事程序法內容上均有很大差異。兩地有着不同的法律淵源、法律傳統、法律理念，在案件的管轄權上存在一定的衝突，對對方的刑事司法制度缺乏足夠的了解和信任，極大阻礙了雙方刑事司法協助工作的推進。雖然經過多次研討與

20　至 2015 年 10 月 31 日，除了高等法院首席法官張舉能之外，香港上訴法庭的 12 名法官中有 8 名中國籍的法官；原訟法庭的 25 名法官中，有 21 名為中國人；區域法院的 37 名法官中，有 31 名為中國人；裁判法院的 82 名裁判官中，有 80 名為中國人。參見林峰：〈「一國兩制」下香港「外籍法官」的角色演變〉，《中外法學》2016 年第 6 期。

21　國家主權理論的鼻祖博丹認為主權是不可轉讓、不可剝奪、不受時效限制的國家絕對和永久的權力，並列舉了只屬於主權者而不能和他人分享的十項主權權利，包括對全體普遍地或對每一個人個別地施與法律，宣布戰爭和媾和的權利，設置罷免主要官員、終審權、赦免權、效忠儀式、鑄幣權、度量衡的規制，設定直接和間接稅的權利和海事權。參見陳端洪：《憲治與主權》，北京：法律出版社 2007 年版，第 54-56 頁。然而，「一國兩制」下香港特區實行獨立的財政、貨幣金融和關稅制度，享有獨立的司法權和終審權，享有相對完整的立法權，無疑是對博丹主權理論的重大突破。

22　林峰：〈「一國兩制」下香港「外籍法官」的角色演變〉。

磋商，但雙方仍未能就刑事司法協助內容正式簽署合作安排，雙方的合作只能以個案協查的方式進行。但個案協查模式也存在懲治犯罪的效率與程序規範性等多方面的不足。而在民商事司法協助方面，也存在民商事判決認同與執行範圍較窄、協作文本模糊等問題。

（二）對當前存在問題的原因分析

當前司法權與終審權行使過程中出現的問題有各樣原因，包括深刻的國際、國內背景以及香港自身形成的原因。

第一，從國際背景看，香港地區司法權的行使容易受到當前全球分離主義勢力抬頭、民粹主義泛起傾向的影響，導致司法問題容易泛政治化。全球分離勢力甚囂塵上，香港亦受到波及。近十年來，分離運動伴隨着經濟下行風險，在全球範圍內越演越烈。香港作為國際金融中心和自由貿易港，與外界交流頻繁，在保持緊密經濟聯繫的同時，思想上也同樣受到影響和波及。儘管「佔中」已經逐漸淡出人們的記憶，但激進反叛的思想卻一直在香港年輕人之中蔓延。尤其是在各個大學校園，傳播「港獨」思想的活動以言論自由、學術自由為幌子，使得激進思想在香港社會中獲得持續發酵的空間。同時，民粹主義再次興起，香港風波不斷。民粹主義倡導「以人民為先」，在當下的國際環境中呈現出與民族主義合流的趨勢。民粹主義往往打着代表人民利益的旗號，容易獲得道德上和政治上的支持，進而主導公共輿論和公共權力。而由於香港政治問題進入法院的渠道十分寬廣，當事人可在一般的刑事案件、民事案件審理過程中就案件隱含的政治問題提出抗辯，法院唯有通過解釋基本法來處理。

第二，從國內原因看，司法權與終審權行使過程中受到來自「一國兩制」的內在「張力」影響。香港特區法院在維持香港和中央之間關係的平衡上扮演了極其重要的角色。法院「被認為是行政特區內

唯一真正有自主權的機關。」[23] 與行政和立法相比，唯有司法領域是一塊愛國愛港陣營和中央都無法直接施加影響的獨立領地。[24] 香港特區享有高度自治地位，各項制度與內地相區隔。但相對而言，法律制度、司法制度具有更明顯的獨立性和封閉性。[25]「在所有制度中，法律制度，或者更確切地說，司法機構仍在中國的控制之外。」[26] 因此，必然有部分港人把捍衛香港的高度自治、防止中央干涉的責任寄託於法院。越來越多的政治性爭議湧入法院，法院不得不面臨巨大的矛盾。

第三，從香港特區自身原因看，法院對中央與特區的權力關係的理解存在偏差或誤區。特區法院在行使司法權與終審權的過程中正逐步通過解釋基本法的方式試圖重新詮釋中央與地方的關係，但由於對「一國」缺乏足夠的認同與理解，容易存在認識偏差與操作誤區：

一是對基本法解釋權的誤區與曲解。法院創造性地提出了提請全國人大常委會解釋基本法的「類別條件」及「有需要條件」。通過對基本法解釋權的重新詮釋，香港特區法院掌握了是否提請全國人大常委會解釋的主動權，並且增加了一個可參照的技術性標準，限縮了需要提請全國人大常委會解釋的範圍。

二是對全國人大常委會解釋內容和效力的誤區與曲解。全國人大常委會的解釋對香港特區法院具有約束力。吳嘉玲案後，全國人大常委會第一次對基本法作出解釋，解釋中提到基本法第 24 條第 2 款其他各項的立法原意體現在 1996 年香港特區籌委會第四次全體會議通

23　佳日思、陳文敏、傅華伶主編：《居港權引發的憲法爭論》，香港：香港大學出版社 2000 年版，序言。

24　強世功：〈和平革命中的司法管轄權之爭：從馬維琨案和吳嘉玲案看香港憲政秩序的轉型〉，《中外法學》2007 年第 6 期。

25　See Yash Ghai, *Hong Kong's New Constitutional Order: the Resumption of Chinese Sovereignty and the Basic Law*, (Hong Kong: Hong Kong University Press, 1999), p.350.

26　佳日思：〈《基本法》訴訟：管轄、解釋和程序〉，載佳日思、陳文敏、傅華伶主編：《居港權引發的憲法爭論》，第 7 頁。

過的意見之中。[27] 該解釋澄清了基本法第 24 條第 2 款的立法原意。也就是說，未來對基本法第 24 條第 2 款其他各項的理解，須符合籌委會通過的該份意見所表達的立法原意。然而，終審法院在其後莊豐源案的審理中並沒有完全遵循全國人大常委會的這一解釋。法院的理由是「有關陳述」對特區法院不構成具有拘束力的解釋。[28] 特區法院實際上是運用普通法下的「判決理由」和「附隨意見」區分規則來對全國人大常委會的解釋進行區分，也就是對這一解釋進行再解釋，消解了全國人大常委會解釋對特區法院的約束力。[29]

三是對中央立法權力的誤區與曲解。根據基本法第 18 條的規定，列於基本法附件三的全國性法律由香港特區在當地公佈或立法實施，其中包括《中華人民共和國國旗法》和《中華人民共和國國徽法》，[30] 特區立法會為此專門制定了《國旗及國徽條例》（香港法例 1997 年第 116 號）。按照中央與特區的關係，香港特區法院作為一個地方性法院，無權審查全國人大及其常委會的立法行為，[31] 但是如果全國性法律已經通過本地立法實施，那麼法院是否可以對該實施全國性法律的本地立法進行審查？在國旗案案中，終審法院認為，「本院要處理的爭議是保護國旗國徽及區旗區徽免受侮辱的本地法律是否符合憲法」，[32] 並且針對這一爭議進行裁決。雖然終審法院最後判決《國

27　參見《全國人民代表大會常務委員會關於〈中華人民共和國香港特別行政區基本法〉第二十二條第四款和第二十四條第二款第（三）項的解釋》。該《解釋》第二點提到：「本解釋所闡明的立法原意以及《中華人民共和國香港特別行政區基本法》第二十四條第二款其他各項的立法原意，已體現在 1996 年 8 月 10 日全國人民代表大會香港特別行政區籌備委員會第四次全體會議通過的《關於實施〈中華人民共和國香港特別行政區基本法〉第二十四條第二款的意見》中。本解釋公佈之後，香港特別行政區法院在引用《中華人民共和國特別行政區基本法》有關條款時，應以本解釋為準。」

28　參見入境事務處處長訴莊豐源，FACV 26/2000，第 6.3 節。

29　姚國建：〈論 1999 年「人大解釋」對香港法院的拘束力〉，《法商研究》2013 年第 4 期。

30　參見全國人民代表大會常務委員會關於基本法附件三所列全國性法律增減的決定。

31　「吳嘉玲案」中，終審法院提出，特區有司法管轄權審核全國人大及其常委會的立法行為。但這一立場遭到內地官方和學者的強烈反對。後來終審法院作出澄清，表示其不會質疑全國人大及其常委會的權威。

32　香港特別行政區訴吳恭劭、利建潤，FACC 4/1999，第 71 段。

旗及國徽條例》沒有違反基本法，但特區法院已實際行使了對該條例的司法審查權，香港特區法院事實上審查了全國性法律在特區的轉換立法。

第四，大量參照海外或西方普通法系的判例，加劇了香港與內地法制的疏離。香港回歸後，原有法律和司法體制幾乎完整地保留下來，繼續參照英國等其他普通法適用地區，使得香港原有的法制傳統得到很好的傳承，但也加大了我國兩地之間法制融合的困難性，導致中央與特區對基本法的理解難以達成共識，容易在基本法的實施過程中產生爭議。「基本法的創造與大陸法系和普通法系都有關係。」[33] 考慮到兩地法律制度的重大差異，為了實現香港的平穩過渡，保持香港的繁榮穩定，基本法延續了香港的普通法傳統。在適用的法律方面，規定普通法、衡平法在內的香港原有法律，除同基本法相抵觸或者經香港特區立法會作出修改者外，一律予以保留。同時規定其他普通法適用地區的司法判例可作參考。而全國性法律除了列入基本法附件三者外，不在香港特區實施。[34] 儘管相關制度的安排在最高限度上維持了香港普通法法律體系的獨立性，但是，「國家是多樣性基礎上的統一性，多樣性是基礎，統一性是國家的本質。」[35] 基本法也存在大陸法系的規則，體現了維護國家的統一和主權的憲制安排。通過一系列制度的設計，期望在未來的基本法實踐中，兩地能夠有更多的交流和互動，最終能夠相互理解、相互借鑒、相互融合。然而，司法實踐中對普通法的廣泛參照和選擇性適用，使香港特區徹底成為一個對大陸法系封閉的普通法王國，加劇了兩地法律體系的隔離。首先，加劇了兩地關於基本法解釋機制的隔離，使高度自治下香港終審法院沿襲普通法體系的解釋權，與全國人大常委會對基本法的立法解釋權更

33　梁美芬：《香港基本法——從理論到實踐》，北京：法律出版社 2015 年版，第 55 頁。

34　參見基本法第 8 條、第 84 條、第 18 條。

35　陳端洪：《憲治與主權》，北京：法律出版社 2007 年版，第 192 頁。

加難以統合。回歸以來，關於基本法解釋權的衝突和爭議充分反映了一味強調普通法的解釋規則而忽略了基本法的實施所帶來的法律秩序的根本性變革，將不利於基本法的實施，不利於加強兩地互信，而最終只能以中央強勢釋法或者「搶跑」[36] 平息風波。其次，對域外普通法的過度適用強化了司法能動性，從而加劇了香港法律生成機制的不確定性和香港司法過程的不確定性，形成對中央與地方關係的挑戰，而中央對此確沒有特別有力的制衡工具，在一定程度上導致了香港在回歸後的法治發展過程與祖國——其最應當緊密聯繫的法域產生了疏離。[37]

第五，固步自封，排斥內地法治建設與司法改革的成功經驗。改革開放以來，我國的社會主義法治建設取得歷史性成就，在全面推進依法治國進程中積累了不少值得香港特區借鑒的經驗，比如有關多元化糾紛解決機制的探索經驗，尤其是調解制度。香港特區法院也面臨案件輪候時間過長，司法人手不足的問題，加強兩地司法方面的聯繫和交流，借鑒內地多元化糾紛解決機制，有利於發揮各種糾紛解決方式的優勢，及時化解糾紛。然而，由於兩地的法律理念和法律制度存在較大差異，長期以來香港特區對內地法律制度存在一定誤解與偏見，雖然基本法第 95 條規定，香港特區可與我國其他地區的司法機關通過協商進行司法方面的聯繫和相互提供協助，但目前兩地的司法交流與合作還不夠深入，不利於兩地優勢互補。

36　即中央在特區法院作出判決之前主動解釋基本法，例如 2016 年《全國人大常委會關於香港特別行政區基本法第一百零四條的解釋》。

37　李杏杏：〈域外普通法對香港司法的影響及對基本法實施的挑戰〉，2016 年香港基本法澳門基本法研究年會暨「基本法與國家統合」高端論壇論文集，2016 年。

第三節

香港特區司法權與終審權的發展前瞻

◇◇◇

　　以基本法為基礎的「一國兩制」，是一項偉大的制度創新，它既維護了國家的統一和領土完整，也充分照顧香港的特殊情況和港人利益，並有力地促進了香港的繁榮穩定。基本法的實踐證明，「一國兩制」不但現實可行，而且是對香港最好的憲制安排，無論過去、現在還是將來，都是如此，恰如鄧小平同志出席香港特區基本法起草委員第九次全體會議時所說，基本法是「一部具有歷史意義和國際意義的法律」，是「具有創造性的傑作」。[1] 但新生事物總會經歷曲折中成長的過程，正如習近平總書記強調，「作為前無古人的事業，『一國兩制』實踐不會一帆風順」。一方面，香港特區司法權力的發展趨勢與存在問題與香港現有經濟、社會、政治發展趨勢是相一致的，司法權與終審權在行使過程中受到來自「一國」與「兩制」之間不斷變化的「張力」影響，具體包括香港既有政治制度和傳統、香港本土政治民主化的訴求等諸多限制，在此基礎上構建的中央對地方的管治模型，潛藏着諸多不利於中央行使管治權的因素。另一方面，儘管作為解決港澳問題乃至台灣問題的偉大構想，但發展至今，「一國兩制」本身也暴露出了一些問題，尤其在當前國內、國外、香港自身三者共同作用之下，其隱藏的制度性弊端逐漸顯現，這種來源於「一國兩制」本身的張力，隨着中央對香港管治指導思想的變化而被逐漸釋放。尤其

1　鄧小平：〈香港基本法具有歷史意義和國際意義〉，載鄧小平：《鄧小平文選》（第三卷），第352頁。

是「佔中」之後，中央與香港關係中深層次矛盾顯現，而在司法領域中就突出表現為香港司法權與終審權的正確行使問題。

如何有效破解當前司法權與終審權的發展困局，需要中央秉持堅定的態度與明確的方向，為未來香港特區司法權與終審權正確行使保駕護航。當然，也有人擔心 2047 年後再次帶來的「變與不變」的問題，筆者在此不想武斷回答「變」或「不變」，正如鄧小平同志所說，「變也並不都是壞事，有的變是好事，問題是變什麼。如果有什麼要變，一定是變得更好，更有利於香港的繁榮和發展，而不會損害香港人的利益」。[2] 因此，在如何對待未來香港特區司法權與終審權的發展方向這一問題上，應當堅持以貫徹「一國兩制」方針與基本法為方向，以是否有利於香港社會的繁榮穩定發展為度量，只要堅持正確的方向與態度，那麼「變」抑或「不變」都可任其自然。

一、尊重香港普通法傳統，探索特區終審權的「共享共治模式」

第一，在中央與香港特區關於司法權的權力劃分問題上，堅持尊重香港的普通法傳統，維護香港法治精神。長期與充分尊重香港普通法傳統，保留香港原有的司法制度，這是中央對港的一貫態度。此種態度延伸到司法領域，應當在下一步的制度安排中作更加明晰的規定：一方面，對於香港特別行政區依法享有的獨立的司法權與終審權，要充分尊重並切實予以保障。另一方面，對於屬於中央的權力，在完善有關法律法規，保障直接行使外交、國防等權力的同時，圍繞對特別行政區法律備案審查權、基本法解釋權和修改權等，要及時制定和細化有關規定，健全落實基本法中具有操作性的制度和機制，確

2　鄧小平：〈保持香港的繁榮和穩定〉，載鄧小平：《鄧小平文選》（第三卷），第 73 頁。

保基本法得到全面準確貫徹執行。

第二，香港特區法院行使司法權與終審權時應當兼具謙抑性和克制性。香港特別行政區法院除繼續保持香港原有法律制度和原則對法院審判權所作的限制外，對香港特別行政區所有的案件均有審判權。此時中央對香港特區行使司法權充分尊重、不干預；當案件涉及國防、外交等國家行為時，香港特區法院應當體現克制，嚴格按照基本法的規定行使司法權與終審權。

第三，對未來香港特區終審權的行使定位與趨勢，應當在充分尊重我國主權的前提下，探索司法權與終審權的「共享行使」或「雙軌行使」的共治模式。在涉及內地與香港的重大、敏感問題上，應當充分體現主權，探索中央與香港特區在充分協調磋商基礎上的「共享終審權」。這是因為，司法權是國家主權在司法領域的重要體現，而終審權又是司法權的核心內容。「一國兩制」既要尊重「兩制」，也要充分體現「一國」的主權內容，在司法領域中平衡好中央的全面管治權與香港的高度自治權，在終審權的權力歸屬分配上體現國家主權的內容。

二、明確特區法院維護國家安全的義務

「在『一國兩制』之下，包括行政長官、主要官員、行政會議成員、立法會議員、各級法院法官和其他司法人員等在內的治港者，肩負正確理解和貫徹執行香港基本法的重任，承擔維護國家主權、安全、發展利益，保持香港長期繁榮穩定的職責。愛國是對治港者主體的基本政治要求。」[3] 法院維護國家安全、維護「一國兩制」的義務與法官的中立地位並不矛盾。中立是指法官居中裁決，對訴訟雙方當

3　《「一國兩制」在香港特別行政區的實踐》白皮書。

事人不偏不倚。但維護國家安全和「一國兩制」是包括法官在內的所有公職人員的共同價值追求和基本義務，法官在就職時也必須依法宣誓「擁護中華人民共和國香港特別行政區基本法，效忠中華人民共和國香港特別行政區」。在維護國家安全和國家利益方面，法官應當有所作為。法院「作出終審判決時必須慎重，既要依法，也要考慮其應當承擔的社會責任」。[4]

因此，一方面，特區法院需謹慎行使基本法解釋權，在相關案件涉及國家安全或者國家利益時主動提請全國人大常委會解釋。另一方面，法院應當從社會整體的角度來考慮個人權利和利益，適度平衡個人權利與公共秩序的關係。雖然終審法院首席法官多次強調法庭只會裁決案件涉及的法律問題，但我們必須承認法庭的判決有時會在政治、經濟或社會層面帶來重大影響。[5] 在面對一些公法案件，尤其是涉及國家安全和香港繁榮穩定的案件時，要充分考慮廣泛的社會利益。

三、鼓勵法官遴選本地化，強化行政長官在法官遴選中的作用

香港特區法官遴選本地化是「港人治港」原則的基本要求。一方面，回歸 20 年，香港特區已經培養了足夠的本地法律人才，能夠勝任法官的工作，法官遴選本地化對香港的法治質量不會有實質性的影響。有觀點認為，外籍法官在香港特區具有象徵意義，繼續聘用外籍法官被視為香港承諾繼續維護法治和司法獨立的象徵。[6] 這是對本地法官的偏見和誤解，特區政府應當積極推行並落實司法機構本地化

4　趙國強：〈論特區終審法院的社會責任——以案例為視角〉，《廣東社會科學》2013 年第 4 期。

5　〈終審法院首席法官二〇一七年法律年度開啟典禮演辭〉，2017 年 1 月，香港政府一站通，http://www.info.gov.hk/gia/general/201701/09/P2017010900464.htm（最後訪問時間：2021 年 3 月 28 日）。

6　參見林峰：〈「一國兩制」下香港「外籍法官」的角色演變〉，《中外法學》2016 年第 6 期。

政策，逐漸減少聘用外籍法官，在司法實踐中樹立本地法官的良好形象。另一方面，較之外籍法官，本地法律人士更加了解香港特區的情況，更加具歸屬感、國家認同感和責任感，「鼓勵選用本港法律人士擔任司法職務，以避免因為對香港外部與內部環境不了解而產生的司法裁決。這也是司法機關作為主權機構的內在邏輯要求」。[7]

香港特區的司法獨立得到高度保障，無論是法官的遴選和任命程序，還是法官的任期、薪酬待遇、司法豁免等職業保障制度，均充分保障了司法的獨立性。高程度的司法獨立性，固然有助於法官的獨立判斷，但同時也加大了司法專斷與司法擴權的風險。通過司法審查制度，香港特區司法權在制約行政和立法權方面發揮了巨大的作用，而在司法獨立的原則下，其他權力對司法權卻幾乎沒有任何制約作用。基本法第 88 條規定，香港特別行政區法院的法官，須先經當地法官和法律界及其他方面知名人士組成的獨立委員會推薦後，由行政長官任命。法官雖然由行政長官任命，但法官的任免權實際上牢牢掌握於特區司法機構或法律共同體手中，行政長官的任命更多的是象徵性意義的。香港特首對法官的任命所起的所用非常有限，法官任命逐漸成為特區司法機構或至多是法律界自身的一項職權。這不但是司法擴權的重要表現，也實質性地抵消了基本法所蘊含的行政與司法互相制約的精神。[8]

司法獨立以實現司法公正為宗旨，而不是為了獨立而獨立。作為一種實現司法公正的手段，司法獨立只能是相對的，它必須符合一國的憲政制度。[9] 司法是司法機關以人民的名義適用法律裁決紛爭的活動，司法若不對人民負責，既是對司法本質的背離，同時也必將導致司法機關凌駕於人民之上。即使在美國、德國這樣極為崇尚司法獨立

7　　程潔：〈論雙軌政治下的香港司法權——憲政維度下的再思考〉，《中國法學》2006 年第 5 期。

8　　任銘珍：〈行政主導體制下香港特區行政權與司法權的關係芻議〉，《社會縱橫》（新理論版）2012 年第 2 期。

9　　馬懷德、鄧毅：〈司法獨立與憲法修改〉，《法學》2003 年第 12 期。

的國家，司法部門「應該對人民負責」並承擔「政治責任」的觀念也是深入人心的。[10] 美國法官遴選過程也體現了對法官的政治制約，總統的任命往往代表了對法官政治取向的認同。香港司法機構除了終審法院和高等法院首席法官之外，不受其他民意機構的制約。香港特別行政區是我國的一個地方行政區域，又是一個國際化大都市，特別行政區的安全與國家安全息息相關。特別行政區司法機關也具有維護國家安全的社會責任。從居港權案中司法機構對基本法不顧香港社會現實的解釋，到「佔中」暴亂對違法人員的輕判，特區法院政治責任缺失的問題暴露無遺，而後旺角暴力事件正是司法機關姑息暴力的後遺症。因此，無論是從權力的制約角度出發，還是從特區法院的憲制角色出發，都有必要加強行政長官在法官遴選中的作用，包括強化行政長官在法官提名階段的作用，確定行政長官對法官的實質性任命權等。

四、完善的法官培訓制度，加強公民的國情教育

法官培訓制度包括就職前的培訓及在職培訓兩種。大陸法系國家一般通過嚴格的專業資格考試和專業訓練，保證法官職業的專業化，即除了通過專業資格考試之外，成為司法工作人員之前必須經過一定期間的職業培訓。英美法系國家的法官一般從律師中選任，法官質素的保障來自於其長期的律師執業經驗。香港特區沿襲英國普通法傳統，在法官的選任上具有英美法系國家的特點，沒有專門的職業培訓制度。為了幫助法官適應新的工作需要，提高法官的質素和業務水平，德國、法國等國家還有針對在職法官進行的在職培訓，一般由法

10　參見最高人民法院司法改革小組編，韓蘇琳編譯：《美英德法四國司法制度概況》，北京：人民法院出版社 2002 年版，第 82-83 頁、第 91 頁、第 94 頁、第 472-473 頁；〔美〕梅里亞姆著，朱曾汶譯：《美國政治思想（1865-1917）》，北京：商務印書館 1984 年版，第 111-114 頁、123-125 頁；信春鷹：《公法》（第三卷），北京：法律出版社 2001 年版，第 24 頁、第 226 頁。

官自願參加。考慮到香港特區司法機關的重要地位及在維護基本法和「一國兩制」方面的特殊作用，為了確保法官能夠勝任審判工作，有必要對法官進行定期在職培訓，加強國情教育，幫助法官了解和認識國家和香港社會現實，加深對基本法的理解。

五、加強內地與香港的司法合作，適度參照域外判例

一方面，可考慮確立兩地司法人員的流動機制，促進司法經驗的交流。2016 年 6 月，深圳市前海法院迎來了首批香港陪審員，香港特區法院也不應當故步自封，可適當引進內地法律人才參與司法工作；另一方面，應推動兩地法律交流與培訓，通過論壇、研討會、訪問等形式，加深兩地之間的理解與互信，相互借鑒成功的經驗。

根據基本法第 84 條的規定，香港特區法院審判案件時可以參考其他普通法地區的司法判例，而實踐中法院也非常廣泛地參照域外普通法甚至非普通法地區的法理。域外法理的參照與適用為法院提供了廣闊的選擇空間，法官在參照適用其他普通法地區的判例時完全可以根據自己的偏好選擇援引的判例，加大了司法審判的不確定性，加劇了香港特區與內地兩地法律體系的隔離，為維護中央主權帶來了嚴峻的挑戰。所謂的參照適用，如果缺乏一定的限制，最終只能成為服務於法官意識形態的工具。因此，香港特區法院參考域外法理必須在一定的限度之內，「對於基本法第八十四條提及的『參考』適用外國普通法，符合法理的理解應當是在解釋香港本地法律條款時，為本地法律條款的解釋提供輔助，而不是直接在香港法院適用外國法。」[11] 首先，參照域外普通法應當作為最後的一種方式，即法官應當優先尋求本區域法律資源的支持，只有在窮盡本區域的法律淵源仍然無法作出

11　李杏杏：〈域外普通法對香港司法的影響及對《基本法》實施的挑戰〉，2016 年香港基本法澳門基本法研究年會暨「基本法與國家統合」高端論壇論文集，2016 年。

裁決的情況下，才參照域外的判例，例如出現某種本地區從未出現過
的新情況，而域外已有相似的判例時，可以考慮參照；其次，必須考
慮爭議的問題是否具有普適性，不同國家和地區是否可以採用相同的
標準和處理方式，對於基本法中規定的具有本地特色的問題，例如關
於「一國兩制」、基本法的解釋等憲法性問題，應當限制法官以「參
考」為名，將外國的意識形態加諸香港；最後，參考不等於依據，外
國法不可直接適用，而是一種輔助解釋的方式。

六、探索建立香港特區法院對律政司不起訴裁量權的制約 機制

為了防止香港律政司濫用不起訴裁量權帶來縱容犯罪的後果，可
以考慮探索通過司法制約與民眾制約的方式進行監督與制約：一種是
司法制約方式，即經法院決定，可以在特殊情況下強制起訴某些已決
定不起訴的案件；另一種是民眾制約方式。如在美國，針對重罪案
件，由 23 人組成的大陪審團對檢察官疏於起訴的案件進行審查後，
也可以依職權決定追訴。[12] 儘管賦予檢察官一定的不起訴裁量權，是
提高訴訟效率、保護公共利益的要求，也與刑罰目的理論的變化相適
應。但任何權力都存在濫用的可能性，不起訴決定權的不當行使可能
直接導致放縱犯罪或者令國家安全和社會公共安全得不到有效維護。
因此，有必要對檢察官的不起訴裁量權進行合理規制。

和任何新生事物一樣，香港特區的司法權與終審權在回歸 20 多
年的實踐過程中，伴隨着各種爭議與矛盾，遭遇過各種挑戰，交織着
司法與政治的糾纏角力，確保司法權與終審權的正確有效行使，對於
全面理解並正確落實「一國兩制」和基本法具有極為重要的意義。

12　參見龍宗智：〈檢察官自由裁量權論綱〉，《人民檢察》2005 年第 15 期。

「一國兩制」在香港特別行政區的成功實踐來之不易，香港特區能夠繼續保持司法的權威與獨立、維持完善的法治傳統也同樣不易。為此應當繼續探索完善香港特區司法權與終審權的實踐，推動香港特區按照「一國兩制」方針在基本法軌道上繼續前行，為開創司法權與終審權在香港特區的美好明天而努力。以下章節將繼續圍繞香港特區司法權與終審權的問題展開深入、細緻的討論。

第二章

香港特區司法權和其他權力的關係

　　對香港特區司法權與終審權的研究，不僅應當關注司法權與終審權的內部運行，還應當從政治體制這一憲制結構中探求其與其他權力之間的關係及互動。無論是探究立法原意還是研讀基本法的條文設計，都不難見出「行政主導」這一制度性特徵在香港政治體制設計中的地位。只有行政主導才能確保「一國兩制」的順利推行，保證中央對香港的有效管治。但是這一設計在實踐中也遭受了諸多阻力與挑戰。這些阻力與挑戰都與香港特區的司法權與終審權問題密切相關。本章主要從司法權與終審權在憲制中的地位及運行實踐來探討：第一，基於司法權的審查權屬性，司法審查的能動性如何影響行政主導在實踐中的實現程度？第二，司法擴權對行政主導產生了哪些消極的影響？第三，立法權如何通過司法權阻礙行政主導？第四，在司法能動與司法謙抑之間，香港法院尤其是終審法院應當如何選擇，這一選擇又應當遵循何種標準？第五，作為「一國兩制」下的地方性法院，香港法院承擔何種形式的維護國家安全的義務，又應當如何履行該項義務？

第一節

香港特區政治體制的基本內容與特徵

◇◇◇

一、政治體制的定義

政治體制是指國家的政治、統治形態，即國家政治體系運作的形式。一般指一個國家政府的組織結構和管理體制，有時簡稱為政體。[1] 政治體制的核心內容是對政治主體及其權力關係的配置與規制，並制定出政權的組織形式和活動原則。

政權組織形式是抽象的政治體制在權力運行這一層面上的體現，主要是指行政、立法、司法三項權力之間的關係。行政是指組織、協調、安排社會生活的活動。國家層面的行政，就是依據法律管理社會的權力和職能。立法權是指享有權力來指導如何運用國家的力量以保障這個社會及其成員的權力。立法權不僅是創制法律的權力，而且是其他政府的權力源泉。在一個主權國家中，立法權是國家主權的重要體現和主要組成部分。[2] 司法是指將法律適用於具體案件的相關活動。從權能和內容上看，立法、行政、司法之間的關係就是立法權、司法權、行政權的關係。三權分立最早的提出者是亞里士多德（Aristotélēs），他在《政治學》中認為，一切政體均由議事機能、行

1　參見王磊：〈香港政治體制應當表述為「行政長官制」〉，《政治與法律》2016 年第 12 期。

2　參見董立坤：《中央管治權與香港特區高度自治權的關係》，北京：法律出版社 2014 年版，第41 頁。

政機能、審判機能構成。[3] 後來，孟德斯鳩（Montesquieu）系統地提出了立法、行政與司法三權分立和相互制約的思想，提供三項權力由不同的機關行使，彼此獨立，互相平行，互不負責但相互制約。

一個國家或地區實行什麼樣的政治體制，一般都會在該國家或地區憲制性法律的規定及該規定的實際實施情況之中有所體現。例如，英國在光榮革命之後確立了議會至上的政治體制並沿用至今，這一政治體制與洛克（John Locke）在《政府論》中所提出的兩權分立學說是相一致的，即立法權與行政權相互分立且行政權從屬於立法權。美國的政治體制是依照孟德斯鳩關於三權分立的學說建立起來的，立法權、行政權、司法權相互獨立，其中行政權處於權力的核心。依據法國第五共和國憲法，法國將議會制與總統制相結合，創立了「半總統半議會制」的政治體制。

與上述國家相比，我國的政治體制具有一定的特殊性，這種特殊性最明顯的體現就是我國政治體制所具有的區分性。根據中國憲法，社會主義制度是我國的根本制度，中華人民共和國的一切權力屬於人民。在這樣一種根本制度之下，我國發展出了不同的政治體制：在內地實行人民代表大會制度，國家的行政機關、審判機關、檢察機關都由人大產生，並對人大負責；香港特別行政區和澳門特別行政區則在「一國兩制」的指導原則之下，保持原有的資本主義制度，並在其基礎上有所發展（本文暫未將台灣地區的政治體制問題納入到討論範圍內）。

▎二、香港特區政治體制的指導原則

香港回歸以後應當實行什麼樣的政治體制，是基本法制定過程中

3　參見亞里士多德著，吳壽彭譯：《政治學》（第四卷），北京：商務印書館 1965 年版，第 215 頁。

爭議最大、情況最複雜、處理難度最大的問題。這其中最關鍵的問題有兩個:第一,香港特別行政區應當在多大程度上實現民主;第二,香港特區高度自治權的邊界應當如何設定。

1985 年,第六屆全國人民代表大會第三次會議通過決定,成立中華人民共和國特別行政區基本法起草委員會,負責香港特別行政區基本法的起草工作。該決定規定:「香港特別行政區基本法起草委員會由包括香港同胞在內的各方面的人士和專家組成。」由於基本法起草委員會的成員既有內地的委員又有香港的委員,因此,為了儘可能在起草委員會內部達成一致性的認識,參與制定政治體制的主體在以下方面達成了共識,這些共識在基本法和中英聯合聲明中都有所體現。

(一)符合「一個國家、兩種制度」方針和中英聯合聲明中關於政治體制的規定

1982 年,鄧小平第一次把解決台灣問題的構想概括為「一國兩制」。為了使「一國兩制」方針獲得憲法上的依據,1982 年的憲法修正案在總綱中採用專條規定的方式對「一國兩制」的實踐形式——特別行政區作了規定。憲法第 31 條規定:「國家在必要時得設立特別行政區。在特別行政區內實行的制度按照具體情況由全國人民代表大會以法律規定」。由此,「一國兩制」和特別行政區也獲得了憲法上的合法性。

根據憲法,我國是單一制的社會主義國家。從立法權的歸屬來看,我國只有一個最高的國家權力機關,即全國人民代表大會,全國人民代表大會常務委員會作為其常設機關與全國人民代表大會一起行使國家立法權;從行政權來看,我國只有一個最高的國家行政機關國務院,即中央人民政府。全國地方各級人民政府都是國務院統一領導下的國家行政機關,國務院與各級人民政府之間是領導與被領導的關

係；我國只有一部統一的憲法，即《中華人民共和國憲法》，不論具體的政治制度如何，憲法都具有絕對的效力。

因此，香港特別行政區作為直轄於中央人民政府的一個地方行政區域，其實行的資本主義制度以及所享有的高度自治權只能在統一的國家主權下行使。

（二）有利於香港的經濟繁榮和社會穩定

保持香港的經濟繁榮和社會穩定是中央和香港的共同目的。當時，國務院在提出的政府工作報告中也指出：「為了繼續維持香港的穩定和繁榮，我們在恢復行使主權後，對香港將採取一系列特別政策，並在五十年內不予改變。」這也說明了，維持香港的穩定和繁榮自然也是設置政治體制所應當堅持的原則。在中英聯合聲明中，涉及中央對香港的基本方針和政策的內容，均有多處規定「不變」與「保持」，不僅如此，在基本法的附件中，提到香港政策時也經常出現「保留」與「自行」等字眼，這些都體現了中央為了維護香港的經濟繁榮和社會穩定所表達的積極態度。

想要保證香港的經濟繁榮和社會穩定，就必須注重香港各階層的利益訴求和利益分配。香港的經濟繁榮與發展，最大的貢獻者就是工商業者，除此之外，廣大工人階級和其他各階層也為香港的繁榮作出了貢獻。只有維護各階層的利益，才能保證社會的穩定，也才能使社會的繁榮繼續實現。各階層的利益既包括經濟上的利益，也包括政治上的利益。因此，政治體制的設計必須兼顧各階層的利益，妥善地處理好政治權利的分配，最大程度的避免和轉化政治權利之間的矛盾。

（三）保持原有政治制度中的優點，循序漸進推進民主參與

設計香港的政治體制，不可能是從零開始的「重新建構」，而應當是立足當下、回顧現實的「優化升級」。有學者總結指出，應保留

香港原有政治體制中的有效部分，即行政主導和有效管理。[4] 這一觀點體現了香港政治體制的設置，必須建立在對香港的實際情況清醒而準確的認識的基礎之上。只有把握了香港現有的政治制度的特點，才能明確認識到什麼樣的政治制度對香港是有利的，什麼樣的政治制度在回歸之後是需要改變的。

香港回歸前實行總督制，總督具有較大的權力，受立法局的制約較少，有利於及時和高效地處理香港的經濟和社會問題，保障了香港良好的行政環境和政治氛圍；香港設立的行政局制度，為吸收各方面精英參與政治，加強行政與立法的溝通和協調提供了便利條件；香港設有廣泛的諮詢制度，有利於及時全面的吸收各方的聲音和意見，既是自由表達的渠道，也可以催生出建設香港的科學方案。這一系列的制度都是香港政治制度中值得讚揚和保留的因素，因為這些制度為香港政治體制的完美運作和順利發展提供了多渠道的保障。

香港並不能原封不動地將其政治體制適用於回歸之後，特別是涉及國家主權或者是屬於殖民主義的體制必須予以廢除或者改變。一方面，香港回歸前總督享有極大的權力，但最終的權力卻集中於英國倫敦。在《英皇制誥》中，相關的條款強調總督的某些權力應當按照倫敦給予他的指示，並且最重要的是，英國享有對總督權力之外的權力的決定權並制定適用於香港的法律。這種帶有殖民地色彩的體制在確定香港回歸後的政治體制時必須要進行改革。另一方面，中央也只認同香港的社會及經濟制度不變、生活方式不變、法律基本不變，但是卻並未認同政治體制不變。此外，中英聯合聲明中規定了「香港特別行政區行政長官在當地通過選舉或協商產生」，這一對於民主政治的要求也必須在政治體制的設計之中有所體現。但是，香港的民主必須遵循循序漸進的原則，穩步推進。

4　參見駱偉建：〈論特別行政區政治體制與現實政治的關係〉，《港澳研究》2017 年第 3 期。

三、香港特區政治體制的發展

縱觀香港特別行政區的政治體制，尤其是民主政治的發展，經歷了回歸前、過渡時期及回歸後三個階段。

（一）香港回歸前政治體制的變化歷程

1. 港英政府時期的香港政治體制

港英政府時期，《英皇制誥》和《皇室訓令》作為香港的憲制性文件，是香港政治體制的主要依據。雖然根據《英皇制誥》和《皇室訓令》，香港實行「三權分立」的模式，設立了行政局、立法局和法院系統，但是行政局和立法局並不是當然的享有行政權和立法權的機關。相反，實際的情況是不論是行政權還是立法權都集中於港督一身，「香港的行政與立法是混合體，分而不對立」。[5]「港英政治制度的權力高度集中於港督。」[6] 香港總督是港英政府的最高職位，是英國直接派駐香港的女王的代表。港督的權力來源不僅僅因為其是港英政府最高的職位，還因為港督當然的是立法局和行政局的主席，這也在實際上決定了港督享有任何人都無法制衡和匹敵的權力。在港督集權之下，行政局和立法局也只不過是協助港督施政的諮詢機構而非決策機構，港督對香港具有絕對的領導權和控制權，香港的政治體制也體現為以港督為核心的高度集權性的特徵。由於港督實際上既控制了行政局，又控制了立法局，香港實行的實際上是港督主導制。相應的，民主在香港並未起步。

由於深受英國司法傳統的影響，司法獨立在香港獲得了普遍的認同。但是，香港作為英國的殖民地，其司法獨立帶有濃厚的殖民地基

5　黃矩鴻：〈香港政治體系的分析〉，載鄭宇碩：《香港政制及政治》，香港：天地圖書有限公司1987年版，第 99 頁。

6　劉曼容：《港英政治制度與香港社會變遷》，廣州：廣東人民出版社 2009 年版，第 87 頁。

因，即不管是在法律淵源上還是在司法權上都受到英國本國法律或者是針對殖民地所頒佈的法律的限制。

從法律淵源上看，除了《英皇制誥》和《皇室訓令》作為香港的憲制性法律從而成為英國統治香港的各種制度和權力劃分的依據外，一部分英國的制定法也是其法律淵源。例如，香港政府在 1965 年制定了《英國法律適用條例》，確認了英國法律在香港有效適用的範圍。這些法律包括港英政府之前已經在英國實施的法律，也包括港英政府時期，英國制定並限於在香港適用的法律。除此之外，一些條約、協議以及香港政府通過立法行為而制定的法律都是香港法律體系中的一部分。更重要的是，作為具有普通法傳統的地區，法院的判決對後續的判決發揮作用，也是法律淵源中非常重要的組成元素。

從司法權的權限上看，香港的司法機關對香港的法律卻並不享有違憲審查權。根據 1865 年英國國會通過的《殖民法律有效法》，殖民地法院不能因為當地法律與英皇的指示或訓令不符而宣佈該法律無效，只有英皇而非香港法院享有否決的權力。[7] 在英皇否定該法律之前，法院仍然必須執行該法律。

除了不具有違憲審查權之外，香港法院對發生在香港的糾紛也不享有終審權。某些經由香港法院判決的案件，最終可以上訴到倫敦樞密院，案件的終審權也在樞密院司法委員會。雖然上訴到英國樞密院的案件需要經過批准和篩選，但是香港法院的司法權卻很明顯地受到英國法院的影響，如果樞密院的意見經由英皇頒發，那麼香港法院就必須執行英皇頒發的樞密院令。

2. 過渡時期（1985-1997）的香港政治體制

港督主導的權力格局在香港回歸的前後開始變化。1980 年和 1982 年，香港政府先後發表了《香港地方行政改革模式綠皮書》和《香港地方行政白皮書》，開始了地方行政改革的歷程。聯繫到這一行

7　參見易賽鍵：《香港司法終審權研究》，廈門：廈門大學出版社 2013 年版，第 51 頁。

政改革的歷史背景可以發現，這一改革的動因並不是由於港督主導、行政主導的政治體制在香港的推行受到了阻礙，而是港英政府主動為之的帶有目的性的改革。「若香港回歸後的政治體制變成立法主導，他們的代理人也就自然獲得了特區政府的管治權。」[8]這場改革設立了區議會並推行區議會的直接選舉。香港民主發展的第一步落在了賦予港人選舉區議會的議員代表自己的意志之上，實現了香港由完全的行政主導向代議政制變遷。這一改革開啟了香港政制改革的序幕，在中英就香港回歸問題簽署了中英聯合聲明之後，港英政府更是加快了代議制發展的步伐，發表了《代議政治在香港的進一步發展》，香港立法局也第一次出現了由港人自己選舉產生的立法會議員。代議制改革的步伐隨着香港回歸的不斷臨近而越來越快，末代港督彭定康不顧中英聯合聲明的精神和中央政府的意見，單方面加快推進代議政制發展的步伐。[9]其在題為「香港的未來：五年大計展新猷」的施政報告中，提出了他對香港憲制改革的方案，該方案打着民主的旗號，但實際的做法卻與中英聯合聲明的精神和基本法背道而馳。其政改方案主要包括以下內容：把行政局和立法局的議員完全分開，結束了部分議員身兼立法、行政兩局議員的情況，使立法局成為一個可以制衡政府的機關；港督不再擔任立法局主席，立法局主席由議員互選產生。香港傳統的行政主導逐漸過渡到行政與立法互相制衡的局面。

（二）回歸後香港特別行政區的政治體制

基本法取代了香港殖民地時代的《英皇制誥》和《皇室訓令》成為了香港回歸後的憲制性文件，香港的政治體制自然也在基本法中進行了規定。基本法第 4 章對香港特別行政區的政治體制做了詳細的規

8　　強世功：《中國香港──政治與文化的視野》，北京：生活·讀書·新知三聯書店 2014 年版，第 284 頁。

9　　參見郝健臻：《香港特別行政區行政與立法的關係》，北京：法律出版社 2011 年版，第 35-37 頁。

定，主要包括行政長官、行政機關、立法機關、司法機關、區域組織和公務員六部分。

根據基本法對香港特別行政區行政長官和行政機關的規定，香港實行行政長官負責制。行政長官負責制呈現出「一個負責主體、多重負責對象」的特徵。香港特別行政區行政長官既是香港特別行政區的首長，代表香港特別行政區，同時也是香港特別行政區政府的首長。在這樣的身份定位之下，香港特別行政區的行政長官不僅要對中央人民政府負責，還需要對香港特別行政區負責。

根據基本法第 67 條和 72 條的規定，香港特別行政區立法會是香港特別行政區的立法機關。立法會享有的權力主要包括：制定、修改、廢除法律；通過政府預案；批准稅收和公共開支；質詢；同意任免法官等等，除此之外，立法會還擁有對行政長官的彈劾權。

根據基本法的規定，香港設立特別行政區終審法院，擁有香港特別行政區的終審權。並且，原在香港實行的司法體制，除因設立香港特別行政區終審法院而產生變化外，一律予以保留。同時，基本法在附則中規定，香港特別行政區成立時，香港原有法律除由全國人民代表大會常務委員會宣佈為同基本法抵觸者外，其餘都採用為香港特別行政區法律，如以後發現有的法律與基本法抵觸，可依照基本法規定的程序作出修改或終止該法律。

基本法的這些規定體現了對香港司法獨立和司法傳統的尊重和保障。一方面，香港法院獨立進行審判，不受任何干涉，司法人員履行審判職責的行為不受法律追究；另一方面，在香港回歸之前，香港的終審權掌握在英國樞密院手中，但是回歸之後終審權由設立的終審法院享有，終審權掌握在香港的法院手中。在與中央司法體制的關係上，香港終審法院對案件的終審權並不會受到內地最高人民法院的審查。值得注意的是，與內地的政治體制不同，香港的終審法院也並不需要向全國人大負責。

四、香港特區政治體制的特徵

香港特別行政區的政治體制是一種特殊的政治體制，即有「中國特色」，也有「香港特點」。[10] 這一觀點說明了香港政治體制具有豐富的內容。正是由於其內容上的豐富性，香港政治體制問題仍然存在着進一步釐清及強調的必要。

（一）對香港政治體制特徵的爭論

關於香港特別行政區的政治體制的特點，學者之間主要存在以下五種觀點：

第一，香港的政制基本上是「行政主導」，雖然這一特徵並沒有在基本法中有明確的指明，但卻貫穿在基本法當中；[11] 第二，香港的政制屬於「立法主導」；第三，香港的政制屬於「三權分立」；第四，香港的政制屬於行政、立法既相互制衡又相互配合；第五，香港的政治體制應當表述為「行政長官制」[12]，相類似的表述還有「行政長官負責制」，[13] 即行政長官作為特區的首長，對中央政府和特區負責；特區享有行政管理權、立法權與司法權；行政機關與立法機關之間既制衡，又相互配合。這幾種觀點代表了各個學者對香港政制的不同認識。

持「行政主導」觀點的學者認為，香港的政治體制中行政權處於主導地位。值得注意的是，對行政主導的肯定並不意味着香港的政治體制在回歸前後具有一致性。香港回歸前，英國為了實現對香港強有力的控制，設置了港督作為英國在香港的代理人。因此，香港呈現出港督主導、行政主導的局面，行政主導是為英國對香港的統治服

10　參見郝鐵川：〈香港特別行政區政治體制是一種獨特的地方政治體制〉，《江漢大學學報（社會科學版）》2018 年第 2 期。

11　參見王禹編：《蕭蔚雲論港澳政治體制》，澳門：三聯出版（澳門）有限公司 2015 年版，第 154 頁。

12　參見王磊：〈香港政治體制應當表述為「行政長官制」〉，《政治與法律》2016 年第 12 期。

13　參見許崇德：〈略論香港特別行政區的政治制度〉，《中國人民大學學報》1997 年第 6 期。

務的。香港回歸後，為了貫徹「一國兩制」和「港人治港」，中央決定在保持香港的資本主義制度不變的情況下，賦予行政長官廣泛的職權，行政長官對整個香港負責。雖然在回歸前後香港的政治體制都呈現出一定的行政主導因素，但是兩者性質並不一致，不具有沿襲性。因此，香港回歸後的「行政主導」是一種新形式的行政主導。

認為香港的政制屬於「立法主導」的觀點也問題頗多。1979 年港督麥理浩（Murray MacLehose）訪華，得知中國要收回香港後，英國就開始策劃「政制改革」，並隨後提出逐步建立一個政制，使其權力穩固地立根於香港，有充分權威代表香港人的意見，同時能更直接地向香港人負責。英國的目的是想提高立法機構的地位，將香港政制由「行政主導」過渡到「立法主導」。[14] 應當說，這是英國在香港推行代議制改革的目的。英國的這一目標如果實現，就會產生政治傾向於英國的特區政府，使得香港在回歸之後依然受到英國的操控。但是，這一目的很顯然並沒有使香港發展到「立法主導」的程度。

還有學者認為，香港的政治體制屬於「三權分立」，立法、行政、司法既分權又相互制衡。[15] 並且，1998 年 11 月 8 日《政治體制專題小組的工作報告》中也曾經提出過「香港特別行政區的政治體制原則上應採用『三權分立』」。[16] 應當說，僅從香港現行的政治架構來看，立法、行政與司法之間確實存在着分權的現象，並且立法權、行政權與司法權之間十分注重權力制衡。但是，三權分立的政治體制有一個大前提，那就是主權國家，要存在完整且獨立的權力形成及運行機制。[17] 根據這一標準，雖然說香港存在着權力制衡的現象，但是卻

14　參見孟慶順：《「一國兩制」與香港回歸後的政治發展》，香港：香港社會科學出版社有限公司 2005 年版，第 21 頁。

15　例如，有學者認為「終審法院首席大法官……，在行政、立法、司法三權分立的政治結構中……。」劉玫、盧瑩：《香港與內地刑事訴訟制度比較研究》，北京：中國人民公安大學出版社 2015 年版，第 35 頁。

16　參見全國人大常委會香港基本法委員會辦公室編：《中華人民共和國香港特別行政區基本法起草委員會文件彙編》，北京：中國民主法制出版社 2011 年版，第 61 頁。

17　參見許昌：〈香港特區政治體制模式的特徵分析〉，《當代港澳研究》2013 年第 2 期。

絕對不是三權分立。由此推之，任何一個非主權國家的實體都不可能是三權分立。鄧小平在 1987 年 4 月 16 日會見香港特別行政區基本法起草委員會委員時曾說「現在如果完全照搬，比如搞三權分立，搞英美的議會制度，並以此來判斷是否民主，恐怕不適宜。」[18]2015 年 9 月 12 日，張曉明在〈正確認識香港特別行政區政治體制的特點〉的講話中，也明確重申香港不實行三權分立的政治體制。[19] 這也說明了「三權分立」這一帶有主權性質的表述，絕對不可能適用於香港特區。

認為香港的政制屬於行政、立法既相互配合又相互制約的觀點，總體上來說是合理的。但是這一觀點卻並沒有明確的指出行政、立法配合和制約之下，香港政制的突出特點，也不便於我們把握香港政治體制與其他國家或者地區政治體制的不同之處。因為，不論是哪一種政治體制的設計，無一不遵循權力制衡的原理，但是各個國家在這一原理之下卻發展出了不同的政治體制。即使是相互制衡的政制，在權力格局之中，也存在着相對來說較為強勢的一方，對應的，另一種權力在行使中就會面臨較多的限制，其制衡的力量也會相對較弱。因此，在確定了香港政治體制的基本格局是行政機關與立法機關既相互配合又相互制約後，應當立足於基本法的立法原意和條文設計來回溯，以達於更細緻的展現。

（二）基本法中對香港政治體制特徵的規定

總體來說，香港的政治體制是有「自主知識產權」的「香港版」的政治體制。[20] 對政治體制設計的討論是基本法制定過程中的核心問題。

在基本法起草之初，起草委員會中關於政制中行政與立法機關的關係主要存在三種意見：（1）立法主導模式；（2）行政主導模式；（3）

18　鄧小平：《鄧小平文選》（第三卷），第 220 頁。

19　〈中聯辦主任：香港不是三權分立 特首超然三權之上〉，2015 年 9 月，中國新聞網，http://news.china.com/domestic/945/20150913/20381232.html（最後訪問時間：2021 年 3 月 28 日）。

20　參見張定淮、王夢暘：〈如何理解香港的政治體制特徵？〉，《國外理論動態》2016 年第 1 期。

行政機關與立法機關既相互配合又相互制衡的模式。這三種意見在基本法起草的過程中都經過廣泛的討論。最後，基本法根據大多數人的意見採納了第三種模式作為表述方式。姬鵬飛在 1990 年 3 月向全國人大說明香港基本法草案時，認為行政機關和立法機關之間的關係應該是相互制衡又相互配合；為了保持香港的穩定和行政效率，行政長官應有實權，但同時也要受到制約。[21] 根據上述解釋及對基本法條文的解讀，相互制衡又相互配合至少包含以下幾層含義：

1. 行政機關與立法機關相互制衡、相互配合

在理解何為相互制衡、相互配合的關係時應當注意，香港特別行政區所實行的行政機關與立法機關相互制衡、相互配合與三權分立之下的權力制衡與配合有顯著的不同：

依據三權分立理論，立法、司法、行政既相互獨立又相互制衡，它們的獨立和制衡都是建立在國家權力在源頭被分成三項不同的權力這一基礎之上的。這種分立既是主權國家下的權力分立，也是為了實現權力相互之間的有效制約，防止權力過分集中而帶來濫權的風險；但是，香港特別行政區的政治體制，卻帶有明顯的中央主導色彩：一方面，立法、司法、行政相互制衡並不是對一國主權所做的權力分割，而僅僅是香港作為特別行政區而享有被中央授予的各項權力。另一方面，為了保證「高度自治」不會動搖「一國」的基礎，中央必須對香港自治享有控制權。為了達到這一目的，基本法在設計中通過提高行政權的地位從而使得行政權處於香港政治體制架構的中心和核心地位。因此，「行政主導」的特徵與三權分立下行政權的主動性、活躍性是不相同的。

對於相互配合這一關係，可以視為基本法肯定了行政機關與立法機關相互配合這一特殊的地方政權形式，這種政權形式既符合「一國

---

21 《關於〈中華人民共和國香港特別行政區基本法（草案）〉及其有關文件的說明》。

兩制」的方針，又符合香港的實際情況，從而發展了我國憲法關於政權形式的理論。[22] 行政機關與立法機關互相配合，主要表現在設立行政會議作為協助行政長官進行決策的機構。根據基本法的規定，香港特別行政區行政會議的成員由行政長官從行政機關的主要官員、立法會議員和社會人士中委任。通過這一途徑，立法會議員與行政機關的工作人員都成為了行政決策和行政政策制定的參與者。

2. 行政主導

無論是探究立法原意還是研讀基本法的條文設計，都不難覺察出「行政主導」這一制度性特徵在香港政治體制設計中的地位。

行政主導是基本法的立法原意，這是不爭的事實。[23]2007 年全國人大常委會委員長吳邦國在紀念香港基本法實施十週年座談會上強調，香港特別行政區政治體制的最大特點是行政主導，並認為根據鄧小平同志的思想，基本法從香港特別行政區的法律地位和實際情況出發，確立了以行政為主導的政治體制，其中最重要的就是行政長官在特別行政區政權機構的設置和運作中處於主導地位。[24]

2004 年香港特區政府在啟動政改時，時任特首董建華向人大常委會提交的政制發展專責小組二號報告中強調香港政制是「以行政長官為首的行政主導體制」，其後政府多次重申「行政主導」原則。張曉明在 2015 年 9 月 12 日出席紀念基本法頒佈 25 週年研討會時也表示，行政長官權力不僅限於領導特區政府，同時具有雙首長身份、雙負責制的責任，行政長官具有超然於行政、立法、司法三個機關之上的特殊法律地位，處於特區權力運行的核心位置。[25]

22　參見蕭蔚雲主編：《一國兩制與香港基本法律制度》，北京：北京大學出版社 1990 年版，第 114-115 頁。

23　參見黃來紀、楊允中主編：《特別行政區制度與我國基本政治制度研究》，北京：中國民主法制出版社 2012 年版，第 361 頁。

24　吳邦國：〈深入實施香港特別行政區基本法，把「一國兩制」偉大實踐推向前進〉，《求是》2007年第 12 期。

25　張曉明：〈正確認識香港特別行政區政治體制的特點〉，2015 年 9 月，大公網，http://news.takungpao.com/paper/q/2015/0913/3163893.html（最後訪問時間：2021 年 3 月 28 日）。

由此可以看出，不論是立法者的闡釋還是施政者的施政方針，無不表露的是「行政主導」。根據基本法，行政長官的主導性體現在：

（1）在特別行政區與中央政府的關係中，行政長官居於十分重要的地位，中央人民政府主要通過行政長官與特別行政區發生關聯。

行政長官的地位明顯高於行政機關、立法機關和司法機關。[26] 行政長官的這一主導性主要體現為：香港特別行政區行政長官依照基本法的規定對中央人民政府和香港特別行政區負責；行政長官負責執行基本法和依照基本法適用於香港特別行政區的其他法律；行政長官將財務預算、決算上報中央人民政府備案；行政長官提名並上報中央人民政府任命主要官員，並建議中央人民政府免除主要官員的職務；此外，行政長官還代表香港特別行政區政府處理中央授權的對外事務和其他事務。

（2）行政長官在特別行政區政府中處於首長地位。主要職權包括：行政長官「領導香港特別行政區政府」；行政長官「決定政府政策和發佈行政命令」；行政長官「依照法定程序任命公職人員」；行政長官「批准向立法會提出有關財政收入或支出的動議」。

（3）行政權對立法權的制約關係

在行政機關和立法會的關係上，呈現出行政機關對立法會的制約強於立法會對行政機關制約的特徵。

首先，行政長官享有對立法結果的否決權。行政長官「簽署立法會通過的法案，公佈法律」；行政長官「如認為立法會通過的法案不符合香港特別行政區的整體利益，可在三個月內將法案發回立法會重議」；行政長官「如拒絕簽署立法會再次通過的法案或立法會拒絕通過政府提出的財政預算案或其他重要法案，經協商仍不能取得一致意見，行政長官可解散立法會」。

26　參見胡錦光、朱世海：〈三權分立抑或行政主導制——論香港特別行政區政體的特徵〉，《河南省政法管理幹部學院學報》2010 年第 2 期。

其次，行政長官享有特定類型的法案的提案權。「在行政與立法的關係中，行政處於主動地位。」[27] 對於涉及公共開支或政治體制或政府運作的法案只能由政府向立法會提出，議員個人不能提出包括上述內容的法律草案。立法會議員個別或聯名提出涉及政府政策的法律草案，在提出前必須得到行政長官的書面同意。在立法會上，政府法案的表決，亦與議員個人法案的表決機制不同，「政府提出的法案，如獲得出席會議的全體議員的過半數票，即為通過」。「立法會議員個人提出的議案、法案和對政府法案的修正案均須分別經功能團體選舉產生的議員和分區直接選舉、選舉委員會選舉產生的議員兩部分出席會議議員各過半數通過。」

此外，行政會議制度在實際上加強了行政主導這一趨勢──行政會議對於政府決策具有重大的影響，在有立法會議員參與的行政會議中通過的決策在立法會表決階段也有一定的優勢。

3. 司法獨立

在回歸之前，儘管香港並沒有本土制定的憲法性文件，但是受到英國普通法思想和司法制度的影響，司法獨立在香港以非常明確的方式確立下來。這主要表現在：法官由港督委任；司法機關只對法律負責而不對政府負責；司法機關工作人員在行使司法權時不受立法或者行政機關的制約。

但是，港英時期香港法院並不享有終審權，由上訴法庭和原訟法庭組成的法院也並不是最高權力的司法機關。香港法院在 1969 年和 1973 年先後聲明：「香港法庭無疑是受英國樞密院及上議院的判決所約束」、「英國樞密院的任何有關決定均對香港起約束作用」。[28] 雖然香港秉持着司法獨立的原則，但是從與英國樞密院的關係來看，香港的法院依然具有從屬性。

27　傅思明：〈中國獨創的港澳政權組織形式論略〉，《政治與法律》2000 年第 6 期。

28　參見徐克恩：《香港：獨特的政制架構》，北京：中國人民大學出版社 1994 年版，第 9 頁。

香港回歸之後，高度自治不僅僅體現在香港擁有本地立法權和行政權、實行與內地不同的資本主義制度，也同樣體現在司法權上。在設計香港回歸之後的政治體制的方案中，司法獨立作為遵循「港人治港、高度自治」原則被保留了下來。

第一，基本法明確規定，司法人員履行審判職責的行為不受法律追究。根據這一規定，法官在依法履行審判職責時，即使發生錯誤也不必對此承擔責任。而如果發生需要法官承擔責任的情形，基本法對追究法官責任的程序也進行了嚴格的規定。這些做法都使得個案中的法官在審判具體的案件時，並不會受到其他因素的干預和威脅，只需要嚴格遵照法律判案，獨立地行使司法權。

第二，法官選任有着非常嚴格的程序。司法人員推薦委員會根據法官本人的司法和專業才能來向行政法官作出有關法官的任命推薦。除此之外，並不存在其他適用於所有法官的資格準則。對於終審法院首席法官及高等法院首席法官有國籍要求，即兩者均必須由在國外無居留權的香港永久性居民中的中國公民擔任，但是對於其他法官，並無此項要求；基本法規定可從其他普通法適用地區聘用法官。

第三，除了明確規定了法官所享有的司法豁免權和非常嚴格的任免機制，司法獨立還體現在香港法院擁有廣泛的管轄權。依照基本法第 19 條的規定，香港特別行政區享有獨立的司法權和終審權。為了避免與內地司法傳統不同所可能產生的問題及保持香港的司法獨立傳統，香港法院享有獨立的司法權意味着香港的司法制度和法律的運行，只要是不與基本法相抵觸的，香港法院都享有充分的權力，中央並不會干預。

第四，在涉及具有一國主權性質的終審權的分配上，中央也嚴格遵守「一國兩制」的原則，將對案件的終審權授予給香港終審法院。作為司法主權的標誌，任何一個地方行政區域的法院都不享有終審權，這也進一步彰顯了中央維護香港司法獨立的決心。

香港特區司法權與行政管理權的關係

◇◇◇

司法獨立作為香港延續普通法傳統的顯著特徵，與香港的政治體制所設計的行政主導之間如何平衡及發展是香港所面臨的實際問題。這是因為在香港政治體制運行之中，行政主導所要求的行政權相對於其他權力的強勢地位與司法獨立所具有的中立性、被動性之間不可避免地將產生一定的張力。這種張力既是權力制約格局的共同特徵，也是「一國兩制」下香港特別行政區的個體特徵。

▍一、基本法中司法權與行政管理權的相互制約

為了保障司法獨立，基本法中對司法免責、獨立任免機制和法官任期等都作出了明確的規定。不同於行政機關和立法會議員的產生辦法，香港法院的法官人選都是由獨立委員會推薦產生的，獨立委員會的成員包括香港當地法官和法律界及其他知名人士。普通法官只有出現無力履行或行為不檢的情形，才能在終審法院首席法官任命的不少於 3 人的審議庭提出建議的前提下，由行政長官作出任免決定。而終審法院的免職程序則更為嚴格，除須根據基本法第 88、89 條規定的程序外，還須由行政長官徵得立法會的同意，並報全國人大常委會備案。

上述規定都是確保司法獨立、踐行法治的保障性條款。但是，司法獨立絕非是司法的絕對獨立，尤其是在行政主導的政治體制的架構

中，為了保證行政主導的順利推行，基本法也對司法權與行政權制衡的關係中行政權的主導地位有所規定。

（一）行政管理權對司法權的制衡

行政管理權對司法權的制衡主要體現在人事方面，即行政長官對各級法院法官享有任免權。

在任命法官上，獨立委員會僅僅享有對各級法院法官的推薦權。在推薦的程序之外，還必須由行政長官任命。這也就意味着在決定究竟哪一位候選人能夠真正成為法官的決定權在於行政長官。在法官罷免上，如果法官出現了無力履行職責或者行為不檢，行政長官對該法官的免職享有決定權。

此外，行政管理權對司法權的制衡還體現在行政長官可以依法行使部分司法權。根據基本法的規定，行政長官不僅有權赦免或減輕刑事罪犯的刑罰，還有權處理請願、申訴事項。一般情況下，不管是對刑事犯罪的管轄還是對申訴事項的處理，都應當屬於法院的權限範圍，基本法此規定無疑賦予了行政長官作為特別行政區首長所行使的一項重要權力。

（二）司法管理權對行政權的制衡

基本法第 35 條第 2 款明確規定，香港居民有權針對行政部門和行政人員的行為向法院提起訴訟。司法對行政的制衡主要體現為司法審查制度。司法審查是對立法權行使的合憲性和行政權行使的合憲性、合法性進行的審查。[1] 除此之外，司法管理權對行政權的制衡還體現在香港終審法院首席法官可以在立法會通過動議的前提下，負責組成獨立的調查委員會對行政長官是否有違法犯罪行為進行調查。

1　參見胡錦光：〈違憲審查與相關概念辨析〉，《法學雜誌》2006 年第 4 期。

二、行政主導的政治體制與司法獨立

在香港，市民針對行政機關的行為提起的訴訟一般稱為司法覆核。「司法覆核的核心是由司法機關對行政機關的行為進行監督的憲制安排。」[2] 在司法覆核與良好管治的關係上，香港終審法院首席法官李國能認為，政府應合法而公平地行使公共權力，司法覆核是良好管治的基石，能確保管治公平合法，令管治質素得以提升。[3] 這一層面所說的是司法與行政之間的良性互動。香港法院的司法覆核在實際的運行過程中也對行政主導產生了一些負面的影響。

（一）司法過度干預對行政主導的掣肘

雖然基本法中明確規定了行政權對司法權的制衡，並希望藉此鞏固行政主導的政治體制，但是司法獨立在運行中也在一定程度上對行政主導構成了挑戰。這種挑戰具有一定的必然性：一方面，司法機關對行政機關的行為所行使的審查權不可避免地會對行政機關的施政帶來影響，也會間接地影響到施政的效率和行政機關的形象；另一方面，由於擔憂香港回歸之後行政權過於強勢和獨斷，司法機關也希望通過積極行使其司法審查權，來避免行政權對司法獨立的侵蝕。司法界對中央政府干預和特區政府主導持政治警惕與高位審查立場，也因此引發過若干次特區憲政危機。[4]

從實踐中來看，司法對行政主導的過度干預主要體現在香港法院運用對基本法的解釋權來審查行政機關的相關決定，這些審查既包括對行政機關的行政行為及所制定的規範的審查，也包括對政府提出的經由立法會通過的法案、財政案、人事案的審查等方面。從居港權問

2　林峰：《香港地區行政訴訟：制度、立法與案例》，杭州：浙江大學出版社 2011 年版，第 37 頁。

3　參見戴耀廷：〈法治心──超越法律條文與制度的價值〉，香港：香港教育圖書公司 2010 年版，第 152 頁。

4　參見田飛龍：〈基本法秩序下的預選式提名與行政主導制的演化〉，《政治與法律》2015 年第 2 期。

題引發的一系列爭議（包括吳嘉玲案、莊豐源案、外傭居港權案等）到同性戀者權利保護問題再到基本法第 40 條規定的新界原居民合法傳統權益保護問題等，都被提交到法院申請司法覆核。

1. 典型案例

（1）菲傭居港權案 [5]

此訴訟的原訴人在提出「永久性居民」的申請被香港人事登記處處長拒絕、人事登記審裁處駁回後，根據香港《入境條例》第 2 條第（4）（a）（vi）款的規定向法院提出司法覆核，希望能夠推翻人事登記審裁處及人事登記處處長的決定，並要求法庭判《入境條例》第 2 條第（4）（a）（vi）款的規定違反基本法。[6] 原訟庭裁定《入境條例》第 2 條第（4）（a）（vi）款的規定與基本法第 24 條第 2 款第 4 項不符。香港特區政府提出上訴，上訴庭裁定《入境條例》上述規定合法。案件最後上訴至終審法院，終審法院判決原訴人敗訴。

雖然法院最終確定了《入境條例》相關條款的合法性，但原訟庭法官卻僅沿用當時既有的判例，認定《入境條例》相關條款不符合基本法。如果這一觀點沒有被上訴庭及終審法院推翻，那就意味着法院認為《入境條例》無效，而這一觀點則會因為遵循先例的原則而被其他法院所援引，香港政府在入境事務上的管理權將受到了極大的衝擊。不僅如此，這一先例還會對香港社會的發展帶來更大的影響，數以幾十萬計的外來居民將衝擊社會的安定，給政府的管治帶來非常大的挑戰。

（2）港珠澳大橋司法覆核案 [7]

特區政府在推進基建工程的問題上也總是遭遇司法覆核的阻礙。2010 年，香港東涌一名 66 歲的老太太朱綺華向法院申請司法覆核，

5　*Vallejos Evangeline B. v. Commissioner of Registration* FACV 19 & 20 /2012.

6　梁美芬：〈香港「外傭居港權案」：三次判決和兩大爭議〉，《清華法學》2015 年第 4 期。

7　CACV 84/2011.

稱港珠澳大橋香港段兩份環評報告未提供某空氣污染物指標，要求推翻特區政府批出環境許可證的決定。香港法院 2011 年 4 月先是裁定環評報告不合規格，工程不能開展。後香港環保署提出上訴，當年 9 月香港上訴法庭又裁定兩份報告有效。

在本案中，港珠澳大橋香港段原本計劃於 2010 年初動工，由於司法覆核使得工期延後，致使無法按照原計劃實現 2016 年通車，工期延誤也致使建築成本大增。香港段計劃延誤，珠海、澳門段按期完工也不能通車，受損失的不僅是香港，還涉及珠海、澳門以及港珠澳大橋的整體經濟效益。

（3）港視發牌司法覆核案 [8]

香港電視網絡就未獲政府發放免費電視牌照向香港高等法院原訟法庭提出司法覆核，並獲得勝訴判決。高等法院原訟法庭法官認為時任特首梁振英提出的「循序漸進發牌，以避免『割喉式競爭』」的主張及拒絕向香港電視網絡發牌的決定違反「發牌無上限」的廣播政策，決定發還行政會議重新考慮申請。法官區慶祥在 70 多頁的判詞中表示贊同香港電視網絡提出的「違反廣播政策」及「違反合理期望」兩項主張，並要求行政會議重新考慮香港電視網絡申請、頒下暫准命令，由行政長官會同行政會議支付訴訟費。行政會議將案件上訴至高等法院上訴法庭，上訴法庭指出，行政會議以循序漸進方式發牌並未違反政府政策，因此撤銷原判。

（4）《禁止蒙面規例》是否違反基本法 [9]

2019 年 10 月 4 日，特區政府根據《緊急情況規則條例》制定了《禁止蒙面規例》，遭遇了諸多反對派人士的激烈反對並多次向高等法院申請司法覆核，高等法院原訟法庭最終受理了該案，並於 2019 年 11 月 18 日裁定《禁止蒙面規例》對基本權利的限制超乎合理需

8　CACV 111/2015.

9　HCAL 2945/2019.

要，不符合相稱性驗證標準，違反了基本法。2020 年 4 月 9 日，高等法院上訴法庭裁定《緊急情況規例條例》關於行政長官會同行政會議以「危害公共安全」為由訂立緊急情況規例的內容符合基本法，《禁止蒙面規例》繼續有效。

2. 司法權擴張對行政主導的偏離

雖然行政管理權與司法權之間相互制約，但是相比較於司法權對行政管理權的制約來看，行政管理權對司法權制約的效力顯得非常微弱。

雖然基本法中規定了行政長官對各級法院法官享有任免權，並以此來保證行政主導。但是這種任免權幾乎不具有制約的效力。因為，在行政長官任免之前，法官必須要經過司法人員推薦委員會的推薦，司法人員推薦委員會作為一個中立的、非政府的組織，其日常運作和對法官的選拔流程並不受到行政長官的制約。並且，雖然司法人員推薦委員會內部的構成中既有終審法院的首席法官、律政司司長，也有行政長官委任的法官、律師以及法律職業之外的其他人士，但是法官和律師在決定推薦人名單上的影響力舉足輕重，行政長官的意志也很難滲透到推薦人的決定過程中。在任命的環節中，行政長官雖然享有任命權，但是根據以往實踐和慣例，這種任命權的「形式性」多於「實質性」。

反觀司法權對行政管理權產生的制約，法院享有司法覆核權一直被認為是對行政管理權和立法權的有效制約，在司法獨立的前提下，法院也被看做是公平正義的最堅定的守護人。普通法制度下的司法獨立，不但包括法官在判案時的獨立，還包括其在判案前的解釋、應用法律的過程中的獨立，不受其他機關的干涉。[10] 但是，司法獨立和司法覆核似乎已經慢慢走到了權力邊界的外圍，成為了挑戰政府權威的

10　參見陳弘毅：《香港法律與香港政治》，香港：廣角鏡出版社有限公司 1990 年版，第 35 頁。

手段。司法覆核近年來被濫用這一觀點在民眾中也有支持者：根據香港《文匯報》2011 年的報道，在一項香港民意調查中，被問及近年越來越多類似的司法覆核案件，有 57% 受訪者「非常認同」及「認同」近年香港出現濫用司法覆核制度的現象，表示「不認同」及「非常不認同」的有 27%。[11] 這一數據反映了司法覆核制度的應用問題已引起了市民的高度關注。

從司法覆核的各項數據可以看出香港歷年來司法覆核的案件類型的變化。香港法律傳統十分重視訴權。基本法明文規定社會人士有權向法院提起訴訟，法律援助是協助當事人尋求公道的重要一環。[12] 香港大律師公會主席譚允芝則認為，司法覆核對捍衛法治擔當着不可或缺的角色。司法機構對行政和立法機構行為的審查權，可有效地克制權力的失當運用，並促進優良管治。[13]

筆者認為：第一，司法覆核案件多針對政府政策，以法律行動阻礙政府施政，對政府管治效能造成了實際的損害。從支出上來看，雖然政府在司法覆核中不一定會敗訴，但是司法覆核本身程序冗長、花費巨大、甚至需要向政府申請法律援助來進行司法覆核，這都對政府財政造成了一定程度的負擔。從過程上來看，司法覆核並不能平息社會的矛盾，僅僅只是針對政策的合法性提出質疑。但是，針對政府政策的司法覆核案件，一般都具有較高的社會關注度，政府在制定政策的過程中涉及多方利益，在法院司法的過程中進行交涉和博弈，法院的這種行為本身就會對政府制定政策時所依據的原則產生挑戰。如此一來，針對政府政策的司法覆核往往成為了推行政策最大的阻礙。

就處理涉及司法覆核的案件而言，律政司在 2011-2015 年的香港

11　〈香港九成受訪者反對外傭居權〉，《祖國》2011 年第 18 期。

12　2015 年香港司法機構年報。

13　〈香港大律師公會主席譚允芝資深大律師於二〇一六年一月十一日法律年度開啟典禮的演講辭全文〉，2016 年 1 月 11 日，香港大律師工會，https://www.hkba.org/sites/default/files/20160111%20-%20OLY%20Jan%202016%20Speech%20%28Chi%29.pdf（最後訪問時間：2021 年 3 月 28 日）。

外判及訴訟費用支出如下表：[14]

表 2-1：律政司 2011-2015 年外判及訴訟費用支出表

年份	外判支出（港元）	訟費淨支出（收入）
2011	40,888,844	$275,951.3
2012	36,986,566	（$4,428,247.3）
2013	28,624,329	（$12,224,897.6）
2014	37,084,182	（$8,332,797.9）
2015	28,947,195	$6,145,639.0

數據來源：民政事務局局長劉江華就 2016 年 1 月 20 日立法會會議上吳亮星議員提問的書面回答

　　法律援助署由 2011-2015 年每年所接收涉及司法覆核的法律援助申請數目及批出的法援證書數目如下表：[15]

表 2-2：法律援助署 2011-2015 年涉及司法覆核接受法援申請數目及批出數目

年份	接受法援申請數目	批出法援證書數目
2011	229	58
2012	506	92
2013	432	119
2014	266	74
2015	500	107

數據來源：民政事務局局長劉江華就 2016 年 1 月 20 日立法會會議上吳亮星議員提問的書面回答

　　第二，從司法覆核案件的特徵上看，司法中立的原則受到了一定的影響，各政黨之間政治角力也經常借助法院所享有的司法覆核權而大做文章。由此，特區法院很有可能會演變成為政治糾紛的裁決

---

14 〈立法會十四題：濫用司法覆核及法律援助制度〉，2016 年 1 月，香港政府一站通，http://www.
info.gov.hk/gia/general/201601/20/P201601200411.htm（最後訪問時間：2021 年 3 月 28 日）。

15 同上。

者。[16] 雖然香港終審法院首席法官馬道立認為法院所處理的只是當中涉及的法律問題，而訴訟各方的動機，不管是政治還是其他方面的動機，實在無關重要，關鍵的問題只有一個，就是法律上是否有充足的理據。只顧思索訴訟各方有何動機，對作出正確的判決結果毫無幫助。[17] 但反觀香港法院司法覆核的案件類型，早已不同於回歸初期司法覆核的提請主體多為個人的情形，更多地是由政黨的力量在背後推動，政府制定的相關法例或者推進的基建工程經常成為司法覆核的對象。

還有學者提出行政司法化的概念，即公民組織利用司法覆核來阻擋政府的政策與發展計劃。[18] 港英政府在香港回歸之前所逐步推行的代議制改革催生了一批公民組織。這些公民組織抱有非常強烈的個人主義和自由主義，不認同國家主義，不信任中央政府。這些公民組織在無法躋身行政機關又無法在立法會形成穩定的大多數的情況下，希望借助於運用治權來化解國家主權的權威。又加上香港法院在基本法構建的憲政體制中的角色定位並不十分清晰，在已有的制度空間內仍有可能引發憲法性危機。[19] 同時法院又不能拒絕裁判，必須對提交到法院的爭議作出裁決，還必須公開裁決的理由。這就使得法院面臨既難以遠離爭議而又不得不填補制度真空的雙重壓力。

第三，司法覆核現象已經重塑了法律環境。司法覆核案件的數量近年來呈現出持續上升的趨勢。並且，這些司法覆核的案件通常獲法

16　參見李蕊佚：〈對話式司法審查權──香港特別行政區法院的實踐及其前景〉，《當代法學》2017年第 6 期。

17　〈馬道立：司法覆核維護公眾利益〉，2016 年 1 月，香港政府新聞網，http://sc.news.gov.hk/TuniS/www.news.gov.hk/tc/record/html/2016/01/20160111_190338.shtml（最後訪問時間：2021 年 3 月28 日）。

18　參見鄭赤琰：〈「一國兩制」下的司法獨立：來自特區司法的挑戰〉，《港澳研究》2014 年第 4 期。

19　如馬維錕案、吳嘉玲案等。雖然基本法賦予香港法院將案件提交人大釋法的權力，但絕大多數涉及基本法解釋的案件均可由終審法院自行定奪是否請提人大常委會解釋。基於普通法的傳統下對立法機關、司法機關角色的認知，香港法院並不具有主動將基本法的解釋提交給全國人大常委會的權力。

律援助支持。[20] 特區法院「充分發揮了它作為香港的法治、憲政、人權和自由的監護者的角色，其重要性、積極性和活躍程度和回歸前相比，有增無減。」[21]

根據大律師公會主席譚允芝在 2016 年法律年度開啟典禮上的致辭，2008-2013 年間，只有少於半數司法覆核申請獲准展開。在 2014年，獲許可的成功率進一步降至 40%。2015 年司法覆核申請許可上升到 56%。譚允芝認為，雖然數字實有令人擔憂之處，但這並不表示防止程序被濫用的機制運行失效。申請許可的案件數量縱然高企，但各申請人的控訴五花八門、種類繁多，當中大部分並不涉及廣泛公眾利益。[22] 但筆者認為，根據上述數據，司法覆核的比例在近年來已經日益增大，對行政機關也產生了明顯的影響。如此高比例的司法覆核獲得允許足以提醒各界應當對司法覆核進行客觀的反思。針對 2016年 1 月 11 日法律年度開啟典禮上有觀點認為司法覆核被濫用的觀點有誇大之嫌，時任香港特別行政區行政長官梁振英 12 日早晨出席行政會議前，強調司法覆核機制有被濫用。梁振英指出，司法覆核對政府工作及管治有一定監察作用，但過去出現濫用司法覆核機制的情況，在法院挑戰特區政府決定，例如房屋問題等，部分案件對特區政府影響較大。[23]

司法覆核案件數量持續上升，一方面是因為現代社會日趨繁複、社會管理所需要的法律大幅增加；另一方面，隨着《香港人權法案條

20　〈顧敏康：不能忽視濫用司法覆核的現象〉，2015 年 12 月，大公網，http://news.takungpao.com/hkol/politics/2015-12/3255616.html（最後訪問時間：2021 年 3 月 28 日）。

21　陳弘毅：〈香港的憲政史：從殖民地到特別行政區〉，中國政法大學法律史學研究院：《傳承與創新：中國法制史學六十年 張晉藩先生執教六十週年暨八十華誕學術研討會文集》，2010 年版，第217 頁。

22　〈香港大律師公會主席譚允芝資深大律師於二〇一六年一月十一日法律年度開啟典禮的演講辭全文〉，2016 年 1 月 11 日，香港大律師工會，https://www.hkba.org/sites/default/files/20160111%20-%20OLY%20Jan%202016%20Speech%20%28Chi%29.pdf（最後訪問時間：2021 年 3 月 28 日）。

23　王書童：〈香港司法覆核爭議 梁振英：機制被濫用〉，2016 年 1 月，多維新聞，http://news.dwnews.com/hongkong/news/2016-01-11/59709833.html（最後訪問時間：2021 年 3 月 28 日）。

例》及基本法的頒佈，公民的權利意識日益增強；更重要的一個原因則在於司法覆核的門檻過低，不僅僅是對提請覆核的主體限制較少，對提請覆核的類型也沒有什麼限制。

為了最大限度地保持香港的司法獨立，除了基本法第 19 條第 2 款規定——香港特別行政區法院繼續保持香港原有法律制度和原則對法院審判權所作的限制外，基本法中並沒有對法院的行為進行過多具體的限制，這就導致了對法院的司法審查權並沒有太多法律上的制約。不僅政府已經實施的行為可以被起訴，政府準備推行的政策同樣也可能成為被起訴的對象。

權力制約的初衷是為了防止權力過分集中所帶來的濫權，但是過分強調權力制約則會走向另外的對立面——權力陷於無休止的對抗中，廣泛的私人權利被置於極端重要的位置上，並借助於司法機關獲得了與行政權、甚至是公共利益抗衡的地位。

（二）國家安全領域司法過度謙抑對行政主導的消解

不可否認，司法權運行已經對行政主導產生了不可忽視的影響。這些影響是多方面的，既有司法覆核擴大化使用所帶來的積極性阻礙，也有司法基於司法保守主義立場所採取的司法消極主義所帶來的消極影響。例如，在《中華人民共和國香港特別行政區維護國家安全法》實施前，香港本地的國家安全處於立法真空狀態，法院消極和謹慎地處理涉及政治問題的一系列違法佔領和暴亂事件，對香港的有效管治產生了影響，這種影響與直接鉗制行政權不同，是一種消極的影響。

1. 典型事例

（1）「佔中事件」

第十二屆全國人民代表大會常務委員會第十次會議通過《全國人民代表大會常務委員會關於香港特別行政區行政長官普選問題和2016 年立法會產生辦法的決定》，該決定明確指出，從 2017 年開

始，香港特別行政區行政長官選舉可以實行由普選產生的辦法。普選時須組成一個有廣泛代表性的提名委員會，由提名委員會按民主程序提名產生 2-3 名行政長官候選人。每名候選人均須獲得提名委員會全體委員半數以上的支持；香港特別行政區合資格選民均有行政長官選舉權，依法從行政長官候選人中選出一名行政長官人選；行政長官人選經普選產生後，由中央人民政府任命。

　　香港反對派對該項決定反應激烈，並以「公民抗命」的名義呼籲普選方案應該以「國際標準」制訂。香港激進反對派希望通過他們的普選方案，使得原本可能無望成為香港行政長官的人士得以「入閘」。由於方案屢次落空，反對派從 2013 年起開始以發起「佔中」運動來要挾香港特區和中央政府就範，並最終引發 9 月 28 日的「佔中」運動。

　　（2）「旺角暴亂」

　　2016 年 2 月 8 日深夜，香港旺角發生了一起騷亂。香港保安局局長黎棟國 16 日表示，暴亂當晚，高峰時期有 700 名暴徒在 14 條街道非法集結，約 2,000 塊地磚被撬起。事件直接導致超過 90 名警員受傷。截至 15 日，警方拘捕 68 名涉事者，其中 41 人被指控涉嫌暴動罪、非法集結和襲警。暴亂事件發生後，更有激進分子繼續趁機搗亂。梁振英 14 日回應旺角暴亂事件時稱：「警方至今拘捕人士中，不以中學生或大學為多數，多數人都是無業，也有相當一部分屬於極端組織，因此這些暴亂人士的組成和政治訴求，以及他們用暴力來表達政治訴求的方式，不是社會的縮影。」由此可見，這次暴亂事件的發生並非是由於香港本土社會矛盾激發所致，而是被政治鬥爭所激發，為極端的政治組織所挑起的，以升級暴力方式表達極端政治訴求來危害香港法治環境、危害中國統一的政治運動。

2. 香港法院在懲處危害國家安全犯罪角色上的缺位

　　不管是 2014 年 9-12 月長達 79 天的非法「佔中」行動對香港法

治的禍害，還是挑戰法治遠超社會底線的「旺角暴亂」，都不僅僅是對香港法治環境造成破壞，更是對香港作為中國領土一部分的事實的公然抗議和顛覆。

時任香港律政司司長袁國強指出，香港的法治正面對重大挑戰，近期發生的佔領行動涉及大型及個別違法行為，對法治明顯帶來衝擊，並坦言如何妥善處理在佔領行動期間涉嫌違法的刑事責任問題是一項挑戰。[24]「佔中」事件最終以和平收場，雖然對香港和中央造成了嚴重的危害，但違法的成本相當低廉，最多也就是被控告未經批准參與集會，面臨最高 5 年的監禁。一場聲勢浩大、精心籌備的分裂行動卻僅僅面臨如此之輕微的法律制裁，這也正是暴力行為屢禁不止的根本原因。

從「佔中事件」到「旺角暴亂」，暴徒們之所以如此無所顧忌、變本加厲，除了為了激發和擴大本土激進派的社會影響、組織能力和行動能力，最終實現其政治目的之外，最根本的原因就是香港維護國家安全法律體系尚有漏洞。根據香港《公安條例》，任何人參與暴動即觸犯暴動罪。但最高僅可判處十年監禁，懲處力度太過微弱，對於處心積慮危害國家安全、破壞國家統一的人來說，根本不能形成任何威懾。而且，從法律淵源上來看，香港屬於英美法系，又深受英國法的影響，仍然沿用判例法制度。但一方面，目前香港沒有關於危害國家安全罪的相關判例，另一方面，出於對言論自由的保護，依據普通法，法院一般只對行為作出處理，而對於言論和思想，並不會追究相關的責任。並且，由於香港法院在回歸之前並沒有處理過相關的案例，又為了避免陷入司法政治化的質疑，香港法院在面對此類型的案件時，對於創設新的判例就會採取非常謹慎的態度。例如，香港終審法院首席法官馬道立在 2015 年法律年度開啟典禮上發表的演講中提

---

24 〈袁國強：佔領違法衝擊法治〉，2015 年 1 月，大公網，http://news.takungpao.com/hkol/politics/2015-01/2884757_print.html（最後訪問時間：2021 年 3 月 28 日）。

及「佔中」與香港法治的關係時認為：「……法院的工作，其保障基本權利的核心任務，以至無懼無偏、公正地履行司法的工作，均有賴整體社會尊重並相信法治。……在抗議活動期間出現的訴訟，有關的法律程序實為法院奉行法治的明證。……在這幾宗強制令程序中，法院均頒下詳列理由的判決書，清楚得見法院是依據法律作出判決書，凡此種種，都顯示出法院的一貫做法：嚴格遵照法律斷案，以履行司法機構的憲制職能，並將相關理由的判案書公開予以公眾查閱。」[25] 由此可見，香港特區法院在維護法治上小心翼翼，並儘力避免出現司法政治化的問題。

從上述情況看來，在現有制定法缺位的情況下，再加上判例的空白和對人大釋法和監督的排斥，危害國家安全的行為並不會受到嚴厲的懲處。不管是「佔中事件」還是「旺角暴亂」，在面對這些嚴重危害香港法治環境的惡性事件時，特區政府都陷於十分被動的地位，無法承擔起懲罰犯罪、維護香港治安和國家安全的義務。

3. 司法權面對個人權利時過分謹慎

從港英政府在香港推行代議制以來，香港的民主化進程就開啟了。尤其是《香港人權法案條例》的頒佈，該條例將《公約》中適用於香港特別行政區的規定納入香港特別行政區法律，並對附帶及有關連的事項作出規定。這一條例被視為是保護公民權利、約束政府權力的重要保障。如果香港居民認為自己的權利受到了侵害，就有權向法院提請司法覆核和法律援助。這一規定再加上香港法院對人大和中央政府干預案件的警惕，使得港人將提請司法覆核看作是維護個人利益的有效途徑。

也正是因為香港法院宣稱致力於保護居民個人的權利，才使得在涉及個人權利的案件中，法院尤其慎重。不管是反對政府的遊行、還

---

25 〈終審法院首席法官二〇一五年法律年度開啟典禮演辭〉，2012 年 1 月，香港政府新聞網，http://www.info.gov.hk/gia/general/201501/12/P201501120474.htm（最後訪問時間：2021 年 3 月 28 日）。

是反對政府政策的抗議、甚至是反對「一國兩制」的非法行為，反而都被看作是個人權利的合理表達。法院在面對個人甚至是群體對社會所造成的危害時，往往採取從寬處理的方式。香港法院對言論自由的保護非常周全。因此，對於言論引發的違法犯罪案件，法院一般會採取非常消極和小心翼翼的態度來處理，避免被指責為「侵犯公民的言論自由權」。這也就使得政府在管治問題上處於十分被動的地位。在涉及違法犯罪的案件時，對於香港居民的權利保障也比對政府人員的權利保障要更充分。

從長遠看，香港法院的這一行為會帶來更大的不利影響。不論什麼情況下，對權利的保護、對法治的遵守都不能被利用為對抗政府、對抗中央的手段。香港所發生的一系列事件，不論是關係到香港的社會問題、青年問題，還是關係到中央與香港的關係，如果法院不能站在維護國家主權的高度來處理問題，僅僅以保障個人權利而太過謹小慎微的話，法治的嚴格性、公平性和由此所支撐的法治環境將不斷被破壞。

第三節

香港特區司法權與立法權的關係

◇◇◇

一、立法權的配置

　　香港立法會的身份有一個轉變的過程。在香港回歸的過渡時期，與港英政府時期立法權與行政權完全掌握在港督手中的做法大相徑庭，英國單方面在香港開啟了「行政主導」向「立法主導」過渡的政改道路。[1] 立法局也實現了從協助總督處理政務到掌握立法權的立法機關的轉變。

　　1997 年香港立法會成立。作為香港的立法機關，香港立法會在國家授權的範圍內行使立法權。在不與基本法抵觸的情況下，立法會可以對涉及香港基本經濟制度、刑事、民事等各個領域和各個方面的社會關係進行立法。除了制定法律，立法會如果發現原有的法律與基本法抵觸，亦可以依照基本法規定的程序對原有的法律進行修改或者使其停止生效。立法會下設使不同職能的委員會，立法會議員分屬不同的委員會，在眾多委員會中，由立法委員會負責詳細研究法案，制定法案的原則、具體條文或者研究與法案有關的修正案。

1　參見魏磊傑：〈香港管治困境的癥結與出路〉，《國際政治研究》2017 年第 1 期。

▌二、司法權與立法權的相互制約

特區立法機關所制定的法律都會面臨法院審查的問題。如果立法機關制定的法律不符合基本法的規定，那麼法院就有權在對基本法作出解釋的基礎上，宣佈立法機關制定的該法律無效。因此，在立法機關與司法機關的關係上，司法權是立法權的監督者。[2] 從司法權所具有的這一能動性來看，不管是特區法院在判決過程中對法律的解釋還是審查，都可以看做是對立法機關所制定的法律按照自己的意志所進行的修正。

就立法會與法院的關係而言，早前香港的行政主導體制導致代議制機構的發展受到嚴重限制，使得香港立法會無法對法院形成強有力的制衡。近年來越來越多涉及立法權與行政權權限或立法會內部事項爭議的案件訴諸法院，法院利用審理此類案件以強化自身的基本法解釋權的趨勢越來越明顯。[3] 這一趨勢體現了在立法會與法院的關係上，法院的角色更加積極。

司法審查立法也間接影響了特區的行政管理權。為了實現行政主導體制，基本法在規定行政權與立法權的制約中，對行政權有所傾斜，特區政府在立法中也發揮着一定的主要作用。但是，立法會非制度性的擴權也在一定程度上造成了行政與立法持續性割裂的管治困局。[4] 並且，如果法院頻繁地對立法機關所制定通過的法律進行審查，那麼也就是相當於間接審查政府的施政措施、干預政府制定政策。法院對特區立法會的任何否定性評價也都意味着間接地否定了政

2　參見董立坤：《中央管治權與香港特區高度自治權的關係》，北京：法律出版社 2014 年版，第 164-165 頁。

3　參見秦前紅、付婧：〈論香港基本法解釋方法的衝突與協調〉，《蘇州大學學報（法學版）》2015 年第 2 期。

4　參見付婧：〈香港特別行政區立法會提案權研究——從提案權的行使看香港行政與立法的關係〉，《地方立法研究》2017 年第 5 期。

府通過立法所要表達的意願和政策。

這種干預雖然是一種事後性和消極性的干預，但是干預的後果卻是非常嚴重的：不僅使得許多有利於香港發展的政策無疾而終，還使得在立法建議和立法制定過程中所花費的人力、物力、財力白白耗費。行政機構的主導性與其需要承擔的政治責任是聯繫在一起的，而司法機構在實際上卻無需承擔任何政治責任，也就使得司法機構可以依據自己的意思行使審判權，卻無需為其所造成的社會影響承擔責任。

在立法權和行政管理權均受司法權實質性影響的情況下，立法權對於司法權的制約效力基本上是非常微弱的。一方面，出於對司法權的定位和對司法獨立的捍衞，不管是行政權還是立法權，在制約司法權的問題上，都不可能採取積極和強硬的方式，否則就會面臨干預司法、破壞司法獨立、破壞香港法治的質疑。另一方面，立法權對司法權的有限的制約表現在基本法第 73 條的規定中，根據該條款，立法會負責同意終審法院法官和高等法院首席法官的任免，即經由司法人員推薦委員會推薦後、行政長官任命前還需要徵得立法會的同意，但這一「同意權」的制約效力並不明顯。

三、司法制約立法的實踐互動 —— 司法覆核的過度政治化

司法覆核的過度政治化體現為司法機關在有關政治的問題上發揮着越來越活躍的作用。香港特區法院自回歸以來以能動司法的態度，在行使傳統的司法功能外，實現了功能強化和擴展，逐步發展成為一個同時承擔着權力制約功能、公共政策功能、立法功能以及政治糾紛解決功能等諸多政治功能的重要機構。[5] 這一觀點表明，香港特區法

5　參見張淑鈿：〈論香港行政權、立法權和司法權對終審法院首席法官遴選的影響 —— 從首席法官遴選程序的改革爭議切入〉，《政治與法律》2015 年第 10 期。

院的角色已經遠遠超出了單純的中立的、解決糾紛的機關,而是逐步發展成為香港政治體制中的活躍因素。

香港社會本身的政治化進程是司法覆核過度政治化的重要原因之一。從上世紀 60 年代起,香港經歷了從「政冷經熱」到「政治『大躍進』」再到「相對剝奪感的多重疊加與社會泛政治化」。[6] 這也在一定程度上導致了香港社會的泛政治化傾向。正是由於政治與司法的互動不斷加強,才導致特區法院的實然功能不斷擴大。在香港,政治問題司法化的趨勢有一定的合理性。由於特區立法會並不具有完整的民主性,複雜而分裂的選舉制度削弱了公眾意見的影響力,立法會僅具有極少的制衡權力,尤其當涉及自治的範圍或自治的完整性時,香港並沒有適當的機制與中央政府交涉以處理這些爭議。因此,民主代議制的缺陷迫使公眾轉向法院尋求協助,捍衛法治的最終職責不可避免地由特區法院來承擔。

(一)典型案例

1. 2006 年香港立法會的《議事規則》是否違反基本法 [7]

2005 年 8 月 5 日,時任香港特區行政長官曾蔭權簽發了《執法(秘密監察程序)命令》,賦予香港四大執法機構:廉政公署、警務處、入境事務處及海關秘密監察的權力。對此,香港大律師公會發表聲明指出,特首曾蔭權簽發行政命令規管執法部門的秘密監察行為,是在制訂法律;而立法權是由立法會獨家享有,特首並無這項權力。梁國雄議員就此於 8 月 16 日向高等法院申請司法覆核,要求政府立即取消行政命令。

2006 年初,法院認定該執法命令違反了基本法,沒有法律根

6　參見謝碧霞、謝素軍:〈香港政治發展中異化現象的演變:路徑與啟示——基於相對剝奪理論的分析〉,《廣東省社會主義學院學報》2018 年第 1 期。

7　HCAL 87/2006.

據，同時要求政府重新立法，不能以特首行政命令代替法律，並給予制訂法律的寬限期，即《截聽條例》必須於當年 8 月 8 日前通過並在憲報刊登。為避免出現法律真空，2006 年 2 月，政府向立法會提出《截聽條例》草案，條例草案二讀前，反對派議員提出了一百多項修訂，立法會主席以書面裁示駁回修訂意見，認為這些修訂意見不符合《議事規則》要求，不能提交立法會全體委員會審議。梁國雄議員就此向高院提請司法覆核，指控范徐麗泰引用《議事規則》，以涉及公帑開支為由，否決反對派議員提出的修訂案這一做法違反基本法。

應當看到，在梁國雄提請的這項司法覆核中，其針對的《議事規則》屬於立法機關的內部守則，但其對《議事規則》所提出的異議並不是基於《議事規則》的制定過程有違合法性和合理性要求，而是針對該《議事規則》的內容提出的要求，因此這一覆核的要求並不具有合理性。

2.「梁麗幗政改諮詢司法覆核案」[8]

2015 年 3 月 3 日，香港學聯前常委梁麗幗向香港高等法院提請覆核，要求對全國人大常委會「8‧31」決議進行覆核。其認為，根據「政改五部曲」中的前兩部，應當由特首向全國人大提交報告，再由全國人大決定有關選舉辦法是否需要修改。這說明，全國人大只可以就選舉辦法「是否需要修改」作出決定，但人大常委會「8‧31」決議，限制特首提名委員會的組成，已經超出了基本法和 2004 年人大釋法的框架，「8‧31」決議在香港沒有法律約束力，香港政府誤讀「8‧31」決議的性質和法律效力，政改諮詢文件法律基礎錯誤，所以要求法庭推翻政改第二輪諮詢。

針對「梁麗幗案」，列顯倫法官認為，梁麗幗的覆核是毫無理據，但法庭的判詞卻長達 60 多段。該案件除了針對負責政改工作的

8　HCAL 31/2015.

特區政府「政改三人組」外,更將特首梁振英列為第四答辯人,但如果仔細看判詞的話,雙方律師的陳詞均完全沒有提到行政長官為何涉及在這次司法覆核申請中,有關的司法覆核申請純粹是嘩眾取寵,應予以譴責。[9]

（二）司法覆核過度政治化的危害

司法覆核作為一把雙刃劍,其初衷是為了使得司法對行政機關行為的合法性形成有力的監督,防止政府及其他公營機構濫用權力。有學者認為,政治爭議的法律化解決是利大於弊的。[10] 但是,司法覆核被濫用的後果也非常嚴重,如果事無巨細全部都要進入到司法覆核程序中,這樣只會造成社會內耗,反而嚴重地阻礙了香港的發展,對法治也是一種破壞。

9　〈列顯倫轟反對派濫用司法覆核〉,2015 年 12 月,大公網,http://news.takungpao.com/paper/q/2015/1203/3247877.html（最後訪問時間：2021 年 3 月 28 日）。

10　參見黃明濤:〈普通法傳統與香港基本法的實施〉,《法學評論》2015 年第 1 期。

完善行政主導的政治體制

◇◇◇

香港特區的政治體制必須以行政為主導。除了這種制度是經實踐證明行之有效外，最重要的原因是：只有行政主導的政治體制，才能做到基本法規定的行政長官對中央負責。無論是立法主導還是三權分立的制度，都無法做到這一點。

▍一、香港特區政治體制設計的合理性

行政主導的政制設計是立足於保持香港的穩定和繁榮，保證「一國」之下的「兩制」的最優路徑。

（一）只有行政主導，才能實現香港的有效管治

行政主導原則是地方政治體制原則的一個必然延伸。這是因為，中央既然對特別行政區恢復行使主權，必然在特別行政區享有管治的權力、意志和利益。這些都需要依靠行政長官及其組成的管治團隊來執行。中央政府有權任命行政長官，但是立法會的組成卻是由不同產生方式所共同產生的議員組成，法院實行獨立審判。因此，只能是行政長官向中央人民政府負責，也必須賦予行政長官實權，從而實行行政主導。從政治目標上講，只有實行行政主導的政治體制，才能保證「一國兩制」中的「一國」穩定推行，才能保證基本法中關於行政長官對中央負責的規定落到實處。

劉兆佳在《回歸十五年來香港特區管治及新政權建設》一書中認為，香港政治體制主要存在以下問題：[1]

第一，特區政府拱手讓出一部分中央授予的行政權力，損害和扭曲了基本法規定的行政主導體制，實質上擴大了立法權及司法權力，鼓勵一些人尤其是反對派不時利用立法會向政府施加壓力及爭取自己的利益，從而增加了管治的困難。

第二，行政、立法關係緊張，立法機構不斷擴權。

第三，通過在訴訟中行使法律解釋權，香港法院在實際上也掌握了修改法律、制定政策的權力。隨着香港政制越來越民主化和開放化，政府的行為受到大量規範的程度不斷增加，更為各方面以法律手段挑戰政府提供方便。而有時特首因為擔心民意反彈而不希望出現人大釋法，又或者怯於挑戰法院的權威或不欲法院的威信受損，對可能不符合基本法的事情採取息事寧人或逃避的態度。

不僅如此，從政治與經濟發展相適應的規律出發，現代社會政治、經濟事務複雜多變，各種不確定因素顯著增加，必須有一個強有力、高效率的行政機關及時作出各種反應和決策，才能提高風險防控的能力。從法治的實現來看，現代社會的發展需要完善法治，這就對政府部門積極提出立法建議、快速有效執法提出了要求，香港體制的最大保障，最關鍵在於法治而非民主。

（二）行政主導是對港英時期政府管治的合理揚棄

行政主導廢除了香港回歸之前被英國統治的殖民色彩，削除了港督及行政長官作為英國代言人所享有的極度擴張和無所限制的權力。客觀地說，行政主導體制帶有殖民地政治文化的色彩。[2] 港英政府在

1　參見劉兆佳：《回歸十五年以來香港特區管治及新政權建設》，香港：商務印書館（香港）有限公司 2013 年版。

2　參見殷嘯虎：《實踐中的憲法》，上海：上海社會科學院出版社 2016 年版，第 261 頁。

任時期，香港社會井井有條，但是卻無絲毫民主因素。香港回歸之後，新的政治制度的設計不僅僅把行政長官和立法會由選舉產生，最終達至普選目標作為香港政治制度發展的目標明確寫進基本法，立法會也擺脫了僅僅只是諮詢機構的身份而成為真正的享有立法權和制衡能力的獨立機關。這些制度設計的初衷都體現了「取其精華，去其糟粕」的良苦用心。確保行政主導的政治體制符合「一國兩制」方針和基本法的規定，符合香港特別行政區的實際情況，有利於政府決策和施政的高效能，使香港這樣的國際工商業城市在激烈的國際競爭中保持競爭力，有利於兼顧社會各階層的利益，維持繁榮穩定。

（三）行政主導是對香港民主發展特點的有效補充

1. 香港的民主發端較晚且民主基礎較為薄弱

任何一個國家或者地區的民主進程的推進都不是一蹴而就的，也不是依靠一套制度設計就能夠順利完成的。與其寄希望於理性構建而來的民主政治，科學的做法應當是在民主進化的基礎上推動民主的進程。況且，作為殖民地的民主發展，其開端就帶有十分顯著的陰謀色彩。英國從印度、緬甸、斯里蘭卡撤退時，都留下了一套所謂的民主政制，這套政治制度的特點是搞英式民主，分而治之，因為多黨派有利於英國人從中平衡操縱，既有助於物色親英國的精英，也有助於抑制非親英力量抬頭。[3] 具體到香港，在回歸過渡期之前，港英政府統治的 140 多年的時間內，香港的標籤都是自由與日臻完善的法治，卻難尋民主蹤跡。香港社會中的權利意識也較為淡薄。[4] 在港英政府時期，《英皇制誥》規定了總督的產生方式，設立了行政局、立法局並規定其成員的組成。總督不僅是行政局和立法局的成員，還有任命太

平紳士以及其他官員的權力。這些規定都是向着強化總督在香港的統治地位甚至是獨斷統治地位的方向。港英當局的所有議員和主要的官員除了當然當選之外，全部都是由委任產生的。直到 1985 年才有了第一位由間接選舉產生的立法局議員。因此，直到香港回歸之前，其民主才剛剛萌芽，作為適用於香港回歸的政治體制，如果一開始就構築起結構完備的民主政治體制，勢必不能很好地服務於當下的香港政治體制的運轉。

2. 香港發展本身對民主的需求並不強烈

相比於政治，香港的定位應當是一座節奏快速而繁榮的經濟城市。香港回歸之前，其作為殖民地的政治體制的特徵是脫離大多數中下階層群眾的小圈子權力中心，總是偏向照顧資本家的利益。戴維斯指出，香港社會存在範圍狹窄的權力階層。有 100-200 人差不多在各種決策程序之中都有主導的聲音。這種權力精英結構的特點是由殖民地政府的委任制造成的，來自海外的殖民官員為着保障宗主國在殖民地的經濟利益而傾向於委任大財團的領導人為政治或者行政架構官員。[5] 另一方面，由於權力結構重疊，資產階級總是能夠直接通過制度結構來牢牢掌握香港的政治權力，因此，在政治方面，香港呈現出「大多數人冷漠」和「少數人參與」的特徵。

3. 對於香港民主的前景還未形成共識

香港民主的推行應當建立在保證香港穩定和繁榮的基礎之上，如果在各方條件和基礎還不具備的情況下就推進民主，勢必會造成混亂，對香港的發展形成衝擊。從香港社會看，各方對於建立什麼樣的民主、如何推進民主都缺乏共識，難以形成統一的基本認識。在這樣的情況下，如果貿然將民主建設視為當下的必行之路，必然會造成社

5　參見黎熙元：《夢想與現實：香港的社會分層與社會流動》，北京：北京大學出版社 2008 年版，第 180 頁。

會的動蕩和矛盾的激化，進而破壞了香港一直以來穩步發展的經濟增長。

　　在中央看來，為了避免與主權政治問題勾連在一起，西方民主政治原則不能直接適用於香港，而應當走漸進民主化的道路。[6] 香港回歸之後，在以「雙普選」為目標的民主化進程中，中央為香港的政改和民主化進程確定了「時間表」和「路線圖」，並制定了頂層設計。不管是在港英統治時期，還是在中英聯合聲明中，都沒有對「雙普選」的問題有所涉及，但是基本法卻明確規定了行政長官和立法會最終都由普選產生。這也體現了中央在穩步推進香港民主發展道路上的積極態度。

（四）行政主導是世界發展的潮流

　　在一個有效率的行政架構裏，政府官員需要有些在一定範圍內可以隨意運用的權力，如果要他們遵守太多規則條例，行政程序將變得十分緩慢，無法對迫切的問題作出適當的反應。所以出現兩種相對的要求：一方面，賦予隨意運用的權力以加快行政效率；另一方面，防止政府濫用權力，以具體的法律原則去規範權力的行使，以保障人民的自由和權利。行使權力的限制始終是程度的問題，決定於這兩種不同的要求的平衡和妥協。[7] 當代西方國家古典的議會主導的模式正在衰落，形成了一種行政主導的政治體制。比如，美國行政權力擴大，以行政立法代替國會立法，以行政司法代替法院判決，三權分立和制衡日益讓位於行政權力集中制。英國雖然奉行議會至上原則，但是大部分議案均由政府提起，因此議會的意志通常也是內閣的意志，議會與行政之間並不存在立法權對行政權的僭越，反而是一種配合和合作

6　參見魏磊傑：〈香港管治困境的癥結與出路〉。

7　參見陳弘毅：《法治、人權與民主憲政的理想》，香港：商務印書館（香港）有限公司 2012 年版，第 4 頁。

的關係。

　　雖然行政權力的膨脹確實容易滋生強權政治和腐敗現象，立法權和司法權對行政權的制約也被看作是抑制政府過分強大的有力武器。但是，強而有力並且積極作為的政府在提升經濟增速、促進社會發展、保障民生、激發社會活力方面所具有的潛能遠遠大於以民主為基礎和核心的立法權，更強於消極的司法權。隨着公權力之間的制衡作用不斷強化，公民監督特別是媒體監督的日趨加強，法制建設的推進，以及行政議事程序化和公開化，行政權的風險性將逐漸降低，行政權與公民自由得以相互結合，共同發展。[8]

二、司法權擴張對行政主導的影響

　　在行政主導的設計之下，政府管治應當高效的運行，使香港社會保持繁榮穩定的發展。但是，行政主導在實際的運行過程中卻遭遇諸多不暢。一方面，立法會內頻繁出現的「拉布」現象，已經嚴重影響到行政機關發佈相關的決議或者推進相關的政策。由於行政長官不具有任何政黨背景，政黨就寄希望於通過立法會相關職權的行使來實現自身的政治功能。[9]另一方面，即使是一直宣揚司法獨立的司法機關在司法覆核中也遭遇諸多政治問題，政治問題司法化的色彩越來越濃厚。由此，權力制約容易演化成為議員所在政黨的政治鬥爭。[10]行政主導在實際中遭受的挑戰又進一步加劇了行政主導被弱化和虛置的可能性，政府管治受到嚴重的掣肘。這些都使得我們不得不反思行政主導的政制設計的現實運行與制度初衷之間出現的嚴重斷裂。

8　參見郭天武等：《香港基本法實施問題研究》，北京：中國社會科學出版社 2012 年版，第 61 頁。

9　參見傅思明：《香港特別行政區行政主導政治體制》，北京：中國民主法制出版社 2010 年版，第 237 頁。

10　參見黃衛平、汪永成主編：《當代中國政治研究報告》第 13 輯，北京：社會科學文獻出版社 2015 年版，第 253 頁。

行政長官的地位受到挑戰、特區政府的施政受到制約有其必然的原因。其中最重要的一項原因就在於立法權的過度擴張。這背後是政黨擴大其話語權；[11] 立法會議員與政府之間的關係不穩定，並沒有組成「政治命運共同體」，[12] 部分反對派議員只知破壞性批評、不知建設性合作等原因。這是導致行政主導遭遇掣肘的最明顯的因素。為了實現行政權的真正主導，行政長官可以開創憲制慣例，充當與立法會的「偉大溝通者」，塑造新的社會與政治共識以建立新政治秩序。[13] 學者所提出的這一建議就是基於改進行政權與立法權之間的緊張關係，通過開創慣例來實現行政權與立法權之間的良性互動。

但是，並不只有立法權和行政權具有天然的擴張性，司法擴權的現象同樣存在。甚至可以說，在一定程度上，司法擴權對行政主導所帶來的危害比立法擴權還要嚴重。因為，基本法中對立法權和行政權既規定了相互制約，還規定了相互配合。但是行政權對司法權的制約卻非常少，行政權在面臨司法權的制約時也只能採取被動應對的方式。正如有學者總結指出，通過在訴訟中對基本法條文作出解釋，香港的法院實際上取得了一部分的立法、修改法律、制定和改變政策的權力，而這些權力在殖民地時期是不可想像的。無論法院對基本法的解釋有沒有衝擊中央對香港的方針政策，它在解釋基本法上所享有的自由度和自主性確實讓其在實際上取得了相當大的「政治力量」。而且香港法院同時不太受外間制度和力量（中央、特首、立法會、輿論和民意）制約，其對行政權力所造成的挑戰非常明顯。[14]

另外，由於香港司法機關在裁決案件時趨向於採取一種形式主義

11　郭天武、李建星：《香港選舉制度的發展及其對香港政治生態的影響》，北京：社會科學文獻出版社 2015 年版，第 314 頁。

12　參見魏磊傑：〈香港管治困境的癥結與出路〉。

13　參見胡榮榮：〈政治權威理論視角下的香港行政主導體制〉，《上海市社會主義學院學報》2015 年第 6 期。

14　參見郝鐵川：《香港基本法爭議問題述評》，香港：中華書局（香港）有限公司 2013 年版，第 236 頁。

的思路，忽視法律政策的效果，因此，許多判決雖然看似維護了法律規範，但是卻留給政府和社會一系列棘手的社會問題。尤其是在權力制約的結構失衡的前提下，司法機構的脫軌或者錯位也就成了一個隱形的趨勢。

正如有學者認為，基本法設置的解釋機制使全國人大常委會對基本法的解釋權只構成「最低限度的司法主權」。但香港回歸以來，香港法院往往沒有尊重中央對香港「最低限度的司法主權」，沒有尊重人大常委會的立法解釋優於香港法院的司法解釋。香港法官動輒以「言論自由」、「通訊自由」、「男女平等」、「出入境自由」等理據行使所謂違憲審查，判決錯綜複雜的社會、經濟和政治問題，無形中鼓勵了一些人挑戰法律、挑戰政府。[15]

因此，如何在行政主導的政治體制之下準確定位香港的司法權，這是一個關係到行政與司法良性互動及香港能否穩步發展的問題，也是一個關係到中央能否保障在香港問題上的憲制地位的問題。這不僅反映了基本法的實施狀況，更影響着「一國兩制」制度的實踐。

三、行政主導體制下司法審查的限度

行政主導原則是基本法的立法原意，但是現實中，特區政府卻「主動」但不「主導」。一方面，香港立法中的「行政主導」主要表現為政府廣泛的提案權，但是立法過程仍然是由議會主導的。[16] 另一方面，在司法權和行政權的關係上，近年來司法覆核的數量大大增加以至於一般民眾都非常了解這一流程。這也在一定程度上說明了司法擴權已經涉足到行政權所屬領域中了。

15　參見柳蘇：〈貫徹基本法不可迴避的問題〉，清華大學港澳研究中心，http://www.hmt.tsinghua.edu.cn/publish/hmt/258/2013/20130430165512159667218/20130430165512159667218.html（最後訪問時間：2021 年 3 月 28 日）。

16　參見姚魏：〈論香港特別行政區立法權的性質與特徵〉，《地方立法研究》2017 年第 5 期。

如何在平衡司法權和行政權關係的基礎上保證行政權能真正實現對司法權的制約？這一問題可以從行政主導的國家和地區的制度中借鑒相關的經驗。

作為行政主導型的國家，保證司法獨立也是美國的傳統。雖然美國法院的法官在審理具體案件的過程中並不會受到行政權在內的其他權力的干涉，但是總統對法官的任命權被視為影響司法政策的重要因素。聯邦最高法院的法官產生過程具有非常濃厚的政治色彩。[17] 法官本身就是政治博弈的結果，司法在運行的過程中也難免會或明或暗地捲入到政治爭議中去。

與此形成顯著差異的是，香港特首對法官的任命所起的所用非常有限，法官任命逐漸成為特區司法機構或至多是法律界自身的一項職權。非政治任命的香港特區法官，「在審理涉及基本法的案件時，很大程度上是在進行司法決策」，「反映了他們的政治形態和價值取向」。[18] 根據《司法人員推薦委員會條例》的規定，實際上有能力影響司法人員任免的關鍵人士是終審法院首席大法官。

司法人員推薦委員會的九名成員中，包括首席法官、律政司司長及七位由行政長官任命的成員。這七位成員包括兩名法官、一名律師及三名非法律界人士。任何決議最少必須七位成員同意才可以通過。司法人員推薦委員會的這一組成比例遭到了香港法律界的質疑：律政司加入司法推薦委員會會不會產生角色衝突的問題？例如對一些頻頻對政府作出不利判決的法官的晉升，律政司能不能做到不偏不倚？另外，委員會內的三名非法律界人士可以聯手否決一項獲委員會內所有法律界人士通過的任命，這會不會出現「外行領導內行」的情況？他們並主張非法律界人士的數目應當減少至兩人，如果他們反對某項任

17　楊曉陽：〈美國分權制衡體制中司法權之考察──以最高法院大法官的任命為視角〉，《人民論壇》2013 年第 8 期。

18　馬新民：〈香港法院違憲審查權的理論與實踐〉，載李雙元主編：《國際法與比較法論叢》（第 17 輯），北京：中國方正出版社 2007 年版，第 605 頁。

命，也必須徵得至少一名法律界人士的同意。[19] 筆者認為，司法人員推薦委員會的人員組成比例體現了行政主導對司法權的制約，如果按照法律界的意見對各類人員組成的比例進行調整，那麼行政主導對司法權的制約將更加微弱。

基本法在條文設計中，諸如法院享有對基本法的解釋權、高等法院對一般的案件享有終審權、怎樣使得法院提請全國人大釋法的行為既得到法院的同意又不會引致對香港司法獨立的質疑，這些問題上的空白都給司法介入政治提供了可能性。一方面，香港法院秉承「司法獨立」的傳統，借助於基本法所賦予的高度司法自治權和終審權（尤其是終審權），對於監督與制約政府行為發揮了極大的作用，這也成為香港政治體制中鮮明的特色，保障了香港政治清明、經濟繁榮。另一方面，綜觀香港法院司法審查的歷史，法院難免主動或被動地捲入眾多的政治爭議，被置於政治爭議漩渦的中心，這與現代憲政體制下法院的角色並不相容。在由普通法法院行使違憲審查權的國家中，尊重立法及行政機關、恪守自身權力邊界已成為各國法院的共同準則。[20] 由於忽略或者是誤讀了基本法立法原意，對行政與司法的關係未能精準把握，過分強調司法至上，缺乏對行政應有的尊重，致使司法呈現出一種「過高的姿態」，甚至逾越了司法審查應有的界限，將「高度自治」變成了「絕對自治」。此時，作為特區權力架構重要組成部分的特區法院，在堅守司法獨立、通過行使司法審查權維護法治和保障權利的同時，如果沒有對過度政治化的危險保持清醒認識，就很有可能對行政與司法的關係產生消極的影響。

如果司法在一個地區中的地位和角色發生嬗變，成為了政治鬥爭的工具和幌子，可能會在香港引發法治危機。因此，司法機關在積極

19　參見陳弘毅、張增平等：《香港法概論》，香港：三聯書店（香港）有限公司1999年版，第58頁。

20　參見秦前紅、付婧：〈在司法能動與司法節制之間——香港法院本土司法審查技術的觀察〉，《武漢大學學報（哲學社會科學版）》2015年第5期。

行使審判權、審查權的同時，應當避免陷入過度政治化的危險之中，尊重和維護行政主導。

（一）法院應當提高司法覆核的准入標準

司法覆核的擴大化現象並不只出現在香港。英國早在 2013 年就推出針對司法覆核制度的改革諮詢，其所針對的就是那些沒有根據的、旨在阻擾政府進行廣泛改革和重大基建項目的司法覆核案件。英國司法大臣認為：「雖然司法覆核制度是一個糾正錯誤的重要途徑，但是，它不應該是無數左翼活動家的宣傳工具。這就是我們公佈改革方案的理由。我們會保護那些對公義十分重要的司法覆核，但必須阻止濫用。」[21] 因此，濫用司法覆核必須受到有效的規制，特別是在司法擴權已經嚴重影響到了政府管治效能的前提下。針對前述所論述的司法覆核的一系列特點，法院應當適當提高司法覆核的准入標準。

司法覆核的法律依據主要包括《高等法院條例》第 21 條 K[22] 以及《高等法院規則》第 53 號命令 [23] 以及基本法第 35 條。這些條款並沒有對司法覆核的提請條件作出明確的限制。香港法院對司法覆核的標準曾作出過修正。香港終審法院在 2007 年已把司法覆核的門檻提高至「必須認為有關申請有合理可爭拗之處，因此在現實上有勝訴的機會」。李國能認為，司法覆核是要先申請許可的，這一環節就是一個有效的過濾器，法庭可以通過這個有效方法來防止司法覆核被濫用。[24] 筆者認為，這一標準能夠將明顯不具有合理性的司法覆核排除在啟動司法覆核的程序之外。但是該標準依然需要進一步完善。第

---

21 〈顧敏康：不能忽視濫用司法覆核的現象〉，2015 年 12 月，大公網，http://news.takungpao.com/hkol/politics/2015-12/3255616_wap.html（最後訪問時間：2021 年 3 月 28 日）。

22 香港法例第 4 章《高等法院條例》。

23 香港法例第 4A 章《高等法院規則》。

24 〈李國能表示：回歸後香港已經全面落實司法獨立〉，2010 年 1 月，中國新聞網，http://www.chinanews.com/ga/ga-sszqf/news/2010/01-12/2066909.shtml（最後訪問時間：2021 年 3 月 28 日）。

一，明確提請的主體必須具有「直接且充分的利害關係」，以此來減少壓力團體或非政府組織提起司法覆核的數量。第二，法院應當減少受理那些僅僅針對程序瑕疵，卻並不影響實際結果的司法覆核案件。此外，還應當嚴格限定司法覆核的救濟措施的適用。

（二）反對司法至上，確立「政治問題不予審查原則」

在世界上實行司法機關負責憲法監督的體制裏，早就發展出「政治問題不予審查原則」或者「政治問題拒絕審查原則」。[25] 在美國，某些決定乃至憲法上的決定，並不需要接受違憲審查。最高法院發展出一個重要的規則：政治問題原則，讓某些憲法上的決定留給國會和總統，而不需進行違憲審查。[26]

司法與政治相分離既是權力制衡原則的要求，也是司法區別於政治的最關鍵所在。基於權力制衡的要求，法院對涉及十分政治化的憲法覆核的案件應當保持「司法克制」或者「司法自律」。在 2014 年「梁國雄訴立法會主席」一案中，特區法院對「不干預原則」進行了充分闡述，認為議員任意地提出司法覆核，會嚴重影響立法會的審議工作。[27] 法院不審查政治問題還有另外一個方面的考量：法官雖然沒有政黨背景，但是卻可能有政治偏好。香港法院對司法覆核的受理標準較為寬鬆，不僅僅會導致司法覆核的案件數量越來越多，也會導致許多含有政治爭議的案件進入到法院，法院不得不成為調整各種政治關係的第三方。這一現狀的發展趨勢與法院的應然角色之間存在衝突。

如果要確立政治性問題不予審查的原則，那麼首先要明確的問題

25　參見鄒平學：〈抵觸基本法還是符合基本法──評香港特區立法會〈議事規則〉第 57(6) 條之定位〉，《法學》2007 年第 5 期。

26　參見〔美〕馬克·圖什內特著，楊智傑譯：《讓憲法遠離法院》，北京：法律出版社 2009 年版，第 17 頁。

27　參見楊曉楠：〈從「不干預原則」的變遷審視香港特區司法與立法關係〉，《法學評論》2017 年第 4 期。

就是何為政治問題。有學者將政治問題司法化定義為：依賴司法機關來解決某些困擾一個政治體的、具有重大爭議性的政治問題。這類現象又可分為但不限於以下類別：第一，選舉過程的司法化；第二，通常被視為立法機關或行政機關專屬事務的司法化；第三，對政權更替事項的司法化；第四，轉型正義的司法化。[28] 有學者認為，政治問題主要包括：聯邦憲法直接規定由國會和總統加以解決的問題；在司法上難以找到解決標準的問題；由法院處理可能導致對國會或總統明顯不尊重的問題；涉及無疑應按既定政策處理的問題；可能導致與總統、國會和法院宣佈的決定相衝突的問題等。還有學者認為，「政治問題」應當包括三個方面：第一，憲法明文規定的立法、行政部門負責的事項；第二，法院沒有確切地接到進行憲法判斷的請求，或者缺乏應當依據的憲法判斷基準；第三，那些受到激烈爭論的或者在實施上、制度上因故不宜作出判斷的問題。關於上述涉及政治問題的行為，聯邦最高法院可以拒絕審查。[29] 雖然對何為政治問題並沒有統一的認識，但是政治問題通常都具有一定的共同性，即有明確規定的屬於行政機關或者立法機關權限範圍內的事務。對於提交到法院內的事務，法官應當審視其背後的動機和目的，對於屬於政治範圍內的事務，法院應當保持中立和消極態度。

四、法院在維護行政主導方面的適度能動

一直以來，香港的司法機關和法官所展現出來的特點就是司法獨立和司法中立，這也是香港法治最突出的特點。但是，「一國兩制」之下，香港的司法機關所應當承擔的憲政角色絕不僅限於此。如果在

28　參見秦前紅、付婧：〈在司法能動與司法節制之間──香港法院本土司法審查技術的觀察〉。

29　參見鄧平學：〈抵觸基本法還是符合基本法──評香港特區立法會〈議事規則〉第 57(6) 條之定位〉。

司法領域堅持絕對的謙抑，那麼香港法院在國家觀和維護國家利益上的司法自覺就會有所缺失。判例法的發展使得法院不僅行使司法職能，還在一定程度上扮演了法律創造者的角色，一旦上級法院的司法解釋成為先例，法官的判決理由即成為下級法院類似案件裁判的依據，這也給司法權維護行政主導的政治體制提供了可能。

（一）積極創造新的判例，彌補制定法的空白

回歸之前，香港的司法一般都遠離政治，所遵循的判例一般也都是經過長時間的傳承而固定下來的，是一種固有的、內生性的判例。回歸之後，香港法院的角色發生了轉變，這種轉變也必然體現在司法活動中。司法獨立並不意味着司法權不受制約，實際上，司法權也不可能不受行政權的制約、不受中央的領導。因此，香港法院不只應當堅守遵循先例，更應當立足於新的社會環境、法治環境，有魄力和擔當地創造新的判例。通過將相關的現實基礎、政治背景和基本法實施中產生的問題注入到判例中，引導香港法院逐步明確權力的邊界、明確政府的主導地位。

（二）關注香港的現實發展、承擔司法解決糾紛之外的功能

香港在回歸之後，認識法院憲制作用的轉變變得尤為重要。如果說在回歸之前，香港法院的作用僅僅在於解決爭議、保障權利、制約權力的話，那麼，在回歸之後，作為我國的一個特別行政區中的地方法院，香港法院在維護法律統一、維護國家主權上也應當承擔積極的作用。在推動判例制度發展中，香港法院可以積極融合內源性和外來性兩種方式，關注外在的權力體系、學理研究或實踐考察所形成的動力來源，從而實現內外兼修、齊頭並進，為新憲政秩序下香港判例制

度的未來發展提供綿延不斷的動力。[30] 這一觀點指出了香港法院在未來所承擔的多重角色。

應當看到，基本法作為香港的憲制性法律，其頒佈僅僅意味着香港作為特別行政區這一特殊的自治結構的開始。至於基本法如何在香港適用、如何發揮中央授權的高度自治的紐帶作用，還有賴於包括香港法院在內的各機關、機構的共同作用。有學者通過對一系列相關判例的梳理指出，香港特區終審法院既不保守也不激進，承擔好「憲制守護者」的角色。[31] 香港特區終審法院對這一角色的堅守在未來仍然有其重大的意義。香港法院應當重塑自己的憲制角色，在能動和自制、理想與現實、傳承與發展之間做出理性的選擇和判斷。[32] 司法在澄清爭議問題、彌補立法空白上具有舉足輕重的作用，因此，香港法院應當重新審視基本法下司法的地位和角色，積極承擔憲制責任，維護基本法的實施。

30　參見李慧：〈香港憲政秩序變遷中的判例制度〉，《法學雜誌》2012 年第 7 期。

31　參見陳弘毅、羅沛然、吳嘉誠、顧瑜：〈香港終審法院關於《基本法》的司法判例評析〉，《中國法律評論》2015 年第 3 期。

32　李曉兵：〈對香港特區法院憲制角色的思考〉，《大公報》2016 年 6 月 15 日，A12 版。

第三章

香港特區司法權與終審權的性質

＊＊＊

　　對香港特區司法權與終審權問題的研究首先就會涉及：司法權與終審權的性質為何？這一問題包含兩層含義。第一層含義是指司法權與終審權的性質；第二層則涉及對香港特區的司法權與終審權性質的討論。本章主要是在第二層含義上展開討論，並試圖對以下問題給出回應：第一，如何理解香港特區高度自治權的性質是中央授予的地方事務管理權？第二，授權理論對香港特區司法權與終審權的性質會產生何種影響？第三，「法官造法」對司法權的授權屬性會產生何種影響？第四，香港特區司法權與終審權的從屬性、有限性有哪些體現？第五，司法權與終審權在運行時應當遵循何種原則？

香港特區高度自治權的性質

◇◇◇

在中英聯合聲明中，中國政府聲明對香港的基本方針政策為：香港特別行政區直轄於中華人民共和國。除外交和國防事務屬中央人民政府管理外，香港特別行政區享有高度的自治權。這一基本方針政策在基本法中也有所反映：基本法第 2 條規定，全國人民代表大會授權香港特別行政區依照本法的規定實行高度自治，享有行政管理權、立法權、獨立的司法權和終審權。

如何理解香港特別行政區的高度自治權？香港作為特別行政區所享有的自治權與國家主權有何關係？高度自治權的界限在哪裏？由於特別行政區的設立屬於歷史的創舉，因此，以往對憲法、主權問題的研究都沒有涉及這一新興的主題。這也就意味着對於上述問題，並沒有可以直接用以論證的定理。但是，這些問題都是理解香港高度自治權的關鍵，更是解決香港問題、香港與中央關係問題的關鍵。因此，只有準確理解高度自治的產生背景、產生途徑及其監督方式，才能明確香港所享有的自治權這一權力的界限，才能在面臨相關問題時準確地處理好中央與香港之間的關係。

一、高度自治的前提 —— 中國對香港恢復行使主權

基本法對香港特別行政區所實施的高度自治權有明確的規定。不論是香港作為一個整體，還是其行政機關、立法機關、司法機關及公

民、社會團體等，高度自治權都是香港自己管理香港事務的最直接和最根本的依據。

有學者認為高度自治權強調的是特別行政區的決定在效力上的終局性。[1] 對中央與香港特別行政區之間的關係所涉及的含義的解讀有以下特徵：第一，從法治結構上來進行解析的話，中央與特別行政區之間的關係存在着主次之分，即誰是主要的，誰是次要的。如果僅從高度自治權出發，那麼香港必然是處於主要的地位。但是這一含義有一個潛在的前提，這個前提就是「一個國家」。第二，高度自治既是原則也是規則。高度自治的原則性體現為，香港特區範圍內自治的事務不受中央的干預，高度自治的規則性體現為，特別行政區針對自治範圍內的事務所做的所有決定，其效力都是確定的，且具有終局性。高度自治權涉及以下幾層含義：[2]

第一，不受中央干預。中央不得干預按照基本法屬於特別行政區自治範圍內的事務。

第二，香港特別行政區所做的決定效力具有終局性。只要是在基本法規定的範圍內，對屬於自治範圍內的問題作出的決定，都無需報請中央政府批准。

第三，特別行政區政府享有自由裁量權。特別行政區政府在作出重大決策時，有充分的自由裁量權，有權在法定範圍內自由選擇一個自己認為合情合理的決策。

第四，特別行政區在行使法定職權時，有權在基本法規定的範圍內選擇自己認為合適的行使職權的方式。

由上述幾層含義可以看出，中央授予香港享有高度自治權，其用意是十分明顯的：香港特別行政區的政府及其他機關，都可以充分依

1　參見王振民：《中央與特別行政區關係：一種法治結構的解析》，北京：清華大學出版社 2002 年版，第 118-119 頁。

2　同上，第 118-119 頁。

照自身的意志決定相關的事項，中央對這些決定權給予充分的尊重。香港所享有的高度自治權是非常充分的，不僅在很大程度上排除了中央對香港事務的干預，在具體的行使權力的過程中，也享有廣泛的自由裁量權。香港所享有的高度自治權，其目的是為了保證香港的繁榮與發展。但是，這種高度的自治權在實際中也會出現與香港繁榮與發展相背離的情況，甚至會破壞香港的發展，這種情況下如何看待這種幾乎不受中央制約的權力呢？既然香港享有如此之高的自治權，中央在一般情況下也會保持謙抑、不進行干預，那麼，如何確保高度自治下香港特別行政區行使權力符合「一國兩制」的要求？這就必須從國家主權的高度來探析高度自治權的性質，進而明確高度自治的權力界限。

（一）國家主權

香港特別行政區享有的高度自治權的前提是中央享有國家主權和完全的治權，當然也包括對香港的主權和治權，這一點並不因為香港是特別行政區而有所不同。主權是指「國家對內的最高權和對外的獨立權」。[3] 關於香港的主權歸屬及主權行使問題，不管是在基本法還是在中英聯合聲明中都有明確的規定。香港回歸後，中央人民政府恢復對香港行使主權，這也就意味着香港的主權自始至終屬於中國，並從回歸後開始恢復行使。[4] 1972 年，應我國駐聯合國代表的要求，聯合國「把香港、澳門從殖民地名單中剔除」。[5] 我國政府的一貫立場是，香港、澳門是被英國和葡萄牙佔領的中國領土的一部分，解決香港、澳門問題完全是中國主權範圍內的事，根本不屬於通常的「殖民地範疇」。1997 年 3 月 17 日，香港回歸前夕，《人民日報》刊登

3　劉本旺主編：《參政議政用語集》，北京：群言出版社 2014 年版，第 71 頁。

4　參見王禹：《論恢復行使主權》，北京：人民出版社 2016 年版，第 55 頁。

5　文菲：〈香港：不是殖民地〉，《港澳經濟》1997 年第 10 期。

名為〈為什麼說香港不是殖民地〉的文章，認為「迄今為止，英國在香港實行的是典型的殖民式統治，但並不等於香港就是殖民地。因為，通常意義上的殖民地主要是指因外國統治、管轄而喪失了主權的國家。」[6] 強調這一點的用意在於，解決香港、澳門問題不應適用一般的「殖民地」走向非殖民地化的模式，即採取「公民自決」等方式使之成為國家或獨立的政治實體的模式，而應當採取恢復行使主權的形式。

「讓·博丹（1530-1596）被普遍譽為第一位現代政治思想家和第一位主權理論家。」[7] 博丹（Jean Bodin）認為，「主權是共同體所有的絕對且永久的權力。」[8] 作為主權的具體行使方式，現代的政治體制中一般都把立法權、司法權、行政權進行了分化以達到權力制衡的目的。但是在單一制的國家體制下，主權是不可能在中央政府和地方政府之間進行分割和共享的。

單一制與聯邦制是世界上兩種基本的國家結構形式。國家結構形式主要是處理中央和地方有關一國權力縱向配置的原則、方式等問題。其核心是國家整體和部分之間、中央機關和地方之間的相互關係。[9] 其中，單一制是指由若干行政區域組成的統一的國家結構形式，「國家最高統治權集中於一個或一組機關」。[10] 單一制國家最明顯的特徵體現為：第一，在中央和地方的關係上是中央集權，地方所享有的權力來自中央的授權；第二，地方所享有的權力會以明確的方式規定下來，地方只能在規定的範圍內行使權力；第三，在權力高度集中於中央的前提下，地方應當受到中央的領導和監督，但是這種監

---

6 〈為什麼說香港不是殖民地〉，《人民日報》1997年3月17日，第11版。

7 〔英〕斯圖爾特·埃爾登著，東初陽譯：《領土論》，長春：時代文藝出版社2017年版，第274頁。

8 〔法〕讓·博丹著，李衛海、錢俊文譯：《主權論》，北京：北京大學出版社2008年版，第25頁。

9 參見許崇德、胡錦光主編：《憲法》，北京：中國人民大學出版社2004年版，第124頁。

10 吳大英、沈蘊芳：《西方國家政府制度比較研究》，北京：社會科學文獻出版社1996年版，第14頁。

督卻不具有雙向性。

　　我國作為單一制國家，主權集中於中央。因此，香港的主權毫無疑問也集中於中央。從中央授予香港高度自治權的範圍來看，其自治權涵蓋行政管理權、立法權、司法權以及其他特定的權力，這一權力範圍非常大。在單一制的國家形式下，香港所享有的權力比聯邦制下的州享有的權力更為廣泛。但是，在如何理解自治的問題上，應當明確認識到：

　　第一，自治和自決有本質的區別。「自決是一種固有的權利，在外部意義上表示一個民族自由決定其國際地位，在內部意義上表示人民自由決定其憲法和政治制度。」[11] 因此，自決可能建立一個新的政權，從而產生一個新的主權主體。但是，自治屬於主權授權，自治單位的國際地位由主權政府決定，其政治制度也由主權政府決定，並定期自由選舉。[12] 香港並不是一個獨立的政治實體，行政長官在選舉或者協商的基礎上由中央政府任命，政府主要官員由行政長官提名並報中央政府任命。香港回歸以來，一些極端激進組織要求加快普選進程，要求「一人一票」選出香港人自己的特首。這些做法都是對高度自治與自決的混淆，認為高度自治就意味着香港享有自決權，香港享有自己決定自己政制發展的權力。

　　第二，治權屬於主權的派生權力。究竟何為治權，學理上並沒有統一的解釋。一般認為治權是以主權為前提的，是實現主權的具體途徑，主權是治權行使的依據。[13] 具體來說，治權強調權力的具體行使，尤其是行政權、立法權和司法權的權力在實踐中是如何運行的。依據治權來源於主權的理論，香港擁有自治權絕不是原始取得的，而是中央在「一國兩制」之下的制度設計。香港作為中國的一個地方行

11　黃衛平、汪永成主編：《當代中國政治研究報告》（第 9 輯），北京：社會科學文獻出版社 2012 年版，第 303 頁。

12　參見陳端洪：《憲治與主權》，北京：法律出版社 2007 年版，第 173 頁。

13　參見董立坤：《中央管治權與香港特區高度自治權的關係》，第 18 頁。

政區域，如果不實行「一國兩制」，那麼其行使的權力就與其他地方行政區域所行使的權力無異。但是，在「一國兩制」之下，中央將治權授予了香港，香港成為「自治」而非「他治」的主體。

第三，「特區的高度自治實際上是中央政府為了更好地管理香港而作出的權力下放」。[14] 不論是「一國兩制」還是制定基本法，其目的都是為了實現香港的平穩過渡以及香港的持續發展，這些都是中央管理香港希望達到的目標。因此，為了儘可能的適應香港的具體情況，避免資本主義制度向社會主義制度轉變可能帶來的動蕩，中央在管治香港的問題上採取不親自管理而是委託管理的形式、不直接管理而是間接管理的手段。

（二）高度自治權在本質上是地方事務管理權

自治在本質上是中央授予的地方事務管理權，並不能同一國的主權相等同。按照主權的概念，國家在其主權範圍內，有權排斥任何其他權力的行使，並享有充分的行政管理權、立法權和司法權。在對外關係上，有權不依附任何其他國家，獨立自主地處理外交事務。顯然，高度自治權在這些方面並不具有完全的獨立性。其權力的範圍和界限在授予之時就已經受到了國家的限制和制約，並受到國家憲法和基本法律的約束。這種限制和制約可能會隨着時間的推移而有所變化，但是這種變化絕不是自治權主體所決定的，依據應當是主權者的意志。

14　程潔：〈中央管治權與特區高度自治——以基本法規定的授權關係為框架〉，《法學》2007 年第 8 期。

二、高度自治權來源於中央的授權

（一）高度自治權的法理基礎

高度自治權的法理基礎究竟為何？這個問題在如何制定基本法時就已經存在了。在討論香港高度自治權的法理基礎時，決不能刻意拋開主權的問題來進行討論。因為，只有在正確認識香港主權問題的前提下，才能保證香港順利發展。值得注意的是，高度自治絕不意味着不干預。不干預原則實際上是一種「對等地位說」的體現，「對等地位說」認為「香港特別行政區，不是直轄於中央人民政府的地方行政區域，而是獨立於中國之外的一個政治實體，或者是一個國中之國。」[15]

從基本法的討論過程和最終規定看，香港特區的高度自治是基於中央授權的高度自治。這也就意味着不存在分權和剩餘權，也不存在自決權。[16] 香港高度自治權的法理基礎之所以存在爭議，是因為對何為「自治」的問題上，各方學者並未能達成共識。釐清特區新憲制的權力來源有助於在重大問題上避免中央和特區的矛盾和衝突。[17] 如果對自治的理解不同，尤其是對自治的根本性質存在爭議時，對高度自治權的解釋自然也就各不相同。自治實際上是一個歷史和實踐的概念。歷史不同、實踐不同，自治的邊界和性質也就不同。在西方語境中，自治意味着自我、自主性和自治權，本身含有權利的屬性。但是，在中國的語境中，自治是相對於「他治」或「官方他治」而言的。[18] 西方語境中的自治權實際上是憲政與權力結構中的一個要素，擁有自治即意味着擁有自治權，自治也是一種法律上的權力—權力

15　王叔文主編：《香港特別行政區基本法導論》（第三版），北京：中國民主法制出版社 2006 年版，第 111 頁。

16　參見程潔：〈中央管治權與特區高度自治——以基本法規定的授權關係為框架〉。

17　參見程潔：〈香港新憲制秩序的法理基礎：分權還是授權〉，《中國法學》2017 年第 4 期。

18　參見黃振：《特別行政區高度自治權研究》，廈門：廈門大學出版社 2013 年版，第 4 頁。

關係的表述。而在我國，由於國家權力從來都是高度集中於中央的，自治僅僅是一個描述性的詞語，是為了管理的需要而設計出來的一種治理的方式。

（二）主權 — 授權 — 高度自治權的關係

在主權 — 授權這一組關係中，不管是主權還是授權，其權力都是同一種，即被授予的權力就是主權者所享有的權力，兩者的唯一不同在於行使權力的依據。主權是被授予的權力的源權力，所授予的權力也即是主權之下的權力。作為主權的具體表現形式，行政權、立法權、司法權都可以變更、轉移。但是，主權本身卻是不可分割、不可讓渡、不可轉移的。

1. 主權的範疇

博丹主張，主權的首要特性是「立法權和發佈命令權」。[19] 主權還包括其他權力 —— 宣戰和媾和；在終審程序中審理對任何選任官判決不服的上訴；創制和廢除最高級別官吏的職位；徵稅、免稅；赦免；決定貨幣的名稱、幣值和兌換比率；宣誓效忠等。[20] 因此，博丹認為主權的最大特徵就是不可讓與性。從上述主權的範疇可以看出，主權之外仍然有多種權力，只有一部分根本性和核心的權力被納入到主權的範疇中來了。這也為授權這一權力行使的方式提供了正當性。對於不屬於主權範疇內的權力，主權者不必然地要親自行使權力，通過授予的方式讓渡給其他機關行使也是可行的。

主權的這一至高性在基本法中也有所體現。基本法中明確規定香港的行政權、立法權和司法權都是基於全國人民代表大會及其常委會或者是中央政府的授權。在原則和形式上，基本法所貫徹的主權理論和中國的主權觀是一脈相承的，也就是絕對主權觀：一切權力都屬於

---

19 〔法〕讓‧博丹著，李衛海、錢俊文譯：《主權論》，第109頁。

20 同上，第110頁。

主權者。主權者在終極的意義上是人民，在法律上是全國人民代表大會。[21] 對照博丹的主權範疇，香港和澳門作為特別行政區，除了享有主權之外的一些權力，許多屬於主權範疇的權力，中央政府也通過授權的方式讓與了香港和澳門。例如行政方面的財政稅收權、貨幣金融權，司法方面的終審權，立法方面的全部日常立法權。中央政府保留行使的只有基本法的制定、解釋、修改權，國防權、政治外交權和主要行政官員的任命權等。

2. 主權與高度自治權的邏輯聯結點：授權

授權是「主權—高度自治」的邏輯紐帶。中央對香港恢復行使主權，從而擁有對香港的全面管治權，中央進而將一部分管治權授權給特別行政區自行行使。[22] 基本法在一定意義上可以理解為一部授權法，即全國人大授予香港特別行政區一部分權力。授權可以看作是權力縱向劃分的一種方式。不管是權力的橫向劃分還是縱向劃分，都使得權力由原始形態過渡到了新的形態。權力的橫向劃分一般被看作是權力制衡，是防止權力濫用的方式之一。而縱向的權力劃分則一般是通過授權的方式進行，在聯邦制國家中也可能是共享主權的方式。

授權作為連接主權與自治權的節點，其本身是一種法律關係的概括。在這樣一種法律關係中，既有授權主體，也有被授權的主體。享有該權力的主體通過一定的程序將該權力轉移給另一個主體，則新的主體通過這種授權行為獲得了一定的權力。民事法律關係中也存在授權法律關係，授權行為往往也是為了實現某一特定的目的。但是，民事授權行為中雙方主體地位平等。不論雙方的權利義務關係如何劃分，雙方在法律關係的締結過程中的力量對比是否有強有弱，但是都不能否認雙方在民事領域的平等地位，這種平等地位同樣延續到了可能發生的訴訟行為中，即雙方在訴訟中所享有的訴訟權利和義務也是

21　參見陳端洪：《憲治與主權》，北京：法律出版社 2007 年版，第 174 頁。

22　參見王禹：〈「一國兩制」下中央對特別行政區的全面管治權〉，《港澳研究》2016 年第 2 期。

對等的。在討論中央與香港的關係時，這一特徵很明顯是不適用的。在中央與香港的授權的關係中，雙方的地位並不是平等的，而是一種縱向的領導與被領導的關係。基本法作為一部授權法，其內容就是中央授予香港的一系列的權力的綜合表現。

值得注意的是，授權並不是權力的放棄，也不是權力的轉讓。[23] 授權契約與權力轉讓契約是完全不同的。[24] 因此，在授權關係中，授權者和被授權者兩者永遠都是同時存在的，不存在一方行使權力的行為導致另一方權力中止的情形。那麼，香港獲得高度自治權所依賴的授權行為是如何發生的呢？這就涉及主權者、憲法、主權與治權的分離等一系列問題。

從授權的主體來看，根據憲法第 2 條的規定，中華人民共和國的一切權力屬於人民。當然地，中華人民共和國的主權者也是人民。但是在討論授權這一行為的法律性質時，主權者也應當是法律上的主體，也就是全國人民代表大會。

全國人民代表大會作為我國最高的權力機關，通過行使其制定法律的權力將對香港特別行政區的授權規定在基本法中。為了便於分析，筆者將採用表格的形式來展現憲法和基本法中的授權條款，並在此基礎上展開論證。[25]

23　參見陳濤：〈主權者：從主人到代表者──霍布斯的主權理論的發展〉，《北大法律評論》2013 年第 2 期。

24　參見劉海川：〈霍布斯的代表與授權理論〉，《政治與法律評論》2014 年第 1 期。

25　此處採用表格的方式將憲法和基本法中的相關條款進行列舉有一定的不合理之處：基本法本身就是一部授權法，基本法中的條文，凡是涉及相關主體行使權力的都是授權條款。但是這裏只分析出現了「授權」字樣的相關條文。這樣處理的理由如下：對於具體由相關的機關所行使的具體的、廣泛的權力並沒有相關的爭議，也是該機關的職責所在。鑒於本書分析的目的是為了理清授權的邏輯，因此，對這種具體行使的權力不作討論。

表 3-1：憲法中與建立特別行政區相關的授權條款統計表

條款	授權主體	授權對象	授權事項	說明
第 2 條	人民	全國人民代表大會和地方各級人民代表大會	行使國家權力	這種授權可以看做是最根本的授權，是一次授權。[26]
第 3 條	人民代表大會	國家行政機關、監察機關、審判機關、檢察機關	產生國家機關的種類	這種授權是在一次授權的基礎上產生的，是一種二次授權。
第 31 條	人民	全國人民代表大會	制定法律用來規定特別行政區中的制度	一次授權
第 57 條	人民	全國人民代表大會	全國人民代表大會是最高國家權力機關	一次授權
第 58 條	人民	全國人民代表大會、全國人民代表大會常務委員會	行使國家立法權	一次授權
第 62 條	人民	全國人民代表大會	決定特別行政區的設立及其制度	一次授權

---

26 在香港特別行政區享有的高度自治權屬於授權而獲得的前提下，如果分析其具體的權力行使和權力來源就會發現，不同的權力，其授權主體和行使權力的主體並不完全一致。這也就導致了授權行為理論在具體權力這一層面上的分化。因此，在討論中央與特別行政區的授權關係時用一次授權、二次授權、三次授權來闡明各個問題之間的隱含關係。在這裏，可以將一次授權看做是原始授權，二次授權是在一次授權的基礎上所產生的授權，只不過將一次授權這個過程隱藏掉了。同理，三次授權其實是在一次授權和二次授權的基礎上所產生的授權，只不過將一次授權和二次授權這個過程隱藏掉了。

條款	授權主體	授權對象	授權事項	說明
第 67 條	人民	全國人民代表大會常務委員會	解釋法律、修改法律、監督憲法實施	一次授權
第 85 條	全國人民代表大會	中央人民政府	最高國家權力機關的執行機關，最高國家行政機關	二次授權
第 89 條	全國人民代表大會、全國人民代表大會常務委員會	中央人民政府	領導全國地方各級國家行政機關的工作	二次授權

表 3-2：基本法中相關的授權條款統計表

條款	授權主體	授權對象	授權事項	說明
第 2 條	全國人民代表大會	香港特別行政區	高度自治，享有行政管理權、立法權、獨立的司法權和終審權	二次授權
第 7 條	全國人民代表大會	香港特別行政區政府	對香港境內的土地及自然資源行使管理、使用、開發等權限	二次授權
第 13 條	中央人民政府	香港特別行政區	依照基本法管理相關的對外事務	三次授權
第 14 條	中央人民政府	香港特別行政區政府	維持特別行政區的社會治安	三次授權
第 16 條	全國人民代表大會	香港特別行政區	行政管理權	二次授權

條款	授權主體	授權對象	授權事項	說明
第 17 條	全國人民代表大會	香港特別行政區立法機關	立法權	二次授權
第 18 條	全國人民代表大會	香港特別行政區法院	司法權和終審權	二次授權
第 20 條	全國人民代表大會、全國人民代表大會常務委員會、中央人民政府	香港特別行政區	其他權力	二次授權、三次授權
第 48 條	中央人民政府	香港特別行政區行政長官	對外事務和其他事務	三次授權
第 62 條	中央人民政府	香港特別行政區政府	對外事務	三次授權
第 82 條	全國人民代表大會	香港特別行政區終審法院	終審權	二次授權
第 96 條	中央人民政府	香港特別行政區政府	與外國就司法互助關係作出適當安排	三次授權
第 133 條	中央人民政府	香港特別行政區政府	談判、修改民用航空運輸等協議或者協定	三次授權
第 134 條	中央人民政府	香港特別行政區政府	與民用航空運輸相關的協議等事項	三次授權
第 154 條	中央人民政府	香港特別行政區政府	簽發護照	三次授權
第 158 條	全國人民代表大會常務委員會	香港特別行政區法院	解釋基本法	二次授權

表 3-3：授權關係主體統計表

授權者	被授權者	授權關係類型
人民	全國人民代表大會	一次授權
全國人民代表大會	中央人民政府	二次授權
全國人民代表大會	香港特別行政區或香港特別行政區政府或香港法院	二次授權
中央人民政府	香港特別行政區或香港特別行政區政府或香港法院	三次授權

　　根據表格 3-1 可以看出：全國人民代表大會作為體現人民意志的機關，其行使的權力雖然是最大的，但也是經過人民授權得到的。一次授權，也就是全體人民將權力授予全國人民代表大會，是發生任何一次授權的前提和基礎。

　　根據表格 3-1 和 3-2 可以看出：相對於一次授權來說，中央人民政府享有的權力都是二次授權得到的。而香港特別行政區所享有的權力都是二次授權或者是三次授權，具體要視授權的主體而定。

　　根據表格 3-3 可以看出，一次授權、二次授權、三次授權有次序上的承接性。香港所享有的高度自治權，從總體上來說，是基於二次授權獲得的，全國人民代表大會通過制定專門的法律授予香港特別行政區某些權力是其作為國家最高權力機關的當然權限。從各主體所享有的具體權限來看，香港特別行政區各主體享有的權力既可能是二次授權獲得的，也可能是三次授權獲得的，但是不管其權力性質如何，都是從國家最高的權力機關或者國家最高的行政機關所享有的權力中獲授的。

　　因此，在將香港特別行政區的權力來源定義為：主權─授權─高度自治權時，其實隱含了「一次授權」這一授權所必經的階段。在某些由中央人民政府授予香港特別行政區行使相關權力的情況下，同

時隱含了「一次權力」和「二次權力」。這兩者都是在我國憲法中所明確規定的。

雖然香港特別行政區享有的權力可能是二次授權，在權力來源上與中央人民政府具有一致性，但是這並不代表香港特別行政區的權限與中央人民政府的權限一致，更不能認為兩者在地位上是對等的。

（三）授權理論與分權理論的區分 —— 單一主權者與複合主權者

主權 —— 授權這一組關係應當與聯邦制下的分權理論對比進行理解：聯邦制下的分權是憲政的前提，而單一制下的授權是憲政的結果。具體體現在：[27]

第一，在聯邦制下，在聯邦國家成立之前，各州即享有主權。聯邦國家的主權具有分離性。這種分離性不僅僅是指主權在各州中是共存的，在聯邦與州之間也是共存的。[28] 雖然聯邦政府直接從全體人民中產生，而無需經過各州，但是出於一種實際的需要，大量相關的事務是通過州憲法或法律加以調控的。聯邦制具有兩套獨立的政府制度和法律制度，聯邦和各州之間的關係基本上是法律關係。如果聯邦措施和各州措施發生衝突，那麼最後將歸結於授權這些措施的法律之間的衝突，而法律衝突的解決將取決於聯邦憲法對中央與地方權力的界定。但是，在單一制國家中，主權具有唯一性，只能由中央享有，任何地方政權所享有的任何權力都不是主權。雖然單一制國家中也存在各地方區域，但是它是由中央根據管理的需要並且依據一定的原則和方式而劃定的。各地方區域所享有的權力並不是主權權力。

第二，在聯邦制國家中，憲法對國家權力和各州的權力作出了確認，也就是說憲政的建立是以權力已經獲得確認為基礎的。全體人民不僅確認了聯邦享有主權，也同時確認了各州享有主權。聯邦制下，

27　參見李元起、黃若谷：〈論特別行政區制度下的「剩餘權力」問題〉，《北方法學》2008 年第 2 期。

28　參見張千帆：《憲法學導論》，北京：法律出版社 2008 年版，第 215-216 頁。

憲法既是人民的契約，也是中央與組成單位的區域性地方契約，單一制下憲法則是人民整體的契約。[29] 單一制國家的授權過程是在憲法框架內進行的，也就是說憲法只對中央享有的主權進行規定。在中央與地方權限的劃分上，單一制國家一般都是通過另外的法律而非在憲法中進行規定。

以香港特別行政區為例，我國憲法中並沒有對中央與香港特別行政區之間的權限劃分進行規定，而是通過制定專門的授權性的全國性法律基本法，在該法中對兩者各自的權限進行明確的規定。授權的範圍和權限，其依據都是授權者單方面的意志和意願。並且，這種授權並不是一次性的，而是開放性的，只要授權者同意，授權行為可以再度啟動。

第三，儘管不論實行聯邦制還是單一制，任何國家的全國政府和區域政府都要有適當的權力劃分和分工，但是，在不同的國家結構形式下，這種權力劃分和分工的性質是完全不同的。

在聯邦制下，不管是各州還是聯邦政府，其享有的權力都是由人民所授予的。也在憲法中進行了確認。在單一制下，人民先把權力全部授予中央政府，然後再由中央政府根據實際情況將權力轉授給地方人民政府。中央政府授予的權力可能很小，例如中國內地各省所享有的中央授予的權力就很小；也可能非常大，例如特別行政區所享有的部分權力在聯邦制中的各州看來都是無法想像的。[30] 這種授權的對象、授權的大小、所授權力的行使方式都是由授權者意志所決定的。「授權的形式是多元的，包括法律、法規、規章，甚至一般規範性文件在內的權力行使形式都可以作為授權的載體。」[31] 也正是由於其所

29　參見杜承銘：〈論特別行政區的授權性地方自治性質及其授權機理〉，《暨南學報（哲學社會科學版）》2015 年第 6 期。

30　參見王振民：《中央與特別行政區關係：一種法治結構的解析》，北京：清華大學出版社 2002 年版，第 139 頁。

31　李元起、黃若谷：〈論特別行政區制度下的「剩餘權力」問題〉。

享有的權力具有授權的性質，各地方政府之間所享有的權力才會各不相同。

三、中央權力對香港特別行政區高度自治權的限制

香港特別行政區的高度自治權是一種權力而非權利。[32] 對這一觀點的強調是為了表明高度自治權並非是沒有限制的。

（一）與主權密切相關的重大權力由中央直接行使

香港作為特別行政區享有高度的自治權並未改變我國作為單一制國家的國家結構形式。從主權的來源和行使上來說，中央仍然對香港享有完全的主權。在主權完整性之下，對香港的治權也同樣由中央享有。所以，雖然基本法中明確規定了中央授予香港高度的自治權，但是這種自治權始終受到完全主權和完全治權的制約，高度也同樣是一種「限度」。在面對與主權密切相關的重要權力時，依然是由中央對該事項直接行使治權，香港特別行政區的高度自治權也應當服從中央的權力。

1. 制定、修改和解釋基本法的權力

基本法不僅是一部規範特區制度的法律，也是一部規範特區與中央關係的法律。中央對香港享有主權和完整的治權，因此，中央擁有對在特區所實行的各項制度的設定權和改變權，也有權決定香港現在以及將來的法律地位。[33]

憲法和基本法也明確規定了中央享有基本法的制定權、修改權和解釋權。憲法第 31 條規定，國家在必要時可以設立特別行政區。在

---

32 參見吳天昊：〈特別行政區高度自治權：是權力而非權利〉，《法學》2012 第 12 期。

33 參見董立坤：《中央管治權與香港特區高度自治權的關係》，北京：法律出版社 2014 年版，第 41-42 頁。

特別行政區內實行的制度按照具體情況由全國人民代表大會以法律規定。憲法第 62 條第 13 款也規定由全國人民代表大會決定特別行政區的設立及其制度。據此，1985 年 4 月 10 日，第六屆全國人大第三次會議審議批准了中英聯合聲明，同時決定成立「中華人民共和國香港特別行政區基本法起草委員會」起草香港基本法。基本法序言第 3 段規定：「根據中華人民共和國憲法，全國人民代表大會特制定中華人民共和國香港特別行政區基本法，規定香港特別行政區實行的制度，以保障國家對香港的基本方針政策的實施。」

基本法第 158 條第 1 款規定：「本法的解釋權屬於全國人民代表大會常務委員會。」這一條也可以看作是憲法第 67 條的具體化。根據憲法第 67 條第 4 項的規定，全國人大常委會有權行使法律的解釋權。基本法作為由全國人民代表大會所制定的全國性法律，全國人大常委會享有當然的解釋權。實踐中，全國人大常委會先後於 1999 年、2004 年、2005 年、2011 年、2016 年分別就香港永久性居民在香港以外所生中國籍子女等的居留權問題、修改行政長官產生辦法和立法會產生辦法的法律程序問題、補選產生的行政長官的任期問題和國家豁免原則、香港公職人員就職宣誓等問題，對基本法及其附件的有關條款作出解釋。

2. 對香港特區政制發展問題享有決定權

單一制國家中，中央在地方行政區的政制發展問題上享有完全的決定權。香港特別行政區政權機構設置及其相互關係的決定權、政治體制發展包括普選制度的最終決定權，都是中央所擁有的；香港特別行政區的政治體制與國家的政治體制存在密不可分的關係，它不僅是特別行政區內部的一種治理體系，也是中央政府對香港特別行政區治

理體系的一個組成部分。[34]

　　全國人大常委會實際上也行使了對特區政制發展的決定權，基本法的制定是最明顯的表現。除此之外，全國人大常委會 2004 年對香港特別行政區 2007 年行政長官和 2008 年立法會產生辦法有關問題作出決定；2007 年對香港特別行政區 2012 年行政長官和立法會產生辦法及有關普選問題作出決定；批准和備案香港特別行政區行政長官和立法會產生辦法修正案；2010 年，批准香港特別行政區 2012 年行政長官產生辦法修正案，同意將 2012 年立法會產生辦法和表決程序修正案予以備案；2014 年十二屆全國人民代表大會常務委員會第十次會議通過《關於香港特別行政區行政長官普選問題和 2016 年立法會產生辦法的決定》；2021 年十三屆全國人大四次會議以高票表決通過《全國人民代表大會關於完善香港特別行政區選舉制度的決定》。

　　中央在決定香港的政制發展問題時，除了站在「一國」的立場上，也力圖充分站在維護香港利益的立場上。香港基本法委員會作為全國人大常委會的工作委員會，負責就香港特別行政區立法機關制定的法律是否符合基本法關於中央管理的事務及中央和香港特別行政區的關係的條款、對附件三所列適用於香港的全國性法律的增減以及基本法的解釋或修改等問題，向全國人大常委會提供意見。[35] 從人員組成上來看，香港基本法委員會既有內地人士，也有香港人士。因此，香港基本法委員會提供的意見也有利於代表內地和香港關於香港政制發展的不同意見。

（二）全國人大常委會通過對特區立法機關制定的法律進行備案

34　〈張曉明在「基本法頒佈 25 週年」研討會上的講話〉，2015 年 9 月，中央人民政府駐香港特別行政區聯絡辦公室，http://www.locpg.gov.cn/jsdt/2015-09/12/c_128222889.htm（最後訪問時間：2021 年 3 月 28 日）。

35　《「一國兩制」在香港特別行政區的實踐》白皮書。

來行使法律審查權

　　根據基本法的規定，特區立法機關享有就香港的事項自主立法的權力。因此，在具體行使立法權的過程中，立法會所享有的權力基本上不會受到來自中央的干預。但是，香港立法會所享有的權力也並不是無限制的。如果中央對香港特區的立法事務沒有任何限制的話，那麼立法機關的行為將游離於中央的監督之外，高度自治也會演變成無限自治，其制定的法律也有可能與基本法相抵觸。同時，為了最大程度上保障香港立法機關的自治權，中央對香港立法會並沒有採取積極主動的監督方式，而是通過事後備案審查的方式來進行監督。

　　基本法第 17 條規定，香港特別行政區的立法機關制定的法律須報全國人民代表大會常務委員會備案。備案不影響該法律的生效，根據備案的一般效力，備案僅僅具有明示的作用，並不影響到被備案行為的效力。因此，對於立法會已經根據基本法的相關條款所通過的法律，其法律在送交全國人大常委會之前就已經生效了。

　　但是，備案並不僅僅具有宣示的效果。為了保證立法會制定的法律符合「一國兩制」、符合基本法，全國人大常委會對香港立法會制定的法律所行使的備案審查會直接影響該項法律是否具有持續性的效力。根據基本法第 17 條第 2 款的規定，如果全國人民代表大會常務委員會在徵詢其所屬的香港特別行政區基本法委員會後，認為香港特別行政區立法機關制定的任何法律不符合本法關於中央管理的事務及中央和香港特別行政區的關係的條款，可將有關法律發回，但不作修改。經全國人民代表大會常務委員會發回的法律立即失效。因此，即使是在備案前已經生效的法律，如果全國人大常委會將其發回，則該法的效力即刻歸於無效。

（三）中央對屬於高度自治權的事項也享有最終的決定權

　　在主權與授權之間，存在着所授權力的範圍的問題。主權者雖然

既享有主權又享有治權，但是並不可能將所有的治權全部授予給被授權者。如果權力被全部授予出去，那麼授權關係也就消失了。[36] 因此，在主權—授權—高度自治權這樣一種關係中，主權者始終享有主導性和決定性的地位。所授予出去的也僅僅是權力的行使，而非是權力本身。

四、對「未列舉權力」的爭議

關於「未列舉權力」的爭議，是建立特別行政區時所出現的問題。在中央與內地各省之間並未出現過「未列舉權力」的爭議，權力歸屬在憲法上都有明確的規定。但是，在涉及中央與香港、中央與澳門之間的關係時，「未列舉權力」就成為了一個問題。

為了回應中央應當有什麼權力、香港應當有什麼權力這一問題，筆者用「未列舉權力」這一個統稱，來涵蓋在基本法中中央既沒有明確授權香港特區行使，又沒有明確規定由全國人大及其常委會或者中央政府行使的權力，這些權力既包括現存的權力，也包括隨着時代的發展不斷出現的權力。

辨析「未列舉權力」的性質及其權力歸屬有助於辨析香港特區作為高度自治的地方政權的權力邊界和權力來源。由於基本法中對香港特區所享有的權力是概括加列舉的規定方式：既概括地規定香港和澳門享有行政管理權、立法權、獨立的司法和終審權，又在各章中具體規定了行政長官、行政部門、立法會、法院等所享有的權力。但是對於其他類型的權力卻並沒有窮盡列舉。這一做法可能導致香港特區在行使權力的過程中無意識地越過權力的邊界，行使了本不應當由其行使的權力。

36　主權者不可能授予自己所有的權力而必須保留必要的權力。參見王禹：〈港澳基本法中有關授權的概念辨析〉。

（一）關於基本法中「未列舉權力」的爭議

1987 年「中華人民共和國基本法諮詢委員會中央與特別行政區的關係負責小組剩餘權力工作組」針對「剩餘權力」作出了一份專項報告。筆者在這裏所討論的「未列舉權力」與該報告所稱的「剩餘權力」具有相關性。針對如何劃分中央政府與香港政府權力的問題，該報告對「剩餘權力」、「灰色地帶」、「未界定權力」都做了討論。根據「中華人民共和國基本法諮詢委員會中央與特別行政區的關係負責小組剩餘權力工作組」1987 年 1 月 17 日的《剩餘權力最後報告》中的觀點，「灰色地帶」是指在中央權力範圍和特區高度自治範圍之間的地帶，存在着一些事務在性質上不能或不適宜「黑白分明」地清楚界定應當由哪一方面處理。這個範圍內的權力就統稱為「灰色地帶」。基於中英聯合聲明中附件一的規定，除外交及國防事務屬於中央人民政府管理外，香港特別行政區享有行政管理權、立法權、獨立的司法權和終審權。因此，有觀點認為中央權限包括國防及外交事務，而特區的權限則包括行政管理權、立法權、獨立的司法權和終審權。在這兩種權限之間的權力，便是「灰色地帶」。「未界定權力」是指隨着時間的改變，將來可能出現一些在起草基本法時未能照應到的情況，一些未能在目前就劃分清楚的權力問題，這些未出現的權力，都統稱為「未界定權力」。其構想主要有三種：[37]

第一種，中央只負責國防、外交，其他剩餘權力歸屬香港。在英國同香港的殖民地憲制關係中，英國仍然是通過總督僅僅抓住最後決定權，包括解散立法局、否定立法局的決定，但是英國從來不使用最後決定權，目的是為了體現主權。因此，中央也只管國防和外交，以此來彰顯主權。在 1986 年基本法起草階段，香港地區的代表李柱銘等人提出應當確定下列問題：對於基本法中明確規定的中央行使的權

37　參見古星輝：《古星輝論香港》，第 128 頁。

力和香港行使的權力之外的權力，也就是所謂的「剩餘權力」歸香港特區行使。這種做法不僅可以使得香港能夠靈活處理雙方未能預測的事務，更能夠提高香港的信心，貫徹中央容許香港高度自治的承諾。

第二種，在基本法列明的行政管理權、立法權、財權、獨立的司法權和終審權歸屬於香港，對於沒有列明的剩餘權力，則在條文中規定該權力歸屬於中央。雖然這種做法一目了然，並且含義正確。但是有學者擔心這種做法會降低香港的自治程度，不利於香港的繁榮，產生中央強勢干預香港的印象。這一做法也並沒有被基本法所採用。

第三種，基本法寫明中央政府的權力，也寫明地方政府的權力，定明剩餘地帶，由全國人大常委會下屬的香港特別行政區委員會提供解決方案。

權力是不可能窮盡的，那麼在沒有明確規定的情況下，實踐中新出現的權力或者新需要的權力及其權力歸屬在表面看來就處於一種懸而未決的狀態，也最容易引致爭議。這就涉及如何認識香港與中央之間的「未列舉權力」的問題。這個問題在內地和香港之間一般會有不同的認識。內地一般從「一國」出發，認為沒有明確列舉的權力當然屬於中央，但是一些香港的學者則會從香港的高度自治、港人自治為出發點，認為中央已經明確列舉了排他性的權力，對於未明確列舉的權力，則應當遵循港人自治的原則，由港人自己行使，從而傾向於認同第一種處理方式。

（二）「未列舉權力」的範圍及性質

上述對基本法中未明確授予香港行使的權力，認為其應當歸屬於香港的認識其實是對「未列舉權力」與「剩餘權力」的認識產生了混淆。

1.「未列舉權力」並不等同於「剩餘權力」

準確地說，「剩餘權力」僅僅存在於聯邦制國家中，又被稱作「殘餘權」。「剩餘權力」是聯邦制下扣除聯邦權力以外的一切權力的

總稱。[38] 在聯邦制國家之中不僅聯邦層面有憲法，各州也有各自的憲法。聯邦制的共同特徵在於在兩級或以上層級政府之間實現權力分割、分享或分散的政治結構。[39] 因此，聯邦國家的主權實際上是由聯邦和各州所共同享有的。不管是各州的權力、還是聯邦的權力，其權力來源的主體都是人民。在聯邦制國家之下，由於主權是由兩個主體所享有的，但是在法律中又不能完全的窮盡。因此，對於權力的歸屬一般會採取概括加列舉的方式進行界定。對於享有列舉規定的權力者，其權力限於列舉的範圍，而對於無法或者沒有明確列舉的權力，則只能採用概括的方式。

對於「剩餘權力」，雖然聯邦制國家都會採取概括加列舉的方式，但對於概括的權力應當由誰享有，各國家的規定卻不盡相同。以美國為例，美國憲法第十修正案規定，本憲法所未授予合眾國政府或未禁止各州政府行使的權力，均由各州或由人民保留之。但是，並不是所有的聯邦制國家都規定剩餘權力由各州所保有，如加拿大憲法則列舉式地規定聯邦權力和成員邦權力，再總括性地規定聯邦權力，即保留權力屬於聯邦的情形。雖然在聯邦制國家之下對「剩餘權力」的處分方式並不完全一致——既有明確規定屬於各州所保留的權力的，也有規定該「剩餘權力」屬於聯邦所有的。但是這都不涉及對「剩餘權力」這一權力本身的性質爭議。因為，不論是屬於聯邦所有，還是歸屬於各州，該「剩餘權力」都是歸屬於主權者的，只不過具體歸屬於哪一個主權者，各國規定了不同的處理方式而已。

2. 香港並不享有「剩餘權力」

由於「剩餘權力」僅存在於聯邦制國家中，那麼對於中央和香港之間的權力劃分，即使對權力的歸屬產生爭議，該權力也並不是「剩

38　參見陳端洪：《憲治與主權》，北京：法律出版社 2007 年版，第 177 頁。

39　參見王麗萍：〈幻象與現實之間的聯邦制——對聯邦制研究中若干重要問題的討論〉，《政治學研究》2014 年第 1 期。

餘權力」，更不可能認為香港享有該「剩餘權力」。

香港學者戴耀廷認為，不少非聯邦制下地方政府的自治地區都是擁有剩餘權力的。自治地區在成為自治地區前，本身與聯邦制下的聯邦政府一樣已經是一個較獨立的政治實體，香港在成為中華人民共和國的特別行政區以前，就已經獨立地存在了。雖然香港特區所享有的權力是由中央所授予的，但是這些權力的大部分都是香港特區在成為特別行政區前就已行使了的。由實行社會主義的中央來決定實行資本主義的香港還需要什麼權力，必然是很困難的。[40] 這一觀點有意識地忽略了「一國兩制」的前提 —— 一個中國。由於歷史的特殊性，香港在 1997 年之前由英國佔領並由英國統治，其間香港的政治體制的設計全部由英國決定。在這一個階段，我國只是暫時喪失了對香港的主權，卻並不代表香港同我國一樣是一個相互獨立、共同存在的政治實體。至於認為「香港在回歸前就已經行使了各項權力，因此香港還需要行使什麼權力也應當由香港自己決定」的認識也是錯誤的。任何地方政權都會行使一定的行政權、立法權和部分的司法權，但是權力的性質卻並不一定相同，只要是在中央擁有主權的前提下，權力的劃分就絕對不可能屬於香港特區自治範圍內的事務。

3.「未列舉權力」的範圍

對「未列舉權力」進行研究主要是為了解決如下問題：隨着基本法實施的不斷推進，如果在實踐中產生了新的權力類型，那麼香港特區是可以直接行使該權力還是應當依據一定的程序取得全國人大常委會或者中央的明確授權？基於上述分析可以看出：在單一制國家之下，並沒有所謂的「剩餘權力」，因此不存在「剩餘權力」的權力歸屬問題。但是，由於權力具有各種各樣的形態，在法律中確實很難一一窮盡。因此，實際中確實存在「未列舉權力」的情形，我國也不例外。

40　參見戴耀廷：《香港的憲政之路》，香港：中華書局（香港）有限公司 2010 年版，第 64-65 頁。

「未列舉權力」主要包括以下類型的權力：第一，行政管理權、立法權、司法權和終審權之外而中央沒有明確表示香港沒有權力或者管轄權的權力。之所以會存在這些權力，是因為權力本身是無法窮盡的，因此，對於基本法中沒有明確訂明的權力，當然屬於「未列舉權力」的範疇；第二，隨着社會的發展，可能衍生出來的新權力。新鮮事物會隨着社會的發展和時代的進步不斷湧現出來，權力也不例外。制定基本法時並不能預見到所有的權力並一一作出規定，因此，這些「未來權力」也屬於「未列舉權力」的範疇。

（三）未列舉權力依然可以授權給香港行使

高度自治作為一種授權行為的結果，其目的是為了在維護國家統一的前提下保障香港的繁榮穩定，是中央在憲法和基本法中所做的承諾。因此，如果特區必須行使特定的權力才能保證香港的繁榮穩定的話，那麼中央依然可以通過授權的方式將該項權力交由香港特區行使。

這一權力在基本法第 20 條中也有所體現。基本法第 20 條規定，香港特別行政區可享有全國人民代表大會和全國人民代表大會常務委員會及中央人民政府授予的其他權力。該條規定包含以下要求：

第一，對於基本法中所列舉的由香港所享有的權力，並不是一成不變的。如果有進行新授權的必要性，那麼中央就可以實施授權行為。因此，並不一定要通過對「剩餘權力」理論的堅持來保證或者擴大香港自治的範圍。只要隨着時代的發展，出現了增加香港授權的必要性，依據基本法第 20 條，香港即可獲得新的授權。

第二，基本法中未明確列舉的權力，香港特別行政區不能當然地行使，必須經過全國人大及其常委會、國務院的合法授權，這一權力才成為特別行政區的法定權力，其行使才能獲得憲法和法律保障。香港有學者認為，在現有條文沒有羅列出所有香港特區在運作上所需要的所有權力時，香港特區在未再被授予某些權力時，就可能會陷入停

滯。因此，香港可以先行行使該權力，然後再由中央政府追認此權力運用的合法性。[41] 但是，這一觀點實際上仍然是認為香港享有「剩餘權力」，並將中央矮化至事後追認的地位，並美其名曰：允許中央在任何時候通過修改基本法而收回某些權力。這一觀點雖然看起來也認同中央對香港的授權享有收回權，但是這一設想卻可能帶來非常嚴重的後果：從理論上看，所授權力的行使應當有嚴格的限制，如果對被授權主體的任意行為僅僅只有事後追認和事後撤銷的制約手段的話，那麼對於香港擅自越權的行為，中央只能通過修改基本法的方式予以否定性評價。基本法的穩定性將會受到極大的衝擊，中央對香港所堅持的「高度自治」這一原則也將名存實亡。更重要的是，這一觀點在法學理論上的說服力非常微弱。任何一部法律的修改，一般都是涉及社會環境的變遷或者是立法政策、立法目的的變化，絕非僅僅是為了刪除某一項規定。尤其是作為在香港適用的、具有憲制地位的基本法，如果僅僅為了限制香港的權力而不斷地被修改，那麼不管是在香港本地還是對中央來說，甚至在國際上的影響都非常不利。如果在此情況下，不對基本法進行修改，那麼香港對所謂的「剩餘權力」的侵蝕則會越來越嚴重，不僅構成對基本法的抵觸，更是對中央的憲制地位和憲法權威的公然挑戰。

　　第三，不論是全國人大及其常委會還是國務院對香港特別行政區進行新的授權時，都應當採用單獨列舉的方式並履行法定的程序。一般認為，全國人大及其常委會或者中央認為有新的授權必要時，才會對香港再次進行授權，所授的權力必須與新的情況是相一致的，也應當是與新的情況一樣明確具體的。如果僅僅是採取籠統授權的方式，就不符合授權的目的。

41　參見戴耀廷：《香港的憲政之路》，第 64-65 頁。

香港特區司法權與終審權的性質

◇◇◇

　　如果討論的是普遍意義上的司法權與終審權的性質，那麼司法權就是一種裁判權，而終審權則是該種裁判權中特殊的一種——最終和最高裁判權。但是，在討論香港特別行政區的司法權與終審權的性質時，卻必須轉換研究的重點。我們已經對司法權與終審權在普遍意義上的性質沒有任何爭議，存有爭議的其實是在肯定這種裁判權和最高裁判權的基礎上，如何認識香港的司法權和中央的立法權與行政權之間的相互關係，尤其是在授權理論的框架之下，司法權與終審權在權源上最重要的性質為何。司法權，特別是司法權中的終審權，一般都是由一國最高的審判機關所享有，因此，在我國將香港特區的司法權與終審權授權給予香港法院的情況下，對香港特區的司法權與終審權性質的討論就顯得十分必要。我國是一個單一制國家，由中央國家機關代表國家統一行使國家主權。基於主權不可分的理論，地方政權機關所享有的權力都不具有主權性質，在「一國兩制」之下，香港特區作為中國的一個地方性、區域性的主體，本質上僅具有地方政權的地位。這一理論同樣適用於司法權與終審權。

一、香港特區司法權與終審權和主權的關係

　　香港特區法院的司法權與終審權與國家主權的關係如何？這就要回到香港特區法院所享有的司法權與終審權的性質上來進行分析。

　　基本法第 2 條明確規定，全國人民代表大會授權香港特別行政區依照本法的規定實行高度自治，享有行政管理權、立法權、獨立的司法權和終審權。從這一條的規定可以看出，香港特區法院所享有的獨立的司法權和終審權來源於全國人民代表大會的授權。如果按照上文中對授權的分類，那麼該授權即屬於「二次授權」。因此，香港特別行政區所享有的司法權與終審權並不是對主權的劃分而享有的當然權力，而是基於基本法中的授權性條款所享有的授權性權力。

　　如果把司法權與終審權分開來看，其授權的權力屬性會更加明顯。一般來說，司法權都是由司法機關所享有的。在內地，司法權由人民法院所享有，這裏的人民法院既包括最高人民法院，也包括高級人民法院、中級人民法院和基層人民法院。因此，即使是地方性的司法機關，也享有司法權。雖然憲法中並沒有相關的條款如基本法一樣明確規定全國人民代表大會授權各級法院享有司法權，但是各級法院所享有的司法權也是授權性質的，也屬於「二次授權」。

　　關於終審權，如果僅僅在內地法院系統內來考慮的話，終審權由最高人民法院所享有。任何地方性的法院所審判的案件，在符合上訴條件的情況下，最高人民法院都有權作出終審判決。而且，該判決既是效力等級最高的判決，也是終局性的判決。同時，由於基本法的明確授權規定，香港終審法院作為一個地方性法院也享有終審權，香港終審法院而非最高人民法院對香港特區內的訴訟享有作出終局判決的權力。將兩者進行對比可以發現：雖然香港終審法院僅僅相當於內地高級人民法院的地位，但是，其卻與最高人民法院分享司法終審權。這一權力劃分的正當性基礎也是全國人民代表大會的授權行為。根據學者的總結，不論是單一制還是聯邦制國家，都遵循司法權統一原則，而司法權都不存在分權理論。[1] 這一觀點也說明了香港特區法院行使司法權和終審權是非常特殊的設計。

1　　參見秦倩、李曉新：〈國家結構形式中的司法權配置問題研究〉，《政治與法律》2012 年第 10 期。

二、香港特區司法權與終審權的從屬性

　　雖然香港特區法院享有司法權,並且由於終審法院享有終審權,以至於在香港的訴訟不必上訴到最高人民法院。但是,香港特區所享有的司法權與終審權是一種派生權力,[2] 依然具有從屬性。

　　香港特區法院所享有的司法權與終審權的從屬性是由其權力的授權性決定的。有學者認為,香港特區的司法權與終審權實際上是分享於香港特別行政區法院和全國人大常委會之間的。[3] 這一觀點指出了香港特區的司法權與終審權並不由香港特區法院所獨享,但是卻忽略了香港特區法院享有的權力與全國人大常委會所享有的權力之間的核心區別:雖然從表面上來看,權力是在兩者之間分配的,且從權力行使的情況來看,香港特區法院行使權力的頻率要明顯多於全國人大常委會,但是這種權力在位階上卻有高低之分。

(一)全國人大常委會對基本法的解釋權是固有的、最終的、效力最高的

　　作為由全國人大制定的全國性法律,基本法的解釋權當然地歸屬於全國人大常委會。有學者指出,全國人大常委會不僅是法律解釋的最高機關,同樣還代表着最高的政治權威。[4] 這一觀點體現了全國人大常委會在解釋基本法這一主題中所體現的雙重角色。作為最高國家權力機關的常設機關,全國人大常委會作出的解釋必然也具有最高的權威性,因此也是最終的、效力最高的解釋。這一性質並不僅僅針對於基本法,所有的全國性法律都是如此。此外,為了體現全國人大常

2　參見趙偉:〈論香港司法權的憲法屬性〉,《法治社會》2017 年第 2 期。

3　參見陳弘毅:《香港法律與香港政治》,第 35 頁。

4　參見林哲森:〈論人大釋法及其與香港特區司法終審權的銜接〉,《海峽法學》2013 年第 3 期。

委會對基本法的解釋權的權威性，基本法第 158 條明確地將全國人大常委會規定為享有和行使解釋權的主體。

（二）香港特區法院對基本法的解釋權是授權的、具體的、從屬性的

如果說全國人大常委會對基本法的解釋權是固有的、最終的、效力最高的。那麼即使香港特區法院在實際中享有按照香港的司法傳統和法官獨立意志進行解釋的權力且該權力被明確地規定在基本法之中，其對基本法具體條款解釋的內容也必須與全國人大常委會的解釋相一致。

究竟何為香港特區法院對基本法的解釋與全國人大常委會對基本法的解釋相一致？由於全國人大常委會並不會任意和頻繁地啟動對基本法的解釋程序，而香港特區法院所享有的解釋權又是具體的、幾乎不受限制並且在每個案件中都要行使的。因此，在不同的情況下，認定兩者相一致的標準並不是一成不變的。這種一致性的要求之下又如何體現香港法院的解釋權的從屬性呢？主要有以下幾種情況：

第一，香港特區法院對基本法所做的解釋不得違反基本法本身。基本法作為一部由全國人大制定的全國性法律，體現了全國人大作為最高立法機關的意志，這一意志僅僅在基本法條文中就有所體現。從性質上來看，基本法作為一部授權法，在授予權力的同時也規定了行使權力時必須要遵守的程序和界限。香港特區法院對基本法進行的解釋不能違反基本法本身，自然也不得與上述程序和界限的規定相抵觸，這是授權性權力必須遵守的界限。因此，從解釋權的起點上來看，香港特區法院的解釋權具有從屬性。

第二，如果全國人大常委會對基本法作出了解釋，則該解釋對包括終審法院在內的香港特區法院具有拘束力，且香港特區法院不得以判例的形式推翻該解釋。香港基本法委員主任李飛在回應 2016 年人

大釋法時指出，現在出現了一個輿論陷阱，即認為人大釋法就是對香港司法權獨立的干預。[5] 這一錯誤的觀點將人大釋法的正當性進行了歪曲。

如果說基本法作為全國人大立法意志的體現，對香港特區法院具有普遍的約束力，那麼全國人大常委會對於基本法所作出的解釋則具有具體的約束力。強調全國人大常委會對基本法解釋權的權威性，是為了體現全國人大作為國家最高權力機關在「一國兩制」中的決定性地位。「一國」與「兩制」並不是平行的兩個概念，「兩制」必須要以「一國」為前提。也就是說，不論在任何情況下，不論香港特區享有的高度自治權的界限在哪裏，「一國」作為前提就意味着國家主權和國家意志具有絕對的權威和最高的效力。

在強調「一國」是「兩制」的前提之下，全國人大常委會對基本法作出的解釋也就成為了香港特區法院解釋基本法的前提。不僅特區各級法院所作出的解釋不得與該解釋相違背，該解釋也不得由香港終審法院以創設新的判例的方式予以廢止。

三、香港特區司法權的有限性

雖然香港特區法院對在香港進行的案件享有管轄權、法律解釋權和終審權，該終審權既不會受到內地最高人民法院的制約，也不會被全國人大常委會所直接替代，但是香港特區法院所享有的司法權依然是有限的。該有限性主要表現在：

第一，管轄權的有限性。香港特區法院對於發生在香港境內的案件並不當然地享有管轄權，而這一限制也是直接來自於基本法的規定。

5　參見汪進元：〈香港《基本法》解釋體制的內在張力及其緩解——從人大針對《基本法》第104條的解釋說起〉，《江蘇行政學院學報》2017年第2期。

第二，解釋權的有限性。香港特區法院對於發生在香港境內的案件所適用的法律的解釋，並不當然都是有效解釋。一般來說，對於香港本地立法，香港特區法院享有最終的解釋權。但是，基本法中的條款被分成了幾種類型，其中既有規定香港高度自治的條款，也有涉及中央管理的事項或者是規定中央與香港特區關係的條款。因此，在解釋基本法的相關條款時，受制於條款類型的不同，香港特區法院的解釋權可能會受到相應的限制。這種限制不僅體現在解釋結果效力的高低區分上，還體現為某些情況下全國人大常委會對基本法解釋的強制性前置上。也就是說，如果必須要適用基本法中的某些條款，香港特區法院必須自我限制並暫停司法權與終審權的程序，將該條款提請全國人大常委會進行解釋，而全國人大常委會就該條款所作出的解釋，也即是特區法院必須適用的解釋。

四、「法官造法」對司法權授權性質的影響

如果僅僅從授權理論來考察，香港特區法院所享有的司法權與終審權是有嚴格的權力邊界的。在授權理論和授權關係中，被授予權力的一方，其權力的範圍及權力的行使方式都是受到嚴格限制的。這些限制不僅僅包括不得行使未被授予的權力，還包括被授權者必須做到行使授權權力時符合授權者的意志、授權者所規定的程序、授權者的目的等。應當說，授權理論不僅確定了中央對香港的主權，也最大程度上保證了香港的自治。因此，授權方式是符合「一國兩制」原則要求的，也是實現「一國兩制」最有效的途徑。

但是，與民事法律關係中的授權關係不同，在國家權力的授權關係中，權力的行使毫無疑問地會受到行使權力的主體的慣性制度和慣性方式的影響。在香港特區法院行使司法權與終審權這一具體的關係中，主權—授權關係在實踐中可能會產生一系列問題。這些問題的

產生具有一定的必然性：一方面，基本法具有鮮明的大陸法系制定法的特徵，條款的類型主要是確定權力並對權力施以限制；另一方面，當這種制定法遭遇到英美法系的判例法時，問題發生的概率將會大大增加。這種影響有時是一種決定性的影響。借由判例，法院的權力可能會延伸至授權者所授予的權力之外，並且，由於終審權掌握在香港終審法院手中，這些權力在未被全國人大或者全國人大常委會明確且堅定地否定之前，這些由判例所確定的權力將在香港司法機構中保持其合法性。如果觀察這種行使權力的慣性，則會發現其對中央與香港的關係的影響，主要體現為法官造法對授權約束性功能的消解。

不論是強調香港高度自治權的授權性還是強調香港特區司法權與終審權的授權性，都是為了強調「一國」在「一國兩制」中的核心和前提性地位。雖然回歸前後，香港法院都具有解釋法律的權力。但是兩者在性質上存在着區別：回歸前，香港法院的解釋權來源於普通法傳統，而回歸後的解釋權的權力來源則是授權。[6] 雖然基本法不遺餘力地表明香港法院司法權與終審權的授權性，並明確規定了全國人大常委會在香港的地位，但是由於香港所具有的普通法傳統、法官獨立、遵循先例等對司法所產生的延續性影響，這些都對司法權的授權性質產生一定的干擾。尤其是遵循先例的韌性與授權的約束性相互作用時，在遵循先例的原則面前，授權的約束性功能的發揮就受到了一定的制約。

作為適用普通法的法院，香港法院在遵循先例原則和法官享有解釋權的制度之下，不可避免地享有超越於一般的解決糾紛的權能，司法也不僅僅是作為解決糾紛的中立機構而存在。如果從所表達的意志看，法院所作出的具有判例作用的判決似乎取得了類似於立法機關立法行為的法律後果。這一特點也體現在了香港特區法院上，尤其是香

6　參見王振民：〈論回歸後香港法律解釋制度的變化〉，《政治與法律》2007 年第 3 期。

港終審法院。不管是遵循先例，還是解釋法律，都在一定程度上演變成了「法官造法」，而這種「法官造法」毫無疑問也是香港特區法律規範的一種。香港法院歷經了港英政府時期和香港特別行政區時期，其「法官造法」的類型也發生了變化。

總體上來說，特區法院「法官造法」主要有三種類型：第一，適用普通法和衡平法所作出的判決。根據基本法第 8 條的規定，香港原有法律，即普通法、衡平法、條例、附屬立法和習慣法，除同本法相抵觸或經香港特別行政區的立法機關作出修改者外，一律予以保留。普通法和衡平法就是通過判例的方式延續下來的。港英政府時期香港所適用的判例法包括英國判例、英聯邦成員國家或地區判例和香港本地判例。英國判例、英聯邦成員國家或地區判例不是香港原有法律，所以不予保留。因此，現在香港特別行政區的判例法僅僅包括香港原有判例和香港特別行政區法院判例；第二，適用基本法、在香港適用的全國性法律等制定法所作出的判決；第三，既適用上述第一種的普通法和衡平法，又適用基本法等制定法所作出的判決。

第一種類型的「法官造法」具有內生性和穩定性，這是由於普通法本身所具有的傳承性所導致的。因此，這種情況下特區法院的「法官造法」所剩下的空間比較小，其穩定性也比較強。第二種和第三種「法官造法」則有非常強大的生命力。由於在香港回歸後才出現了一些新的判例或者是制定了一些新的法律，之前並沒有針對該種法律存在的判例，因此，法官解釋該類法律的空間較大。

因此，香港特區法院的法官在適用有關制定法的判決中，將產生大量的判例，該判例又將成為對香港特區法院後續判決時有拘束力的意見。如此一來，香港特區法院所享有的已經不僅僅止於基本法中的條文所明確規定的權力，其所行使的權力、行使權力的方式及意見借助於判決對香港的整個司法都將產生影響。

香港特區司法權與終審權的運行原則

◇◇◇

　　法秩序的統一對於維護國家主權完整具有十分重要的意義。由於司法的地位超脫及其公正執法、定紛止爭的定位，一定程度上可以保證國家緩解中央和地方的衝突。[1] 在中央與特別行政區的關係上，由於法律制度的不同，中央與地方之間也存在着潛在的衝突。這也是針對特別行政區的特點而創設司法權和終審權的原因。

　　為了維持和保障香港司法獨立的傳統，基本法不遺餘力地作出了一系列的規定。這些規定主要包括：香港特別行政區各級法院是特別行政區的司法機關，依法獨立行使審判權；特別行政區成立後，設立終審法院行使特別行政區的終審權；原在香港實行的司法體制，除因設立終審法院而產生變化外，一律予以保留；原在香港實施的普通法及相關的司法原則和制度，包括獨立審判原則、遵循先例原則、陪審制度原則等延續實行；特別行政區法院對國防、外交等國家行為無管轄權，除繼續保持香港原有法律制度和原則對法院審判權所作的限制外，對特別行政區所有的案件均有審判權；特別行政區法院審判案件時可參考其他普通法適用地區的司法判例，終審法院可根據需要邀請其他普通法適用地區的法官參加審判。

　　以上種種都表現了基本法最大程度上維持了香港的司法獨立和司法傳統。但是，回歸後中央恢復對香港行使主權，不可避免地會對香

1　參見黃振：《特別行政區高度自治權研究》，第 47 頁。

港的司法權產生影響，內地的法律傳統與香港的普通法傳統也產生了一定程度的碰撞。尤其是在對「一國兩制」和「高度自治」的理解存在分歧的情況下，司法更容易成為誘發問題和凸顯問題的領域。尤其是在行政權、立法權的運行都具有一定的政治性的情況下，司法權更是小心翼翼地維護其自身的獨立性。但任何權力都有可能被濫用，這個規律也同樣適用於司法權，尤其是定位於地方性行政區域的司法權。因此，應當明確香港法院所擁有的司法權的運行原則，避免出現司法權對抗中央主權的情況。

一、遵守「一國兩制」的前提 —— 國家主權

雖然香港法院享有獨立的司法權與終審權，並且與內地的司法系統之間並不存在隸屬關係。但總的來說，司法獨立是指香港的司法權獨立於中央的司法權，而非獨立於中央。[2] 雖然特別行政區享有獨立的司法權與終審權，但是這一狀況並沒有改變我國單一制國家結構形式下縱向權力配置的基本模式，基本法的解釋權鮮明地體現了這一點。基本法的解釋權明顯地採取了二元分配模式，並且將解釋權的所有權和行使權有條件地進行了分離。但是，歸根究底，全國人大常委會都對基本法享有毫無疑問的解釋權。值得注意的是，人大常委會的釋法權既是一項絕對權力，也是實施基本法的終極保障。[3] 因此，強調人大常委會釋法權有其實踐中的意義。

內地和香港特區有關學者和司法界人士關於香港司法權與終審權的觀點經常會出現不一致的情形。這種情形在很大程度上是由於對「一國」和「兩制」的關係有不同認識。內地學者一般將論述的重點放在「一國」上，強調「一國」的前提性作用，而對於具體的制度，

2　參見郝鐵川：〈從國家主權與歷史傳統看香港特區政治體制〉，《法學》2015 年第 11 期。

3　參見傅鑄：〈香港特區終審法院提請釋法意義重大〉，《人民日報》2011 年 6 月 13 日，第 11 版。

則認為屬於香港特區自治範圍內的事務。但是，香港學者對於「一國」卻缺少應有的重視和分析，其關注點常常在於如何行使其高度自治權。並且，香港學者所認為的高度自治權通常都是拒絕和排斥中央或者全國人大行使權力的高度自治權。

這樣一來，一旦涉及具體權力的行使，尤其是該權力的行使會影響到中央在香港的權力時，矛盾也就產生了。由於司法所具有的獨立性以及法官任免上的獨立性，這些矛盾在司法權與終審權上也就體現得尤其明顯。因此必須強調，香港法院對基本法的解釋權來源於全國人民代表大會和基本法的概括授權，其獨立性是相對於香港特區的機關而言的，而非相對於中央人民政府。[4]

香港回歸以來，發生過若干次的「憲制危機」，在這些案件中，香港特區的法官對基本法的解釋，都是根據普通法的解釋方法，而忽視了基本法的實施對普通法的影響，對於香港的政治地位及其高度自治權的性質也缺乏正確的認識。這些「憲制危機」都對全國人大及其常委會在香港所享有的權力造成了負面的影響。實際上，這些危機和矛盾的背後，就是高度自治權對國家主權的僭越和侵蝕。正是由於僅僅強調高度自治權而忽略了高度自治權之上的國家主權，才使得香港法院在行使司法權和終審權時一味地強調司法機關擁有獨立的判斷權和審查權。

二、維護行政主導的政治體制

鑒於香港特區司法權與終審權建立在授權的理論之上，司法權與終審權在運行過程中就必須遵循授權理論和授權關係的約束。全國人大常委會在確定授權的權力範圍和限度時，不僅要考慮香港作為特別

4　參見鄭賢君：〈隱含權力：普通法對香港政制的影響——解釋權的民主性〉，《河南財經政法大學學報》2016 年第 1 期。

行政區所具有的自治性，還要將香港的政治體制設計作為具體授權的前提和基礎。因此，在研究某一具體權力時，應當充分考慮香港的政治體制。

作為香港法治的保障和體現，司法獨立一直被視為香港法治精神最核心的內容，其重要性不容置疑。但何謂司法獨立？司法權與行政權、立法權的關係如何？司法實踐中司法獨立是否會對行政權的行使造成一定的影響以及這些影響哪方面是積極的、哪方面是消極的？這些問題都會在司法權運行中出現。相較於「三權分立」體制下的司法權運行，香港特別行政區的司法權既要受制於行政主導的政治體制，又要受制於全國人大常委會的授權範圍，是一種雙重限制下的司法權。

強調在行政主導下的司法獨立，主要是為了表明特區法院在特區自治中的地位和角色。在香港自治權的限度內，其司法權必須要受制於行政主導的政治體制，而並非與行政權分庭抗禮。這就意味着司法獨立並不是司法恣意，更不應當是司法獨裁。只有將香港特區法院的權力置於維護和確保行政主導的政治體制之下，才能讓司法權的運行具有自我約束的意識，才能使得對司法權的限制、對司法恣意的批判有理有據。應當看到，不論是行政主導，還是立法主導，都不存在脫離了政治體制的司法獨立，司法獨立必須在特定情形中進行討論。

之所以會有學者認為司法獨立不應當受到行政主導和行政權的制約，是因為根據普通法制度，所有的機構都不能凌駕於法律之上。首先必須肯定，這一原則是正確的，即任何在該法律效力範圍內的機構與個人，都不可能具有超越於法律的特權，尤其是行政權。但是，如果僅僅從這一原則出發，再輔之以司法權的中立性和司法獨立的普遍原則就因此而認為在所有的機構中，法院作為適用法律的機構而具有凌駕性，則仍然缺少充分的說服力。首先，法律的至上性並不等於司法的至上性，其強調的僅僅是法律是最高的行為規範；其次，法律的

至上性與行政主導並不矛盾，行政主導不會影響到法律在具體案件中的適用；最後，強調法律的至上性幾乎是任何一個法治國家的通行做法，但是法院卻並沒有因此而獲得普遍上的至上權威。

將司法權限定在行政主導的政治體制之內，其最核心的作用即防止司法權動搖行政權進而對香港的整個社會發展和法治基石造成衝擊。如果僅僅強調司法獨立而忽略行政權在整個權力架構中的主導地位，則會致使司法權對行政權的制衡成為權力運行中的主旋律。不論是司法權還是終審權，其目的都是為了保障香港作為特別行政區能夠保證其特區法治的完整性和自治性，而絕不是為了反對甚至挑戰中央針對香港所作出的行政主導的政治體制的設計。

強調行政主導政治體制下的司法獨立，就意味着司法應當秉持節制。從司法節制的理念出發，法院應當避免從抽象條款中尋找新的權利和價值，而應當尊重立法機構的判斷，尊重地方自治的價值，切忌用法官的偏好代替立法部門的判斷。[5] 如果說在司法機關與立法機關的關係上，司法應當節制，那麼在行政主導的政治體制下，司法機關相對於行政機關，也應當保持節制。法院同樣應當避免從抽象的條款中尋找新的權利和價值，並通過解釋法律的方式使其固定下來，同樣應當尊重行政機關的判斷和角色，避免用法官的偏好代替行政機關的判斷。

由於司法權所具有的不同於立法權和行政權的性質，司法權和司法判決的公正性和正當性也獲得了絕大多數人的信任和支持。司法的傾向能直接影響政府行為，而政府行為一旦與司法相悖，便會承受巨大壓力，這顯然不利於行政主導效果的實現。[6] 正是由於司法擴權對行政主導造成的影響是巨大的，要確保行政主導制順利實施就必須要強調司法機關的自我節制。在保證行政權尊重司法權的同時，更要確

5　參見任東來：〈試論美國最高法院與司法審查〉，《美國研究》2007 年第 2 期。

6　參見曹旭東：〈論香港特別行政區行政主導制〉，《政治與法律》2014 年第 1 期。

保司法機關也同樣尊重行政機關的判斷，並恪守司法獨立的限度。

三、不得借由司法判例創設授權範圍外的權力

從規範上看，香港特區獨立的司法權與終審權，其範圍和內容是基本法所明確規定的。如果從授權理論的邏輯起點來進行分析的話，那麼香港特區法院和終審法院所享有的權力範圍是十分明確的，任何在基本法中沒有依據的權力都不可能為香港司法機關所行使，同樣地，香港司法機關所享有的權力也是不容許其單方面進行變更或者擴張的。但是，這一理論上的演繹並不意味着在實踐中香港法院會一直在其權力邊界內合法、合理地行使其權力，相反，由於海峽兩岸與港澳地區存在着三個不同的法律體系，並以終審權為標誌存在着三個終審權權力中心，制度上必然存在實然或潛在的司法整合危機。[7]

這種實然或潛在的司法整合危機主要的表現形式就是香港特區法院所作出的判決借由判例制度而對後續案件產生影響。如果說強調司法權的運行應當保持克制和自我抑制是行政主導的要求的話，那麼要求司法權不得借由司法判例創設授權範圍外的權力則有更多的考量。香港特區法院，尤其是終審法院，在審理案件中對基本法具體條款所作出的解釋都會對後續的判決產生約束力。尤其是在基本法解釋權的歸屬和解釋權的行使以及違反基本法審查權這些在基本法中規定得不盡完善的問題，香港法院所作出的具有約束力的解釋都可能會否定全國人大常委會的地位和權力，甚至是對國家主權產生影響。這些影響已經遠遠超過了在香港特區內部權力制衡失當所產生的影響，而是直接對「一國兩制」和國家統一造成衝擊。

以司法審查權為例，香港法院是否享有司法審查權，如果享有該

7　參見黃振：《特別行政區高度自治權研究》，第77頁。

權力則行使該權力的範圍如何，這些問題都沒有統一的認識。由於內地的大陸法傳統和香港的普通法傳統同時存在，再加上司法一直被視為權利救濟的最主要途徑，在這種情況下，特區法院所受理的案件難免會涉及對特區政府行為的審查、對立法會條例的審查，甚至對全國性法律的審查。在這樣的情況下，特區法院很有可能並沒有嚴格恪守授權理論，而是僅僅將普通法作為行為的準則而擴大了司法權。這既是司法權運行中可能發生的普遍性問題，更可以認為是由於香港特區法院並沒有正確地認識到自身的角色和定位，而僅僅是依據司法獨立這一傳統，因而在一系列案件中突破了權力的邊界。作為典型案件，吳嘉玲案是香港特區法院司法擴權傾向的標誌性判決，也被香港學者稱為「最接近憲法時刻」的案件。有學者總結指出，終審法院採取了一種「進攻性的防守」來奠定其香港高度自治和人權維護者的角色。[8] 之所以如此，是因為香港特區法院在該案中對於其本身所享有的權力的論述非常明顯地超出了基本法的範疇，但是該論述卻以司法獨立和高度自治為邏輯起點，並認為其權力當然地擴張至對全國人大常委會制定的法律的審查權。由於終審法院在該案中的解釋直接否定了全國人大作為主權者所具有的至上性，對香港憲制秩序產生了巨大衝擊，遭到了內地學者的一致反對。可以看到，解釋法律並不僅僅是一件具體的案件中所涉及的一個具體的條款採用何種法律解釋方法、得到何種法律解釋後果這麼簡單的問題，在香港回歸不久、基本法許多條款爭論不清的背景下，任何一種與基本法的制定目的不相符合的結論，都可能會對整個香港以及中央與香港之間的關係造成巨大的影響。

應當看到，鑒於司法權的特殊性，尤其是香港作為特別行政區而享有高度的自治權和司法終審權，司法擴權的趨勢有一定的必然性。

8　參見夏引業：〈一國兩制下香港終審法院的角色與立場——以「吳嘉玲案」終審判決為中心的分析〉，《法制與社會發展》2015 年第 4 期。

但是，如果僅根據這種必然性而認為這一擴權的現象具有合理性，那麼結果將可能朝着行政主導的消解、中央權威的滅失甚至是國家分裂的趨勢而發展，司法也可能會在獨立中異化為獨裁。在吳嘉玲案發生後，香港有學者認為香港政府不尊重司法獨立，不落實判詞的要求，其表現令人感到沮喪。[9] 這一觀點將司法獨立看做是絕對的獨立和最高的權威，也掩蓋了司法擴權的現象和危害，甚至還認為特區政府應當支持和落實這一擴權行為。這種觀點和行為不僅會架空基本法的授權框架對特區和特區機關行使權力的限制，還會使得高度自治權逐步演變成「任意自治權」。

普通法傳統下，香港特區法院所享有的權力與我們所熟知的內地法院和法官所享有的權力並不相同。因此，如果僅僅以授權這一非常宏大的理論框架來約束司法權，而在具體運行中又沒有任何制約方式的話，將有可能產生許多在基本法適用之初所不能預見到的問題。不論是基本法的解釋問題，還是對法律的審查問題，都是基本法在適用過程中最具爭議的問題，也是「一國兩制」和行政主導這些宏觀制度設計所面臨的最具挑戰性的問題。香港特區的司法機關和法官不僅應當將法律視為司法的基礎，更應當準確地把握香港的地位和角色，恪守司法最根本的功能。

9　參見陳文敏：〈司法獨立是香港重要基石：對內地法律專家的評論的回應〉，載佳日思、陳文敏、付華伶主編：《居港權引發的憲法爭議》，香港：香港大學出版社 2000 年版，第 68 頁。

第四章

香港特區
司法權與終審權的
權限和範圍

香港特別行政區享有獨立的司法權與終審權，主要體現在以下幾個方面：第一，香港特區有權按照基本法的規定，實行具有自身特點的司法制度，包括建立和完善各自的法院體系。第二，香港法院在審理案件時可以依照基本法及在香港特區適用的其他法律來審理案件。這些法律主要包括：予以保留的香港原有法律；香港立法機關制定的法律；在香港實施的全國性法律等。第三，香港法院在依法行使審判權時，不受任何干預。這就意味着法官在審理案件時，任何機關、團體和個人，包括行政長官在內都無權干涉。第四，香港特別行政區享有獨立的司法權和終審權，特別行政區的法院系統與內地的法院系統並不存在隸屬關係。香港法院所審理的案件，香港終審法院享有終審權，這一終審權與最高法院的終審權是同時並存的。

在政治體制的設計之初，為了保證香港的高度自治，基本法明確規定了香港特別行政區的終審權屬於香港特別行政區終審法院。但是，基本法的這一規定在實施的過程中卻遭遇了諸多挑戰。這些挑戰既涉及全國性法律與地方性法律的關係，也涉及兩個不同的法域之間共存與協調的關係。本章試圖對以下問題給出回應：第一，基本法第 19 條第 2 款規定，香港法院對國防、外交等國家行為不具有管轄權，那麼應當如何理解國家行為？內地學者與香港學者之間的分歧主要表現在哪些方面？第二，香港法院享有法律解釋權是明確的，那麼其與全國人大常委會兩者之間對於基本法的解釋的性質、範圍、效力有何區別？第三，如何看待全國人大常委會的五次釋法行為？第四，如何實現全國人大常委會與香港法院之間釋法的良性互動？第五，香港法院是否享有違反基本法審查權，如果有，其依據為何？如果沒

有，那麼香港法院在一系列案例中的行為應當如何評價？第六，香港終審法院的終審權有何特殊性？第七，香港終審法院所承擔的功能包括哪些？

應當看到，賦予香港特別行政區終審法院以終審權，將會使得一國主權之下三個法院均享有終審權（暫時並未將台灣地區的司法機關列入討論的範圍）。在香港各級法院審理的案件，不必上訴到內地的最高人民法院，而是由香港的終審法院作為香港的最高上訴法院。雖然說基本法的這一設計是為了最大程度地保障香港的司法獨立，但是具體的案件情況千差萬別，普通法的司法傳統可能會使得終審法院在涉及有關中央事項的問題上出現越權的可能。因此，對於香港法院司法權與終審權的權限和範圍有必要進行明確界定，並在此基礎上進一步強調中央在香港政制發展問題上的主導作用。

香港法院管轄權的範圍

一、基本法對香港法院管轄權的規定

根據基本法第 19 條的規定，香港特別行政區享有獨立的司法權與終審權。香港特別行政區法院除繼續保留香港原有法律制度和原則對法院審判權所作的限制外，對香港特別行政區所有的案件均有審判權。香港特別行政區法院對國防、外交等國家行為則無管轄權。

根據上述規定可以看出，香港法院對香港案件的管轄權是具有普遍意義的。但是這種普遍管轄並不是絕對管轄和全部管轄，對其管轄權的限制主要體現在兩個方面：第一，如果香港原有法律制度和原則對法院的審判權作出了限制，那麼該限制依然有效。這一限制主要體現為各級法院和法庭的司法管轄權限各不相同。第二，國防、外交等國家行為被排除在香港法院管轄權之外。

二、中央對香港法院管轄權的限制

雖然香港法院享有司法權和終審權，但是香港特區作為我國的一個地方性行政區域，其司法權和終審權的行使必然受到一定的限制。根據基本法第 19 條第 2 款的規定，香港法院對涉及國防、外交等國家行為的案件不具有管轄權。基本法的這一規定符合單一制國家的主

權集中原則。國家行為是涉及一國主權的行為。因此，除非是主權者，任何一個地方性的司法機關都無權對國家行為進行管轄。

香港法院對國家行為不享有管轄權在香港也具有共識。香港的普通法傳統歷來就有「主權不審查」原則，港英政府時期，香港法院並無權審查英國議會的行為及大臣的決定。[1] 因此，作為一個不行使主權權力的司法機構，香港法院對於國家行為必然是不具有管轄權的。

雖然基本法的規定是非常明確的，香港法院也認為其對國家行為並無管轄權，但是在國家行為如何界定、如何理解「國防、外交等」中「等」的含義這些問題上，基本法並沒有進一步明言。這些都影響了香港法院在具體的案件中對法律的除外規定的認識。

（一）從剛果（金）案 [2] 看「國家行為」的爭議

剛果（金）案是涉及如何理解國家行為的一個典型案例。這個案例開啟了香港終審法院提請全國人大釋法的先河，對以後發生的審判也具有判例的效力。

剛果（金）案主要涉及剛果民主共和國（以下簡稱剛果〔金〕）向中國中鐵提供開礦權，條件是中鐵須在剛果投資基建，中途遭遇美國基金公司（FG Hemisphere Associates LLC 公司，以下簡稱 FG 公司）以剛果債主身份，要求截取中國中鐵基建投資費抵債。

案件一審結果：高院原訟庭舉行聆訊，2008 年 12 月 12 日，主審法官芮安牟（Anselmo Reyes）作出本案判決。他認為無須對香港法院採用主權絕對豁免還是限制豁免問題作出決定，因為剛果（金）在本案中的交易不是商業交易，而是國家行為。他宣佈法庭對此沒有管轄權，判 FG 敗訴。

案件二審結果：FG 不服判決，決定上訴。香港高等法院上訴

1　參見易賽鍵：《香港司法終審權研究》，第 83 頁。

2　*Democratic Republic of the Congo and Others v. FG Hemisphere Associates LLC* FACV 5,6, 7 /2010

庭法官認為該交易是商業交易而非國家行為，因此撤銷原判，發回重審。

案件重審結果：許可 FG 強制執行兩項仲裁裁決。

案件重審後的二審結果：剛果（金）不服，向終審法院上訴，要求終審法院就外交豁免權問題提請全國人大釋法。

香港終審法院在作出最終判決之前，按照基本法第 158 條第 3 款的規定就外交豁免權的問題提請了全國人大釋法。全國人大針對終審法院提請釋法的問題給出了如下答覆：

1. 管理與香港特區有關的外交事務屬於中央人民政府的權力，中央人民政府有權決定在香港適用的國家豁免規則或政策；

2. 香港特區，包括香港法院，有責任適用或實施中央人民政府決定採取的國家豁免規則或政策，不得偏離上述規則或政策，也不得採取與上述規則或政策不同的規則；

3. 基本法第 19 條第 3 款規定的「國防、外交等國家行為」包括中央人民政府決定國家豁免規則或政策的行為；

4. 採用為香港特區法律的香港原有法律中有關國家豁免的規則，從 1997 年 7 月 1 日起，在適用時須作出必要的變更、適應、限制或例外，以符合中央人民政府決定採取的國家豁免規則或政策。

該案之所以久拖不決並不是因為案情本身複雜，而是因為香港法院認為香港和內地適用不同的主權豁免原則並在此基礎上行使了管轄權。香港終審法院提請全國人大釋法中主要包括兩項有爭議的內容：第一，香港主權豁免原則的確定辦法；第二，國家豁免原則的規定是否屬於國家行為。

筆者認為，這個案件的爭議點並不在於香港和內地是否實行不同的主權豁免原則或者是主權豁免原則究竟應當是絕對豁免還是相對豁免。相反，本案首先應當明確的問題是：關於主權豁免的問題是否屬於國家行為？如果屬於國家行為，不論具體的豁免原則為何，根據基

本法第 19 條第 3 款的規定，香港法院並無管轄權；如果不屬於國家行為，則要考慮該主權豁免原則是否屬於基本法第 13 條第 3 款規定的中央授予香港自行處理的對外事務。

（二）如何理解國家行為

在上述案例中，如何理解國家行為，各方都持不同的觀點。

香港法院內部觀點並不一致：從該案一波三折的判決結果可以看出，關於剛果（金）收取「入門費」是否屬於限制豁免論認定的國家行為，一審法院認為國家豁免原則屬於國家行為，但是上訴法院卻持不同的觀點，認為這取決於「入門費」的實際用途，其中用於商業投資的部分不是國家行為，不予豁免。香港法院內部對主權豁免原則是否屬於國家行為經歷了肯定到否定然後在人大釋法的情況下再次肯定的態度轉變。

剛果（金）案中，香港高等法院上訴庭以 2：1 的比例認為主權豁免原則並不屬於國家行為，香港終審法院也僅僅以 3：2 的微弱優勢同意將案件提交給人大釋法。這在一定程度上表明了香港法院對何為國家行為採取的是字面的解釋，即只有國防和外交行為以及同等性質的行為才屬於國家行為。

但是內地的學者傾向於將「等」作「等外等」的理解，即不僅僅是國防和外交行為，只要是國家行為，香港法院都不具有管轄權。[3] 國家行為是指國家最高權力機關或行政機關為行使國家主權而作出的決定及採取的措施。有關的國家機關，根據職權或者授權的行為行使國家主權而作出的決定，也視為國家行為。[4] 國家豁免涉及國家間的關係，應當認定為國家行為。由此，香港特區法院對該類案件

3　參見王禹：《論恢復行使主權》，北京：人民出版社 2016 年版，第 234 頁；蕭蔚雲：《香港基本法講座》，北京：中國廣播電視出版社 1996 年版，第 105 頁。

4　參見楊靜輝、李祥琴：《港澳基本法比較研究》，北京：北京大學出版社 1997 年版，第 177 頁。

並無管轄權。[5] 因此宣戰、媾和、締結國際條約、領土合併與割讓等等都視為國家行為。

香港也有學者認為，普通法中國家行為限於國防和外交事務，但是事實上，雖然這些是國家行為的通常情況，但是國家行為絕不僅限於此。[6] 這種對國家行為的理解擴大了香港法院不具有管轄權的案件範圍。如果採用這種解釋方法，那麼不僅僅是國防行為和外交行為，其他的國家行為法院也不具有管轄權，由於擔心採用這種解釋會影響到行政權對司法獨立的侵蝕，所以在香港持這種觀點的學者並不多。

筆者認為，關於對國家行為的理解分歧主要是由於普通法傳統中，國家行為僅僅指的就是國防和外交行為，但是在內地的理解中，國家行為的範圍絕對不僅限於國防和外交行為兩種行為。如果按照香港法院和學者的觀點，僅從字面來理解國家行為，將「等」解釋為「等內等」的話，則會人為地限縮了國家行為的範疇，也不符合基本法的規定。例如，基本法中明確規定中央人民政府有權任命香港特別行政區行政長官，全國人大常委會有權將不符合基本法的法律發回，經全國人大常委會發回的法律立即失效。如果認為法院僅僅對國防、外交事務不享有管轄權的話，那麼法院就應當對以上中央政府和全國人大常委會的決定享有管轄權，但是實際上，法院並不享有此項管轄權。在 1997 年「香港政府訴馬維錕」案 [7] 中，也出現過對「國家行為」的不同認識。在該案中，香港特別行政區指控馬維錕犯有共謀妨礙司法的罪行。但被告質疑，特區建立之後，原有普通法是否能夠自動過渡為有效法律，從而適用於對他的檢控。他的理由是，雖然基本法規定香港原有法律——包括普通法——將繼續適用，但無論全國人大常委會或香港特區立法機關都沒有採取專門的行為將原有普

5 　參見董立坤、張淑鈿：〈香港特區法院對涉及國家豁免行為的案件無管轄權〉，《政法論壇》2012年第 6 期。

6 　參見易賽鍵：《香港司法終審權研究》，第 83 頁。

7 　*HKSAR v. Ma Wai Kwan David and Others.*

通法納入到新的法律體系中。並認為，臨時立法會不是按照基本法成立的合法的立法機關，由它制定的法律因而是無效的。香港特區高等法院上訴法庭將中央政府決定設立臨時立法會的行為界定為「主權行為」，主張香港特區法院不能質疑其合法性。從這個案件中也可以看出，「國家行為」的外延絕不僅僅限於國防和外交事務。

香港法院法律解釋權的範圍

▌一、法律解釋權

在普通法系國家或地區，不僅僅是立法機關在立法活動產生的制定法是法律的淵源，法院在具體判案的過程中對所援引的法律也有權作出解釋，該解釋在後續的案例中可以被援引作為裁判的依據，俗稱「法官造法」。雖然說司法的過程是將抽象的法運用到具體的案件之中，推理過程和論證過程都無法避免對法律進行解釋，但是普通法法官對法律進行解釋被看作是司法公正對立法公正的有效補充，也會產生判例法的效果。在這一點上，香港法院與內地法院的作用大相徑庭。內地各級法院的法官在適用法律時也會作出自己的理解，最高法院也會針對已經出台的立法或者是專門的問題作出相關的司法解釋，但是兩者之間在效力和方式上存在非常大的不同。只有最高人民法院才能發佈司法解釋，而且司法解釋中並不會涉及對具體的案件的審理結果。因此，司法解釋僅僅承擔了幫助法律適用者理解立法的規定的作用，是將抽象的法具體化。

▌二、香港法院的基本法解釋權

雖然依據普通法傳統，香港法院在審判中可以對援引的法律進行

解釋，但是這並不意味着香港法院對基本法享有固有的解釋權。

（一）基本法解釋權的歸屬

從制定主體上來看，基本法是由全國人大通過的，屬於全國性的基本法律。但是其又是專門針對香港特別行政區所制定的法律，屬於香港的憲制性法律。那麼，基本法的解釋主體究竟是全國人大常委會還是香港法院？2005 年，時任香港大律師公會主席的戴啟思認為：任何人，包括律師、官員都有權解釋基本法，並認為基本法是為香港而設的，目的是為了保存香港社會的經濟和政治價值，所以香港人是最有能力作最初的解釋。[1] 根據憲法第 67 條，中國所有法律由全國人大常委會解釋。基本法作為全國人大制定的法律，其解釋權理應由全國人大常委會所享有。因此，根據憲法的權威性，基本法的解釋權當然地歸屬於全國人大常委會。關於基本法的解釋權歸屬，在起草基本法的過程中就產生了爭議，主要有三種觀點：

第一，基本法的解釋權歸屬於香港法院。這一主張是建立在普通法思維之上的，是以三權分立為基礎的，不符合我國的現狀。

第二，將基本法的解釋權進行劃分，香港自治範圍內的事務由香港法院自行解釋，剩下的條款由全國人大常委會進行解釋。這一主張同時兼顧了香港的傳統和我國的法律規定，具有一定的合理性。但是，如果採用這一做法，就意味着需要將基本法中的條款進行明確的分類，以便確定對其享有解釋權的主體。更重要的是，如果將基本法關於香港特區自治範圍內的條款的解釋權全部交給香港特區法院，則意味着人大常委會對該事務不享有解釋權，司法中的高度自治將直接變成完全自治。

第三，全國人大常委會享有基本法的解釋權，但是特區法院在審

1　〈香港基本法解釋權屬於全國人大常委會不容混淆〉，人民網，http://www.people.com.cn/GB/42272/42273/3152972.html（最後訪問時間：2021 年 3 月 28 日）。

理案件時可以解釋基本法，在涉及不屬於自治範圍內的條款時，應當請人大常委會作出解釋後才判決。這一解決方案是參考了歐共體國家中的法律解釋的做法。

基本法基本上採用了第三種觀點，並進行了細化。基本法第 158 條第 2 款明確規定，全國人民代表大會常務委員會授權香港特別行政區法院在審理案件時對本法關於香港特別行政區自治範圍內的條款自行解釋。這一規定包含了兩層含義：第一，基本法的解釋權歸屬於全國人大常委會。根據憲法的規定，法律的解釋權屬於全國人大常委會，基本法作為法律，其解釋權理應歸於全國人大常委會。與西方國家的分權制衡理論所產生的司法至上不同，我國採取的是「議行合一」制度，國家機關之間只有分工，並沒有分權。[2] 由此，在我國並不存在司法機關的凌駕性問題。第二，在全國人大常委會授權的前提下，香港特別行政區法院有權對基本法作出解釋。應當認識的是，香港法院對基本法享有解釋權並不是基於普通法中法院有權解釋法律的傳統，而是基於全國人大常委會的明確授權。[3] 在普通法制度下，法院是解釋法律的當然主體。立法解釋不僅不被鼓勵，還被視為是「最糟糕的釋法者」。[4] 這一普通法原則與我國憲法所確立的制度是不同的。在我國，人大及其常委會不僅制定法律，而且負有監督法律實施的職責，日常的法律解釋權由全國人大常委會行使。香港回歸後，香港法院如果依然依據普通法，想要對所有的法律行使解釋權，那麼就會出現地方法院對全國性法律進行解釋且依據的是普通法解釋方法的現象。

2　參見朱國斌：〈香港基本法第 158 條與立法解釋〉，《法學研究》2008 年第 2 期。

3　參見宋小莊：《論「一國兩制」下中央和香港特區的關係》，北京：中國人民大學出版社 2003 年版，第 218 頁。

4　白晟：《香港基本法解釋問題研究——以法理學為視角》，北京：中國政法大學出版社 2011 年版，第 283 頁。

（二）基本法解釋的性質及方法

普通法傳統對香港造成了巨大而深遠的影響。不論從法律結構、法律形式、法律原則還是法院結構、訴訟制度、司法解釋等方面看，香港的司法制度都帶有非常明顯的普通法色彩。從解釋的性質上來看，在普通法的觀念中，法律解釋權是司法權獨立的保障，也是司法權制約立法權、行政權的關鍵所在。這一點與內地的法律制度大不相同。內地採用立法解釋的體制，即由立法機關對法律作出解釋。雖然最高人民法院和最高人民檢察院也會針對某部法律出台相關的司法解釋，但是由於內地與香港的司法系統不具有隸屬性，因此，這種情況並不會出現在對基本法的解釋中。

全國人大常委會的解釋屬於抽象解釋。通常採用法律文件的形式公佈。相比較而言，香港法院對法律的解釋都是伴隨着具體案件而作出的，是一種具體解釋，法院無權在案件審理之外對法律作出抽象的解釋。這種解釋一般僅僅針對某一具體的條款，其解釋的效力也體現在判決書中，並依靠遵循先例的原則得以被遵守。

在法律解釋的方法上，香港法院的法官在審判中必須遵循三條基本規則：按文釋義規則；論理解釋規則；社會目的解釋規則。[5] 按文釋義規則要求法院在法律文字的含義明確而不含糊時，應當嚴格按照條文本身的自然或通常的含義作出解釋；當法規文字出現兩個或兩個以上的字面涵義時，如果堅持使用按文解釋將導致不公，則法官必須把法規作為一個整體來考慮，包括立法背景和立法宗旨等因素；如果按照字面解釋會產生謬誤或者不公正的情況，法官可以從法規制定前的法律狀況出發，對偏差採取補救解釋的辦法。在內地，法律解釋主要是從文義、歷史、體系、目的等方面入手，在文義解釋無法達到解釋的目的時，會偏重歷史解釋和對立法原意的考察。在法律解釋主體

5　參見徐靜琳：《演進中的香港法》，上海：上海大學出版社 2002 年版，第 188-190 頁。

不一致的前提下，再加上法律解釋的方法大相徑庭，法律適用的後果會出現不一致也就不難理解了。香港法院在歷次解釋基本法時，出現過與香港政治體制、甚至是與我國的權力體系相抵觸的情形。如果排除法官故意挑戰中央權威的情形，法律解釋、法律推理及對法律認知的不同是其中一個非常重要的原因。

（三）香港法院基本法解釋事項的範圍

基本法在第 158 條集中規定了基本法解釋權的歸屬和行使方式的問題。

首先應當明瞭的是，全國人大常委會享有對基本法所有條款的解釋權，並且這一解釋權的範圍不會受到任何的限制。雖然如此，基本法中對全國人大常委會的解釋行為做了許多自我約束而非任意釋法。[6] 全國人大常委會有解釋法律的制度空間，但是並不意味着會進行所有的法律解釋活動。[7] 因此，不必過分擔憂全國人大常委會的任意解釋行為。

其次，由於採取雙軌制的解釋方式，香港特區法院對屬於香港特別行政區自治範圍內的條款享有自主解釋的權力，有學者認為這是借鑒了歐盟的現行裁決制度。[8] 特區法院的這一解釋權在行使時一般也不會受到全國人大常委會的審查。

再次，關於中央人民政府管理的事務或中央和香港特別行政區關係的條款，香港法院基於授權也享有解釋權。[9] 即全國人大常委會與

6　參見李昌道：〈香港基本法解釋機制探析〉，《復旦學報（社會科學版）》2008 年第 3 期。

7　參見張立剛：《法律解釋體制重構研究》，北京：光明日報出版社 2014 年版，第 199 頁。

8　參見季奎明：〈香港基本法的解釋權——芻議全國人大常委會和香港法院在基本法解釋上的關係〉，《甘肅政法學院學報》2006 年第 3 期。

9　有學者認為香港法院對基本法中中央管理的事務或中央與特別行政區關係的條款無解釋權。參見吳天昊：〈論香港特區法院司法管轄權的邊界〉，《當代港澳研究》2013 年第 1 期。這一觀點值得進一步討論。因為，根據基本法條文的規定，並沒有明確禁止香港法院在涉及中央管理的事務時行使解釋權。

香港法院之間並不是分享基本法的解釋權，而是都享有對基本法的解釋權，只不過兩者的解釋權性質並不相同。因此，即使作為一個地方行政區的地方法院，對於涉及中央人民政府管理的事務或者是中央和香港特別行政區關係的條款，香港法院在審理案件時也可進行解釋，但基本法中規定了相應的前置程序。

▍三、對香港法院基本法解釋權的限制

雖然基本法中明確規定了香港法院享有解釋基本法的權力，但是這並不意味着香港法院解釋基本法的權力是不受限制的。實際上，如果香港法院享有完整的基本法解釋權，那麼法院在訴訟中對涉及中央政府管理的事務或者是中央和香港特別行政區關係的條款就會享有完全的解釋權，這既不符合一個地方性司法機關應有的權限，也會危及到中央在香港問題上的權威。

（一）解釋權來源的授權性

全國人大作為基本法的制定主體，全國人大常委會當然地對基本法享有解釋權。一般情況下，全國人大常委會並不會將這種權力授予給任何地方法院或者地方權力機關。但是，由於在香港特區實行高度自治，並且香港所實行的英美法傳統與我國內地的法律傳統差異太大。因此，全國人大常委會在基本法中明確將基本法的解釋權授予給了香港特區法院。根據前文所闡述的授權理論，香港特區法院所享有的解釋基本法的權力並不是承襲了普通法的傳統，而是全國人大常委會考慮到香港的自身情況所作出的變通性的授權。因此，從權力行使的效力上來看，不論具體的情形如何，全國人大常委會的解釋權當然高於香港特區法院的解釋權。

但是，這種權力上的優先性並不意味着全國人大常委會在行使態

度和行為上的積極性和優先性。甚至可以認為：正是由於香港法院所享有的解釋權是授權性質的，才使得全國人大常委會在解釋基本法上一般保持克制和消極的態度。因為，一般情況下，只有在權力主體不便於行使該權力或者由被授權主體行使該權力更為適宜的前提下，授權行為才會發生。因此，相比於全國人大常委會，香港法院是日常行使基本法解釋權的主體。

　　強調香港法院解釋權來源的授權性，既意味着香港法院在解釋基本法時應當與授權主體的意志相一致，又意味着香港法院在解釋時應當嚴格限定在基本法明確授權的範圍內。在吳嘉玲案中，終審法院首席法官李國能在主張一種寬鬆的、目的性的解釋方法時認為，像基本法這樣的憲制性文件是必然會存在法律空隙和模棱兩可之處，而在填補這些空隙或澄清模糊語句的時候，法庭有責任從文本和其他相關材料中發現並確證其立法原則與目的，並且通過法律解釋將其明示出來。他並認為法院在解釋基本法第 3 章的相關條款時應當給予寬鬆解釋。[10]

　　法院在解釋基本法中的能動性不可或缺，但是在涉及對法律空白的解釋時，法院單方面從立法原則與目的出發並採取寬鬆解釋的方法是對全國人大常委會解釋權的挑戰，也是對全國人大常委會作為國家的最高權力機關的常設機關這一地位的挑戰。填補法律空白的任務，尤其是基本法中的空白，應當由全國人大常委會來完成。尤其是香港司法是完全地方化的，有些行為會直接觸及基本法的底線及國家利益，這就導致了法益的國家性和司法的地方性的錯位與張力，回歸以來的數次人大釋法即源於此。全國人大常委會對基本法的解釋權實際上是一種「最低限度的司法主權」。[11] 人大釋法是對基本法中司法主

10　參見黃明濤：〈普通法傳統與香港基本法的實施〉，《法學評論》2015 年第 1 期。

11　參見強世功：〈司法主權之爭——從吳嘉玲案看「人大釋法」的憲政意涵〉，《清華法學》2009 年第 5 期。

權地方化不得已的憲制性補救，具有基本法上的規範正當性和「一國兩制」實踐上的合理性，因為依法治港原則必然要求中央以合法方式（修法或者解釋）享有最低限度的司法主權。

　　基本法對香港終審法院提請全國人大常委會解釋基本法也作出了明確的規定。該解釋機制應當是由香港終審法院向全國人大常委會提出。香港終審法院作為被授權提請全國人大常委會解釋基本法的主體，在涉及中央人民政府管理的事務或中央與香港特別行政區關係的條款時，必須向全國人大常委會提請解釋基本法。這既是一種授權，實際上也是一種義務。因為，不管是中央人民政府管理的事務，還是中央與香港特別行政區關係的條款，其事項的範圍都已經超出了一個地方法院所應當管轄的範圍，香港終審法院在遇到該種情形時，應當向全國人大常委會提出申請。

　　實踐中，香港終審法院在履行這項提請義務時缺少約束機制。第一，雖然全國人大常委會作為授權的主體也享有基本法的解釋權，且並不局限於第 158 條第 3 款所限定的事項，終審法院也承認全國人大常委會的這一權力，但如果全國人大常委會主動開啟釋法程序，則不管是對全國人大常委會本身還是對終審法院都是不利的，這既會損害終審法院作為終審機關的權威，也會使得全國人大常委會面臨過度介入香港司法事務、破壞香港司法獨立的質疑。第二，香港法院必然是具體處理基本法解釋問題的機關，是否需要向全國人大常委會作出釋法的請求也由終審法院決定。這種決定的權力使得終審法院自己掌握了向全國人大常委會提請解釋的範圍，終審法院有可能將提請釋法的機制虛置化，從而限縮全國人大常委會的釋法權。

（二）解釋效力的非終局性

1. 全國人大常委會解釋基本法是立法解釋

　　我國憲法規定全國人大常委會享有法律的解釋權。全國人大常委

會所享有的法律解釋權，其作出的解釋是立法解釋而非司法解釋，這一性質在解釋基本法時也是一致的。從權力的效力上看，我國既存在立法解釋，也存在司法解釋時，立法解釋的效力應當高於司法解釋——因為立法機關作為我國最高的權力機關，其解釋法律的行為應當等同於立法行為本身。因此，雖然說基本法將全國人大常委會享有的法律解釋權賦予香港法院，但是香港法院解釋基本法的效力依然需要受到全國人大常委會對基本法解釋的限制。

2. 全國人大常委會解釋基本法的效力等同於基本法本身

全國人大常委會對基本法作出的解釋的效力相當於基本法條文本身。與司法解釋相比，由於立法的主體和立法解釋的主體發生了重合，那麼全國人大常委會對基本法所作出的解釋，其效力應當等同於基本法條文本身。這一觀點在《立法法》中也有所體現：《立法法》第 50 條規定，全國人民代表大會常務委員會的法律解釋同法律具有同等效力。由於全國人大常委會對基本法的解釋並不需要在具體的案件中才能啟動，因此，其對某一條文作出的解釋具有較大的穩定性，只有法律發生修改的情況下，該解釋才會面臨失效的問題。這一點與司法解釋也大不相同，遵循先例的原則並不是一成不變的，隨着時代的發展，上級法院就會在某一案件中打破之前的判例，從而也創造了新的判例。這種穩定性上的差別，也意味着將全國人大常委會對基本法的解釋視為基本法條文本身並不會帶來什麼問題。

對於全國人大常委會解釋基本法等同於基本法條款本身這一觀點，香港法院及香港法律界人士並不這樣認為。香港法院僅僅承認了全國人大及其常委會的權力，但是卻並未對全國人大常委會的解釋內容的效力予以明確說明。這一點可以在香港法院的澄清中得以證明：香港終審法院在憲政危機的巨大壓力下，對該案中所涉及的一些爭議問題進行了澄清。在澄清中，終審法院承認了全國人大及常委會所享有的不容置疑的權力。該「澄清」一般認為是為安撫內地而採取的必

要行動，而不是事實解釋。澄清也並沒有減損終審法院在其原判決中作出的結論。[12] 香港法院的這一觀點在後來的案件中得到了印證：如果將全國人大常委會關於基本法的解釋的效力視作基本法本身，那麼在後來的莊豐源案中，就不會對全國人大常委會已經解釋過的「雙非」問題又作出了相反的解釋。[13] 從香港特區法院在兩個案件中的解釋及對全國人大常委會解釋基本法的態度來看，終審法院提請全國人大常委會釋法的這一機制無法自我實現。「莊豐源案表明，香港法院不會主動放棄普通法傳統賦予法官的、在個案審判中運用普通法的規則、技術以及裁量權進行解釋的權力。然而，實踐層面，終審法院的這種做法導致人大釋法失去了對香港特區法院的拘束力。」[14]

3. 如果兩者對基本法的解釋出現不一致，以全國人大常委會的解釋為準

在內地的法律體系中，法律解釋權屬於全國人民代表大會常務委員會，一般不存在有解釋權的主體對法律解釋不一致時的處理機制問題。但是，對於基本法來說，有權解釋的主體有兩個，並且，這兩個解釋主體的地位、解釋方法和解釋的能動性並不相同。如果出現了兩個主體對基本法的解釋出現了不一致的情況，就要對該解釋的效力作出判斷。相較於香港法院的解釋，全國人大常委會的解釋效力更高。這種效力的高低是由該解釋權的來源所決定的，全國人大常委會的解釋權來源於憲法的規定，是源權力。在權力監督的體系中，也只有全國人大對其有監督權。但是，香港法院的解釋權來源於基本法的授權，其授權主體是全國人大常委會，因此，全國人大常委會當然地是

12　參見佳日思：〈《基本法》訴訟：管轄、解釋和程序〉，載佳日思、陳文敏、付華伶主編：《居港權引發的憲法爭議》，第 19 頁。

13　在莊豐源案（FACV26/2000）中，香港法院將 1999 年人大釋法的文字區分為有拘束力部分和無拘束力部分，因此，1999 年人大釋法只能對涉及基本法第 22 條第 4 款和第 24 條第 2 款第 3 項的案件形成拘束力，而對於基本法第 24 條第 2 款其他各項，則無拘束力。

14　參見秦前紅、付婧：〈論香港基本法解釋方法的衝突與協調〉，《蘇州大學學報（法學版）》2015年第 2 期。

香港法院行使權力的監督機關。

　　全國人大常委會的解釋權還具有一定的主動性。全國人大常委會的解釋權具有一定的主動性是其性質所決定的。作為有權作出立法解釋的主體，解釋法律並不必然被局限在具體的訴訟案件涉及該條款的情形下。只要全國人大常委會認為有解釋某法律或者某一條款的必要，都可以主動作出解釋。但實踐中，全國人大常委會很少主動解釋法律。然而，這並不能說明其在根本上就沒有此項權限。有學者總結認為，對人大釋法權的強調及人大釋法的實踐有助於彌補特區法院釋法所可能具有的地方性偏頗，可以對維護整體秩序這一目的帶來積極的影響。[15] 全國人大常委會在進行解釋時，採取的是立法原意解釋，而特區法院則傾向於採取文義解釋。[16] 全國人大常委會在針對吳嘉玲案而作出的解釋中表示，終審法院沒有依照基本法第 158 條第 3 款的規定請全國人民代表大會常務委員會作出解釋，而終審法院的解釋又不符合立法原意，因而全國人大常委會決定根據基本法第 158 條第 1 款主動釋法。有學者認為香港還沒有達到司法不受政治干擾的程度，並認為全國人大常委會通過解釋基本法推翻終審法院關於內地子女居留權系列案件的裁決，意味着司法的判決被另一政治機構以具追溯性的決定所推翻，司法已有受政治干擾的危機。[17] 這種觀點具有一定的片面性，這些釋法實踐中所伴隨產生的觀念體現了基本法在實施與實現之間還存在差距。也正是由於實踐中全國人大常委會主動釋法的情形比較少見，才導致香港法院對於全國人大常委會的該項權限缺乏清楚的認識。

15　參見田飛龍：〈一國兩制、人大釋法與香港新法治的生成〉，《政治與法律》2017 年第 5 期。

16　參見劉永偉：〈變異與進化：美歐憲法解釋模式的生成——兼論《香港基本法》解釋模式的建構〉，《法商研究》2012 年第 1 期。

17　參見戴耀廷：《法治心——超越法律條文與制度的價值》，香港：香港教育圖書公司 2010 年版，第 145 頁。

四、全國人大常委會與香港法院基本法解釋權的實踐互動

香港資深大律師黃仁龍先生認為，「基本法就像為香港特區建造了一套完整的骨骼支架，我們要用實質的經驗、本地的立法、法院判案的法理材料去長出肌肉和經脈，使得整個身軀得以發展完備。」[18] 這一觀點在香港具有一定的代表性。但該觀點僅僅強調了基本法是香港的憲制法律，卻忽略了其作為由全國人大制定的全國基本法律這一地位。對基本法認識的偏頗也體現在香港法律界對回歸後香港判例制度的理解上，即強調香港判例制度的形成和發展只能通過香港法院長期司法實踐的積澱，由內而生，卻忽略了一國之內中央權力對香港司法權的引導和制約，以及與內地司法的互動和聯繫。

從對「一國兩制」理論和實踐的豐富作用看，香港與內地權力的互動和聯繫既是必然的，也是有益的。從香港回歸前後的變化看，中央對香港所享有的管治權不僅對香港立法權、行政權的運行產生了明顯的影響，即使是相對來說中立和保守的司法權也正在經歷變化。香港法院所一貫遵循的司法獨立和遵循先例原則得以保留下來，並被寫入基本法。但每一個案件都是新鮮的，也都是與時代密切相關的，因此，香港在回歸之後所面臨的中央與香港關係的問題必然會對香港的法院及司法產生影響。與回歸之前的本土性相比，香港判例制度在發展過程中潛入了一種新的因素，即從司法體系的外部去尋找力量和方法促使法院時刻反思自己判例的妥當性。[19] 全國人大常委會對基本法的解釋權就是中央權力對香港司法產生影響的表現之一。

18　參見黃仁龍：〈基本法之下的香港法律制度〉，《文匯報》2007 年 4 月 5 日。

19　參見李慧：〈香港憲政秩序變遷中的判例制度〉，《法學雜誌》2012 年第 7 期。

（一）全國人大常委會的五次釋法

1. 全國人大常委會五次解釋基本法的實踐

「圍繞《基本法》發生的衝突，……不僅激活了全國人大常委會的法律解釋權，而且通過這部法律的實施，讓我們重視法律文本、觸摸法治精神。」[20] 全國人大常委會對香港所進行的五次釋法，除了剛果（金）案外，其餘四次都不是由香港法院提請全國人大常委會釋法的。

第一次釋法發生在 1999 年吳嘉玲案中。在吳嘉玲案中，香港終審法院認為，香港終審法院享有憲法性管轄權，如果全國人大及其常委會的立法與基本法相抵觸，香港法院有權審查並宣佈其立法行為無效。在香港終審法院作出終審判決後，香港特區政府向中央人民政府提出申請，建議其提請全國人大常委會對基本法第 24 條和第 22 條作出解釋。

第二次釋法涉及香港政治制度改革問題。2004 年，香港反對派提出在 2007 年和 2008 年實現「雙普選」的要求。這一要求與基本法中的循序漸進原則不相符合。同年 4 月，全國人大常委會主動進行釋法，並提出對於香港特區 2007 年是否進行政改，須經立法會全體議員三分之二多數通過，行政長官同意，並報全國人大常委會批准或者備案，這是必經的法律程序。

第三次釋法有關特首的任期問題。2005 年，關於經補選產生的新的行政長官的任期問題，特首曾蔭權代表香港特區政府向國務院提交了請求全國人大常委會釋法的報告。

第四次釋法發生在剛果（金）案中。2011 年的剛果（金）案中，香港終審法院在作出終審判決前，提請全國人大常委會對基本法第 13 條第 1 款和第 19 條第 3 款作出解釋。

第五次釋法發生在 2016 年，與香港立法會宣誓風波有關。該次

20　馬嶺：〈提請解釋香港基本法主體的合理範圍〉，《法學》2016 年第 4 期。

釋法是全國人大常委會第二次主動釋法。2016 年 10 月 12 日，梁頌恆和游蕙禎在香港立法會宣誓期間涉嫌辱華及宣揚港獨，由此產生了該宣誓是否無效以及是否允許再次宣誓等爭議問題。2016 年 11 月 5 日，第十二屆全國人大常委會第二十四次會議審議了《全國人大常委會關於香港特別行政區基本法第一百零四條的解釋》的草案，並於 11 月 7 日表決時以 155 票全票通過。該《解釋》指出宣誓必須符合法定的形式和內容，如果以不莊重的方式宣誓就屬於拒絕宣誓，該宣誓無效，同時喪失就任該條所列相應公職的資格。[21]

2. 對全國人大釋法行為的分析

毫無疑問，全國人大的五次釋法行為都發生在與政治有關的事件中。這些事件既有訴訟案件，也有未進入到訴訟中的事件。

在關於政改方案和補選特首任期問題上，全國人大常委會的釋法行為並未與香港法院發生直接的聯繫。基於香港政治穩定的考慮，全國人大常委會在反對派鼓吹「普選」的情況下對行政長官選舉和立法會選舉的程序進行了明確的規定。在補選特首任期的問題上，在人大釋法之前，《行政長官選舉修訂條例草案》尚未進入二讀，立法會議員陳偉業聲稱將在短期內申請司法覆核，要求法院公佈一份「宣告」，表明補選特首的任期時間。

在剛果（金）案中，特區終審法院最終以 3：2 的比例同意提請全國人大常委會解釋基本法。從這一比例可以看出，對於某些事項是否屬於中央管理的事務或者涉及中央和香港關係的問題，香港法院中的法官認識並不一致，也並沒有形成非常明顯的多數人意見。但作為法院主動提請全國人大常委會釋法的第一案，該案體現了香港特區終審法院在實踐中對自身角色的認識，以及融合香港法律傳統與大陸法律傳統的努力。

---

21 《全國人大常委會關於香港特別行政區基本法第一百零四條的解釋》。

在一般的案件中，如果只對涉及香港自治範圍內的事務進行解釋，香港法院的解釋權並不會與全國人大常委會的解釋權發生衝突。因為，對於該類事務，雖然全國人大常委會也享有解釋權，但是該解釋權一般不會被行使。而對於涉及香港自治範圍外的事務，則出現過對基本法 158 條的解釋不一致的情形。例如，在吳嘉玲案中，香港法院對基本法所作的解釋及其對全國人大常委會制定的法律的意見，則顯示出香港法院對「一國兩制」之下香港法院的權限還缺乏全面準確的認識。有學者指出，在人大釋法後，終審法院依然堅持判決不會作出更改。這一態度體現了排斥人大釋法和越權行使所謂「違憲審查權」，並由此造成「司法獨大、法官治港」的畸形現象。[22] 這一案例也充分說明：雖然基本法本身規定了解釋權的歸屬，但具體的案件中如何啟動解釋、解釋後的效力等問題仍然需要進一步討論。

第五次釋法的主要目的是為了維護國家安全，避免「港獨」勢力對立法會的侵入。[23] 第五次釋法的主要特徵是：主動釋法。在特區法院並沒有提請釋法的情況下，全國人大常委會進行了主動釋法。這一次釋法也產生了諸多爭議，例如，香港學者陳文敏認為該次釋法並無必要，人大常委會的釋法行為會對法官的行為產生不當的限制。但是，在涉及國家安全問題時，人大常委會越早釋法對香港越有利。[24] 這一次釋法實踐再次引起了關於人大常委會主動釋法的限度、釋法的影響的討論。

22　參見柳蘇：〈貫徹基本法不可回避的問題〉，清華大學港澳研究中心，http://www.hmt.tsinghua.edu.cn/publish/hmt/258/2013/20130430165512159667218/20130430165512159667218_.html（最後訪問時間：2021 年 3 月 28 日）。

23　參見孫瑩、劉淏淏：〈論香港〈基本法〉解釋機制的協調——基於全國人大常委會五次釋法的經驗〉，《地方立法研究》2017 年第 5 期。

24　〈人大釋法對香港的重要意義〉，2016 年 11 月，大公網，http://news.takungpao.com/hkol/politics/2016-11/3387935.html（最後訪問時間：2021 年 3 月 28 日）。

（二）釋法實踐所凸顯的問題

1. 全國人大常委會應當在多大程度上保持被動

全國人大常委會享有法律的解釋權並不意味着其一定會主動進行釋法行為。例如，全國人大常委會沒有對憲法進行過解釋，主要是因為不存在解釋憲法的政治必要。[25] 雖然說全國人大常委會解釋基本法具有憲法和基本法上的依據，但是全國人大常委會每一次解釋基本法的行為都可能會面臨輿論的質疑。在高度自治的環境中，香港對於中央的管治，特別是國防和外交之外的管治都顯得異常敏感，尤其是涉及法律解釋這一由香港法院來行使的權力的問題上。基本法本身除了規定全國人大常委會授權香港法院自行解釋的事項外，並沒有規定其自身何時會主動釋法。根據《立法法》第 45 條的規定，在法律規定需要進一步明確具體含義的，或是法律制定後出現新情況，需要確定適用法律依據的，全國人大常委會都可以對法律進行解釋。如果認為該條規定同樣適用於基本法，那麼基本法的規定需要進一步指出具體含義，或者是出現了基本法制定中所未出現的新情況，全國人大常委會可以進行解釋。

2. 內地與香港對全國人大常委會對基本法的解釋權認識並不一致

前文已經論述，全國人大常委會作為全國人大的常設機關，對基本法的解釋權是不受限制的，尤其是不受地方法院的限制。但吳嘉玲案一出，不僅在內地的法律學者間有頗大爭議，香港的法學專家、律師、政黨等都議論紛紛。香港法律界有一部分人士認為全國人大常委會的解釋行為並不恰當。

佳日思認為，基本法的設計是保障一種連續性，但是 158 條卻是間斷性的。人大常委會的運作與香港法院完全不同，其成員不具有法律資格，它採用截然不同的解釋方法。其解釋的內容容許補充立法這

25　參見強世功：〈司法主權之爭——從吳嘉玲案看「人大釋法」的憲政意涵〉。

一點也與香港的法制完全不同。人大常委會基本沒有解釋法律方面的程序，也沒有制定任何相關的規則，同時也沒有任何關於律師代表方面的規定。人大常委會是一個龐大的機構，難以嚴肅地處理法律爭辯和結論。他就此諮詢基本法委員會的意見。不幸的是，該基本法委員會的成員在沒有聆聽當事人的陳詞甚或可能沒有分析判決的情況下，公開發表激烈的言論，批評司法判決。[26]

針對該案，民權黨主席陸工恭蕙給國務院的信中認為，特區政府要求人大常委做的是對終審法院判決作出重新解釋，並推翻部分判決的行為，即使是在中國內地的法律上也沒有法理基礎。並認為解釋基本法的權力是用來補充和完善法律的，而非推翻法院的判決的。陸恭蕙認為，基本法 158 條本身對全國人大常委會的解釋也作出了限制，並認為，基本法並未賦予人大常委會在法院判決之前或之後可作出解釋或者重新解釋的權力。針對特區政府在提請國務院，建議國務院向全國人大常委會提請釋法的論述，其認為基本法根本不可能反映香港特區政府所宣稱的立法意圖。[27]

針對有觀點認為全國人大常委會的釋法行為意味着對在該案判決生效後所作出的解釋是一種重新解釋，此舉嚴重損害了司法獨立。梁愛詩在對法律界聯署信件的回應中認為，全國人大常委會的行為是解釋而非重新解釋，「基本法的最終解釋權歸屬全國人大常委會，而非法院。」[28]

由以上的評論可以看出，部分港人對全國人大常委會解釋基本法的認識，主要集中於以下兩點：第一，基本法本身對全國人大常委會能夠解釋的條款設定了限制；第二，基本法本身對全國人大常委會解釋基本法的時機設定了限制。這兩種認識都有值得商榷的地方。

26　參見佳日思：〈《基本法》訴訟：管轄、解釋和程序〉，載佳日思、陳文敏、付華伶主編：《居港權引發的憲法爭議》，第 37 頁。

27　參見佳日思、陳文敏、付華伶主編：《居港權引發的憲法爭議》，第 382-384 頁。

28　同上，第 423-428 頁。

關於第一種觀點，應當明確的是，依據基本法第 158 條第 1 款的規定，全國人大常委會對基本法的解釋權是絕對的。即全國人大常委會的解釋權並不會受到基本法關於類別條款的限制，更不會受到香港終審法院的限制。

關於第二種觀點，雖然立法解釋與司法解釋有所不同，但這並不意味着全國人大常委會不能在法院判決後對基本法的某些條款作出解釋。首先，作為非司法機關，除去香港終審法院提請全國人大常委會在判決作出前解釋基本法的情況，全國人大常委會的任何一次釋法行為必然會處於判決前或者判決後的時間點。其次，全國人大常委會對基本法作出解釋，其起因必然是基本法在適用過程中出現了爭議，而該爭議在基本法的現有條文中又不能獲得圓滿的解決，根據普通法的傳統，該爭議很有可能會出現在法官審理案件的過程中。再次，就本次釋法來看，雖然全國人大常委會作出的解釋與香港終審法院作出的解釋完全不一致，並且香港終審法院應當以全國人大常委會作出的解釋為準，但是法院針對本案作出的判決依然有效，並沒有因為全國人大常委會的釋法行為而歸於無效，因此，全國人大常委會的釋法行為並不會損害到香港的司法獨立和判決的權威性。

3. 如何激活終審法院提請全國人大常委會釋法的程序

基本法的解釋機制在條文中的規定也有必須要加以明確的地方。從規範上看，法院提請人大釋法的條件主要是兩個：第一，類別條款；第二，有需要。[29] 有學者認為基本法第 158 條在結構上就存在缺陷。第 158 條第 3 款僅僅規定了終審法院「應」提請人大釋法和「應」依人大常委會的解釋為準，但是，如果用法律規範的要素來檢視這一條款的話，就會發現該條款因缺少後果這一要件而缺失了法律規範的強制性。[30] 由此可見，基本法中既沒有明確規定認定中央人民政府管

29　參見李蕊佚：〈香港終審法院啟動提請釋法程序的要件〉，《中外法學》2017 年第 4 期。

30　參見李太蓮：《〈香港特區基本法〉解釋法制對接》，北京：清華大學出版社 2011 年版，第 99 頁。

理的事務或中央和香港特別行政區關係的條款的標準、認定權限歸屬以及認定結果的衝突解決機制，也沒有明言香港法院應該提請解釋而實際上未提請解釋時的處理辦法，更沒有明言香港終審法院以下的法院作出終局判決前應該遵循的提請程序。有學者建議，在這樣的情況下，可以制定基本法解釋的技術規範，指導法官的釋法行為。[31] 制定關於解釋的技術規範可以實現指引上的明確化，即只要通過了相關的技術規範，那麼法院的解釋方式、提請全國人大常委會解釋的條件等問題就比較明確了。

面對香港法院在應當提請全國人大常委會釋法的情況下仍然拒絕提請的問題，除了上述基本法中缺少相關的強制性及明確性的指引，還有一定的政治性原因。香港法院對人大釋法既缺乏信任，又要確保其本身擁有完全的司法權。雖然全國人大常委會的解釋權在憲法和基本法中都有明確的規定，但是香港法院並不準備接受這個條款，而是希望通過司法實踐在實踐中廢止這個條款，使其虛置。[32] 上述觀點從香港法院對待全國人大常委會的態度及其對司法主權的警惕，分析了香港法院「不合作」的政治原因，具有一定的啟發性。不得不承認的是，經過一系列有關基本法的訴訟案件後，香港特區司法獨立的理念確實發生了變化，司法與政治之間並不是完全隔離的關係。有學者在關注該問題時指出，香港特區法院面臨的挑戰就是如何兼顧兩種情境，即在「一國兩制」之下，勇於堅持司法獨立、實現權力制衡。[33]

如何才能激活終審法院提請全國人大常委會釋法的程序，從而使得這一制度性的規定能夠真正地運轉起來？這一程序必須依靠香港法

31　參見汪進元：〈香港《基本法》解釋體制的內在張力及其緩解——從人大針對《基本法》第104條的解釋說起〉，《江蘇行政學院學報》2017年第2期。

32　參見白晟：《基本法解釋問題探究：從法理學角度剖析》，北京：中國政法大學出版社2011年版，第201頁，轉引自劉兆佳：《一國兩制在香港的實踐》，香港：商務印書館（香港）有限公司2015年版，第148頁。

33　參見陳麗君等：《香港人價值觀念研究》，北京：社會科學文獻出版社2011年版，第205頁。

院在判決中產生新的判例而獲得實質上的約束力，即通過香港終審法院毫無置疑地提請全國人大解釋基本法的某一條款。隨着實踐的發展，將會有越來越多的條款通過判例而成為必須提請全國人大解釋的對象。但是，基於上述所提出的基本法在實施中所面臨的一系列問題，香港終審法院必須明瞭其在承擔司法職能的基礎上還必須承擔應有的政治職能。

剛果（金）案是香港終審法院提請全國人大常委會釋法的成功實踐，從該案例可以看出，只有在訴訟參與各方對是否應當啟動提請程序形成爭點時，法院才有可能對該事項展開詳細的論證。因此，可以通過賦予當事人請求終審法院提請全國人大常委會釋法的制度，來保證對於可能涉及「類別條款」的案件，全國人大常委會能夠行使法律解釋權。

4.「類別條款」的判斷權歸屬

根據陳弘毅教授的分析，在 1999 年終審法院對吳嘉玲案的判決中，基本法第 22 條第 4 款被認為是一個符合「類別條件」的條款，即涉及中央人民政府管理的事務或中央和香港特別行政區關係，本應提請常委會解釋。但終審法院卻認定它在本案中與另一個適用的條款（第 24 條）相比是一個次要條款，因而劃入「不需要」提請解釋之列。[34] 此案中法院設定了一個標準：如果一個案件中涉及兩個以上的適用條款，那麼只要「主要條款」不符合「類別條件」，「次要條款」即使符合「類別條件」也無需提請解釋。

同時，基於上述對「主要條款」和「次要條款」的區分及處理方式，香港終審法院認為，作為不符合「類別條款」的主要條款，基本法第 24 條在該案中僅僅是「適用」的主要條款，而不是需要「解釋」的主要條款。同時，作為需要「解釋」的基本法第 22 條第 4 款，這

34　參見陳弘毅：〈終審法院對「無證兒童」案的判決：對適用《基本法》第 158 條的質疑〉，載佳日思、陳文敏、付華伶主編：《居港權引發的憲法爭議》，第 130 頁。

一條款雖然「涉及中央人民政府管理的事務或中央和香港特別行政區關係」，並且影響到案件的判決，但是作為「次要條款」，也不必提請全國人大常委會進行解釋。[35]

在該案中，從香港終審法院的上述推理過程可以看出：第一，對於明確屬於中央政府管理的事務或是涉及中央與香港關係的條款，香港終審法院明確知道其有提請全國人大常委會解釋的義務。第二，香港終審法院創造性地提出了「主要條款」和「次要條款」的區分，並通過分析各條款對該爭議的重要性來論證「次要條款」不屬於提請全國人大解釋的範疇。第三，香港終審法院在上述推理的基礎上確定了不將該案提請全國人大常委會釋法，其重要理由是：作為「主要條款」的第 24 條，屬於香港範圍內的自治條款。

由上述分析可以看出，香港終審法院對全國人大常委會解釋基本法持排斥態度，才會在涉及有關中央管理的事務或者是中央與香港特區關係的事務中突破基本法的規定，將條款作出區分，並在基本法的基礎上對提請全國人大常委會釋法又新增加了一個要件：該條款必須是屬於解決本爭議所需要適用的「主要條款」。這也表明了，香港特區法院實際上行使了判斷該條款是否屬於應當提請全國人大常委會解釋的權力。

還有學者認為，基本法第 158 條關於類別條款的判斷問題的規定並非疏漏，而是不可能。如果遵守該條款的字面涵義，在一個案件中則可能出現一部分法律依據的解釋是法官作出，另一部分法律依據的解釋是全國人大常委會作出的情況。分開解釋是絕對不可能的。[36]應當說，在該案中香港終審法院關於不需要提請全國人大常委會解釋的論證是比較牽強的。首先，基本法中對香港終審法院屬於「類別條

---

35 參見陳弘毅：〈終審法院對「無證兒童」案的判決：對適用《基本法》第 158 條的質疑〉，載佳日思、陳文敏、付華伶主編：《居港權引發的憲法爭議》，第 130 頁。

36 參見佳日思：〈《基本法》訴訟：管轄、解釋和程序〉，載佳日思、陳文敏、付華伶主編：《居港權引發的憲法爭議》，第 37 頁。

款」的提請義務的規定是明確的，並沒有任何「主要條款」和「次要條款」的區分。其次，在一個具體的案件中，即使適用的規範既有「類別條款」，又有非「類別條款」，也不影響法院履行將該「類別條款」提交給全國人大常委會解釋的義務。再次，對於是否屬於「類別條款」有爭議的，香港終審法院並不能超越於全國人大常委會之上，享有判斷權。如果說基本法本身對該判斷權的歸屬沒有列明的話，根據未明確列舉的權力歸於授權者本身來看，判斷權也應當歸屬於全國人大常委會本身。最重要的是，如果法院享有該判斷權的話，會使得全國人大常委會對於「類別條款」的解釋權被虛置。因為，通過「主要條款」和「次要條款」的區分，香港終審法院已經越權行使了本該由全國人大常委會行使的職權，在其他的案件中，出於對全國人大常委會干預司法的警惕，判例中會演化出更多的判斷標準。

5. 其他主體在解釋基本法中的作用

從全國人大常委會五次釋法的過程可以看出，行政長官、國務院、基本法委員會都有所參與。

（1）行政長官

行政長官提請國務院向全國人大常委會提出釋法的請求具有正當性。由於需要對中央負責，特首在維護基本法的運行方面也承擔着重要的職責。根據基本法第 43 條的規定，香港特別行政區行政長官依照本法的規定須對中央人民政府和香港特別行政區負責。根據基本法第 48 條第 2 款的規定，香港特別行政區行政長官負責執行本法和依照本法適用於香港特別行政區的其他法律。因此，對於執行基本法過程中出現的問題，行政長官有權進行干預。

另外，鑒於基本法第 158 條並沒有規定香港終審法院不提請全國人大常委會釋法的其他處理辦法，全國人大常委會直接、主動地介入基本法的解釋也面臨着非常複雜的必要性爭議。因此，行政長官作為既對中央負責，又對香港特別行政區負責的主體，其參與到基本法的

解釋中具有合理性。

行政長官介入基本法的解釋，應當滿足一定的程序性要求。在吳嘉玲案中，香港大律師公會主席湯家驊就政府要求解釋基本法所涉及的憲法規定向立法會內務委員會致詞。他認為，在尋求解釋時，政府須符合基本法第 159 條的要求。[37]

基本法第 159 條規定的其實是修改基本法的前期流程。包括修改議案必須經過香港特別行政區的全國人民代表大會代表三分之二多數、香港特別行政區立法會全體議員三分之二多數和香港特別行政區行政長官同意後，交由香港特別行政區出席全國人民代表大會的代表團向全國人民代表大會提出。並要求，本法的修改議案在列入全國人民代表大會的議程之前，須先由香港特別行政區基本法委員會研究並提出意見。

上述建議的理念是正確的，即由行政長官啟動提請全國人大常委會解釋基本法應當保持慎重的態度。但是，如果完全依照基本法第 159 條的規定，則在實踐中無法完成。原因是：修改基本法的主體是全國人民代表大會，但是解釋基本法的主體則為全國人民代表大會常務委員會。因此，不同的主體不可能適用完全相同的表決要件和流程。另外，全國人民代表大會每年只在固定的時間召開會議，但是解釋法律則是依據現實的需求來進行的，因此，全國人民代表大會常務委員會在解釋基本法時並不能夠遵守上述的流程。

（2）國務院

國務院主要是作為行政長官提請協助的主體。在吳嘉玲案中，行政長官向國務院提交《關於提請中央人民政府協助解決實施〈中華人民共和國香港特別行政區基本法〉有關條款所遇問題的報告》。該報告稱香港特區終審法院的判決內容與香港特區政府對基本法有關條款

37　參見佳日思、陳文敏、付華伶主編：《居港權引發的憲法爭議》，第 403-406 頁。

的理解不同。該報告還分析了特區政府對有關條款的理解以及法院判決所可能引發的社會後果。國務院在研究了該報告後，就向全國人大常委會提出了《關於提請解釋〈中華人民共和國香港特別行政區基本法〉第二十二條第四款和第二十四條第二款第（三）項的議案》。該議案受到全國人大常委會委員長會議的審議。全國人大常委會委員長會議提出了《全國人民代表大會常務委員會關於〈中華人民共和國香港特別行政區基本法〉第二十二條第四款和第二十四條第二款第（三）項的解釋（草案）》，並徵詢了香港基本法委員會的意見。

在「經補選產生的新的行政長官」問題上，全國人大常委會也是遵循了相同的步驟對基本法相關的條款進行解釋。時任特區署理行政長官曾蔭權於 2005 年 4 月 6 日向國務院提出了《關於請求國務院提請全國人民代表大會常務委員會就〈中華人民共和國香港特別行政區基本法〉第五十三條第二款作出解釋的報告》。國務院經研究，於 4 月 10 日向全國人大常委會提交了《關於提請解釋〈中華人民共和國香港特別行政區基本法〉第五十三條第二款的議案》。全國人大常委會依照香港基本法的規定，徵詢了全國人大常委會香港基本法委員會的意見，同時還聽取了港區全國人大代表、全國政協委員和香港法律界在內的香港各界人士的意見，於 4 月 27 日作出了有關解釋。

（3）香港基本法委員會

香港基本法委員會雖然並無權力提請全國人大常委會釋法，但是，其對全國人大常委會如何解釋基本法、對該解釋的說明及對解釋中如何考慮香港情況都發揮了重要的作用。根據基本法的規定，全國人民代表大會常務委員會在對本法進行解釋前，應徵詢其所屬的香港特別行政區基本法委員會的意見。鑒於基本法委員會的組成人員及其職責，全國人大常委會在五次釋法中，在作出最終的解釋前，都徵詢了基本法委員會的意見。

在強調全國人大常委會有權解釋基本法後，其關於基本法的解釋

能否最大程度地與香港法律界達成共識並受到香港民眾的接受，還取決於該解釋的方式與內容。有學者認為，基本法委員會作為兩個解釋基本法的主體之間的銜接機構，根據基本法第 158 條第 4 款的模糊規定，實際上被賦予了相當程度的政治責任豁免。正是這種政治責任豁免在某種程度上加深了人大釋法與香港司法終審權之間的裂隙。[38] 這種觀點揭示了基本法委員會的關鍵性作用，即在基本法的解釋方式、解釋方法、解釋藝術等問題上基本法委員會都應當承擔着重要的角色。基本法委員會充分參與到解釋的過程中，不僅可以充分地表達其對相關條款的理解，促進釋法的科學性，還起到了溝通、協調的示範作用，對增強全國人大釋法的認受性有很大的幫助。

作為一個具有內地和香港雙重人員構成的機構，如果基本法委員會能夠在激活特區法院提請全國人大常委會釋法的基礎上承擔更多的功能，那麼就可以儘量避免全國人大常委會作為權力機關直接介入到香港的司法案件中，同時也可以間接督促特區法院積極履行提請義務。鑒於基本法委員會組成人員的廣泛性，全國人大常委會應當充分尊重基本法委員會關於解釋內容的意見。[39] 例如，在全國人大常委會與香港特區法院對解釋的條款是否符合「類別條款」標準和「必要性」存有不同的意見時，如果基本法委員會認為應當提請全國人大常委會進行解釋，那麼特區終審法院必須暫停訴訟而將相關的條款提交全國人大常委會解釋。不過這種機制需要以啟動基本法的修改並將基本法委員會的職能明確寫入基本法為前提。

38　參見林哲森：〈論人大釋法及其與香港特區司法終審權的銜接〉，《海峽法學》2013 年第 3 期。

39　參見季金華：〈基本法解釋的權限和程序問題探析〉，《現代法學》2009 年第 4 期。

第三節

香港法院的違反基本法審查權

◇◇◇

憲法是涉及一國根本的政治體制等基礎性內容的法律，是一國之中具有最高權威的法律。憲法監督的目的是為了保障憲法的條文能夠得到遵守，監督的對象一般也是立法機關的立法行為，如果立法機關所制定的法律與憲法不符，則應當啟動憲法監督。只不過這種啟動的方式依憲法監督的形式而有所不同：具體的憲法監督要求必須在具體的訴訟中，權利受侵害的人提起訴訟時才能一併提起對法律合憲性的質疑；但是抽象的憲法監督卻允許單獨就立法機關制定的法律的合憲性提出質疑。

具體到香港地區，由於其深受英國普通法的影響，又加之香港的司法傳統在回歸後得到了最大程度的維護，探討香港法院的「違憲」審查權就很有必要。在香港特區，「司法審查」、「違憲審查」和「司法覆核」、「違反基本法審查」等概念經常被混合使用，學術界對上述概念的定義並不一致。考慮到香港並不是一個主權國家，而僅僅是我國單一體制下的地方行政區域，基本法也不是憲法，因此，香港法院不可能依據普通法傳統享有「違憲」審查權。我們將香港法院審查特區立法是否符合基本法的權力稱為違反基本法審查權。[1]

1　參見董立坤、張淑鈿：〈香港特別行政區法院的違反基本法審查權〉。

一、香港法院是否享有違反基本法審查權

（一）過渡時期香港法院享有違反《香港人權法案條例》審查權

在港英政府時期，香港法院並不像美國的聯邦法院一樣享有覆查法律的權力，即使是針對立法局制定的法律，在與英國簽訂條約承擔的義務相違背的情況下，香港法院也無權過問。[2] 但過渡時期《香港人權法案條例》的出台，使得香港法院擁有了判定香港法例是否有效的權力。英國於 1976 年加入《公約》，並在同年批准適用於香港。1991 年香港立法局制定《香港人權法案條例》，將《公約》中適用於香港的規定納入香港的法律。該條例第 3 條「對先前法例產生的影響」中第 2 款規定，「所有先前法例，凡不可作出與本條例沒有抵觸的解釋的，其與本條例抵觸的部分現予廢除。」第 4 條「對日後法例的釋義」規定：「在生效日期或其後制定的所有法例，凡可解釋為與《公約》中適用於香港的規定沒有抵觸的，須作如是解釋。」從這兩條規定可以看出，《香港人權法案條例》在香港取得了凌駕性的地位。

與此同時，英國政府將《英王制誥》第 7 條修改為：「聯合國大會在 1966 年 12 月 16 日正式通過的《公民權利和政治權利國際公約》，如在香港適用，將會透過香港條例而生效。在香港的《英王制誥》生效之後，香港的任何法條均不能與現時在港生效的公約相違背，也不能以任何方法限制現時香港人所擁有的權利和自由。」如此一來，《香港人權法案條例》中關於其本身對其他法律的效力的規定，通過《英王制誥》這一憲制性的法律予以確立。在「英皇訴冼友

2　參見史申良：《香港政制縱橫談》，廣州：廣東人民出版社 1991 年版，第 148-149 頁。

明」案[3] 之後，立法局的立法行為和政府的行政行為在一系列司法審查案件中遭遇挑戰。

（二）《香港人權法案條例》在回歸後效力的變動

在香港回歸之後的司法制度變與不變的問題上，基本法進行了明確的規定。

基本法在總則中第 8 條規定，香港原有法律，即普通法、衡平法、條例、附屬立法和習慣法，除同本法相抵觸或經香港特別行政區的立法機關作出修改者外，一律予以保留。基本法在附則中第 160 條規定，香港特別行政區成立時，香港原有法律除由全國人民代表大會常務委員會宣佈為同本法抵觸者外，採用為香港特別行政區法律，如以後發現有的法律與本法抵觸，可依照本法規定的程序修改或停止其生效。1997 年 2 月 23 日第八屆全國人民代表大會常務委員會第二十四次會議通過了《全國人民代表大會常務委員會關於根據〈中華人民共和國香港特別行政區基本法〉第一百六十條處理香港原有法律的決定》，附件二規定，香港原有法律中部分條例及附屬立法的部分條款抵觸基本法，不採用為香港特別行政區法律。其中第 7 項即為，《香港人權法案條例》（香港法例第 383 章）第 2 條第（3）款有關該條例的解釋及應用目的的規定，第 3 條有關「對先前法例的影響」和第 4 條有關「日後的法例的釋義」的規定。[4]

因此，根據全國人大常委會的決定和基本法的規定，《香港人權

3　「香港政府訴洗友明」一案涉及攜帶危險藥物非法買賣。上訴法院被請求考慮《危險藥物條例》第 46 條（c）及（d）和第 47 章（1）（c）及第 47 章（3）是否符合《人權法案條例》第 11 條第 1 款，即未經依法確定有罪之前，應假定其無罪之權利的規定。上訴法院給予明確的答案，宣判所有《危險藥物條例》中有關的條例均應在 1991 年 6 月 8 日後因應與《人權法案條例》該條規定相抵觸而被撤銷。

4　〈全國人民代表大會常務委員會關於根據《中華人民共和國香港特別行政區基本法》第一百六十條處理香港原有法律的決定〉，1997 年 2 月，中國人大網，http://www.npc.gov.cn/wxzl/gongbao/1997-02/23/content_1480143.htm（最後訪問時間：2017 年 10 月 16 日）。

法案條例》第 2 條第（3）款和第 4 條並不屬於香港特別行政區法律。由於《英王制誥》也不適用於香港特別行政區，《香港人權法案條例》的凌駕性地位和效力上的至高性也就消失了。基於此，香港特區法院也不能在認為其他法律與該條例相抵觸的情況下將該法律廢除。

（三）違反《香港人權法案條例》審查權與違反基本法審查權

上述對《香港人權法案條例》的效力的規定，僅僅表明了該條例所具有的凌駕性地位消失了，香港特區法院也不再享有違反《香港人權法案條例》審查權。香港回歸後，如果不考慮憲法，作為香港的憲制性文件，基本法似乎成為了在香港具有最高效力的全國性法律。因此，就面臨一個新的問題：如果在過渡時期，香港法院為了維護《香港人權法案條例》的至高性而享有審查權，那麼該權力是否當然地及於基本法呢？也正是由於對於香港法院是否享有違反基本法審查權的問題並沒有一個清晰的界定，這種規範層面上的留白也為後續可能產生的矛盾埋下了隱患。

特區法院不僅完全肯定了自己的違反基本法審查權，還在判例中行使了這一權力。[5]1999 年發生在香港的吳嘉玲案是「一國兩制」實施以來發生的一次憲法性危機。在吳嘉玲案中，法院在判決書中態度鮮明地指出了法院享有對特區機關所制定的法例或者行政機關的行為是否違反基本法的審查權：[6]

在行使《基本法》所賦予的司法權時，特區的法院有責任執行及解釋《基本法》。毫無疑問，香港法院有權審核特區立法機關所制定的法例或行政機關之行為是否符合《基本法》，倘若發現有抵觸《基本法》的情況出現，則法院有權裁定有關法例或行為無效。法院行使

5　參見陳弘毅：《法理學的世界》（第 2 版），北京：中國政法大學出版社 2013 年版，第 437 頁。

6　摘自吳嘉玲案判決書，載佳日思、陳文敏、付華伶主編：《居港權引發的憲法爭議》，第 433 頁。

這方面的司法管轄權乃責無旁貸，沒有酌情餘地。因此，若確實有抵觸之情況，則法院最低限度必須就該抵觸部分，裁定某法例或某行政行為無效。雖然這點未受質疑，但我等應藉此機會毫不含糊地予以闡明。行使這方面的司法管轄權時，法院是按《基本法》執行憲法上的職務，以憲法制衡政府的行政及立法機構，確保它們依《基本法》行事。

一直引起爭議的問題是，特區法院是否具有司法管轄權去審核全國人民代表大會或其常務委員會的立法行為（以下簡稱為「行為」）是否符合《基本法》，以及倘若發現其抵觸《基本法》時，特區法院是否具有司法管轄權去宣佈此等行為無效。依我等之見，特區法院確實有此司法管轄權，而且有責任在發現有抵觸時，宣佈此等行為無效。關於這點，我等應藉此機會毫不含糊地予以闡明。

這個案件引起了學界廣泛的關注，不僅僅是因為香港法院在判詞中旗幟鮮明地指出特區法院有權審查特區立法機關所制定的法例或行政機關的行為是否符合基本法（即特區法院享有違反基本法審查權），更是以非常明確的態度認為特區法院同樣享有對全國人大常委會的立法行為是否符合基本法的審查權。

這一觀點遭到了強烈的批判。內地法律界人士認為香港特區法院不具有審查特區立法機關制定的法律是否符合基本法的權力，香港終審法院強調法院享有憲法性管轄權，其實是擅自擴大了法院的管轄範圍，是以司法為主導而不是以行政為主導。有學者認為，審查香港法律是否符合基本法是全國人大常委會的權力，不是終審法院的權力。[7]這種觀點從根本上否定了香港法院享有審查特區立法的權力，根據是基本法第 17 條規定，特區立法報全國人大常委會備案，全國

7　參見〈內地法律專家對終審法院判決的意見〉，載佳日思、陳文敏、付華伶主編：《居港權引發的憲法爭議》，第 56-58 頁。

人大常委會在徵詢基本法委員會的意見後，如認為特區立法機關通過的法律有關中央管理的事務及中央與特區關係的條款不符合基本法，可將有關法律發回。根據基本法第 160 條，香港原有法律除全國人大常委會宣佈同基本法抵觸者外，採用為特區法律。

基本法經常被稱作香港的「小憲法」，因此，很多學者在論述香港法院的司法審查權時，經常與「違憲審查權」不加區分地使用。[8] 在 1997 年的馬維錕案中，香港高等法院在該案的判決中多次強調，「《基本法》是一部中華人民共和國的國內法和香港特別行政區的憲法，《基本法》是香港特別行政區的憲法，是最重要的一部法律」。應當看到：雖然基本法作為全國人大制定的主要適用於香港的法律，在香港的地位非常重要，但是一國主權之下只能有一個憲法，「小憲法」的稱謂會淡化憲法在香港的適用。也有學者認為香港法院享有違反基本法審查權是由於基本法保留了香港法院原有的管轄權、審判權以及普通法。例如，陳弘毅認為，雖然基本法沒有明文賦予香港特別行政區法院「違憲」審查權（這裏所說的違憲審查權是指特區法院就特區立法的審查權，如裁定特區立法是否因與基本法相抵觸而無效），但基本法保留了香港法院原有的審判權和管轄權，也保留了香港原有的普通法，並規定特區立法機關制定的任何法律不得與基本法相抵觸。這些規定都可以理解為特區法院的違憲審查權的法理依據。[9] 因此，如果發現立法會或者行政機關有抵觸基本法的情況，香港法院有權作出裁定，認為相關的法律或者行政行為無效。

第一，基本法沒有明確授予法院行使違反基本法審查權

在「馬伯里訴麥迪遜」一案中，美國最高法院在接到原告的起訴後，在由首席大法官約翰・馬歇爾執筆的判決意見書中判定《1789

8　王書成：〈司法謙抑主義與香港違憲審查權——以「一國兩制」為中心〉，《政治與法律》2011 年第 5 期。

9　參見陳弘毅：〈香港特別行政區法院的違憲審查權〉，載南京師範大學法制現代化研究中心編：《法制現代化研究》（第四卷），南京：南京師範大學出版社 1998 年版，第 428 頁。

年司法》因違憲而無效，理由是根據美國憲法第 3 條第 2 款，最高法院對此案並不具有初審管轄權，而僅僅具有上訴管轄權。由此最高法院確立了有權解釋憲法、裁定政府行為和國會立法行為是否無效的制度。在上述吳嘉玲案中，法院認為自己是按照基本法執行憲法上的職務，但香港法院對基本法的解釋權來源於全國人大常委會的授權，而人大常委會並沒有對司法審查權進行授權，因此香港特區法院的解釋權並不具有完整性和閉合性。[10] 因此，法院所認為自己擁有司法審查權的依據是不成立的。另一方面，法院認為司法機關的作用在於制衡行政及立法機構，把自己看做是基本法的捍衛者，這在一定程度上淡化了香港作為一個特別行政區的地位，也忽略了中央對於香港的管治權，不利於維護香港的行政主導體制。

第二，香港法院在事實上已經取得了違反基本法審查權。

根據授權理論，香港法院享有違反基本法審查權並沒有法律上的依據。並且，如果立法機關制定的法律不符合基本法的規定，那麼全國人大常委會有權將該法律發回，法律自發回就失效。這些都表明審查香港立法機關通過的法律是否符合基本法的權力在全國人大常委會，而不是在特區終審法院。

雖然基本法沒有在條文中明確規定香港法院享有違反基本法審查權，但是，遵循先例是一項非常重要的原則，美國法院享有違憲審查權也並非是基於憲法上的規定。在「馬伯里訴麥迪遜」一案中，法院通過自身享有司法解釋權從而在事實上行使了違憲審查權。借助於遵循先例原則，法院在先前判決中對法律的解釋得以成為後續判決中法院對該法律的理解和適用的依據。如果在先的法院在解釋法律的過程中認為某一項法律因為違反了憲法而發生了解釋的矛盾時，該法律就不會被適用。那麼在後續的案件中，由於要遵循先例，該法律就會一

10　參見郭天武等：《香港基本法實施問題研究》，北京：中國社會科學出版社 2012 年版，第 68 頁。

直處於不被適用的狀態，在實際上就是一種「不發生效力」的狀態。

在吳嘉玲案中，全國人大常委會在香港終審法院作出判決以後對基本法第 24 條所規定的含義重新進行解釋，相當於是否定了終審法院的解釋。並且，終審法院在 1999 年 2 月 26 日表明，特區法院的司法管轄權來自基本法，基本法的解釋權屬於全國人大常委會。法院在審理案件時，所行使的基本法解釋權來自人大常委會的授權。同時指出特區終審法院在 1999 年 1 月 29 日的判詞中並沒有質疑人大常委會根據第 158 條所具有的解釋基本法的權力，且如果人大常委會對基本法作出解釋，特區法院就必須以人大常委會的解釋為依據。雖然法院的解釋確立了全國人大常委會有權對基本法作出解釋，並且並不限於中央和特區政府關係的事項，但是這一澄清並沒有涉及違反基本法的審查問題，更沒有推翻該案的最終判決。根據遵循先例的原則，香港法院審查行政行為或立法行為是否符合基本法的做法也會延續下來。有學者總結指出：「在沒有授權也沒有禁止的情況下，多種因素共同作用推動香港法院走向自設違反基本法審查權的道路。」[11]

二、香港法院違反基本法審查權的範圍

雖然違反基本法審查權並沒有基本法上的依據，但是一系列發生在香港回歸之後的案例也給我們理解和深化對基本法認識提供了鮮活的樣本和討論的素材。在承認基本法在香港所具有的重要地位的前提下，為何會產生如此之大的分歧？究其原因，是因為這一香港法院「自己爭取」而來的司法審查權，其權限邊界在香港和內地之間具有不同的認識。在香港回歸之後，內地的法律制度和司法體系發生的改變較小，但是香港整個的政治體制和司法制度都面臨了質的變化。在

11　董立坤、張淑鈿：〈香港特別行政區法院的違反基本法審查權〉。

這個基礎上，香港法院基於普通法的傳統和思維，想當然地把法院等同於行政機關、立法機關，甚至把香港放在了與中央同等的地位，這使得「一國兩制」原則中香港法院對「一國」認識的問題凸顯了出來。

（一）全國性法律不屬於香港法院審查權的對象

香港法院雖然在事實上行使了司法審查權，可以對違反基本法的行為和法例進行審查，進而宣佈其無效。但是，對於全國性的法律，不論是在內地實施的法律，還是在香港地區實施的法律，香港法院都不享有審查權。

根據我國的立法體系，全國人大和全國人大常委會制定的法律是全國性法律，該法律在中華人民共和國領域內都有效。全國性法律不屬於香港法院審查權的對象是基於以下原因：第一，全國性法律的審查主體在憲法中有明確的規定，根據憲法第 67 條的規定，全國人民代表大會常務委員會可以行使解釋法律的職權。這一職權是有憲法上的根據的。第二，法院對法律的解釋並不具有審查性質。對於立法機關制定的法律，最高人民法院和最高人民檢察院可以根據《立法法》的規定對審判工作、檢察工作中的具體應用法律作出解釋，最高人民法院、最高人民檢察院作出具體應用法律的解釋，應當報全國人大常委會備案。雖然最高人民法院有權對全國人大制定的法律作出解釋，但是該解釋絕對不具有審查性質。這一規定可以從機關的等級來理解。不管是內地的最高法院，還是香港的法院，都是人大常委會「二次授權」所獲得的法律解釋權，自然不能審查人大常委會制定的法律。

（二）香港法院實際上對特區立法機關制定的法律行使了審查權

如果僅僅從基本法的條文做直觀推理，法院的這一審查權並沒有依據。香港法院除了對國防、外交等國家行為無管轄權外，還應受

基本法相關規定，即「必須受到原有法律制度和原則對法院管轄權的限制」。因此，如果香港原有的法律制度和原則對特區立法機關制定的法律有特別的規定，那麼特區法院在回歸之後依然受到該規定的約束。

從香港原有的法律傳統來看，香港原有制度和原則並沒有限制香港法院對香港立法機關的司法審查權。在吳嘉玲案中，申請人對《入境條例》是否符合基本法提出了質疑，香港終審法院最終認為《入境條例》因違反基本法而無效。至少在這個案件中，香港終審法院行使了對特區立法機關制定的法律是否違反基本法的審查權。

香港學者陳文敏認為，基本法第 17 條所賦予的是一項監察的權力，保證特區的法律不會超越特區自治範圍以內的事情，它並不賦予全國人大常委會監察特區的法律是否符合基本法的所有條文（尤其是自治範圍內）的權力，監察特區法律是否符合基本法這項工作自然是落到特區的立法和司法機關的身上。[12] 上述觀點包括以下核心內涵：第一，全國人大常委會通過備案這一程序享有監察特區法律的權力；第二，全國人大常委會的監察權僅僅限於特區法律可能超越特區自治範圍的情況。也就是說，監察權力僅僅及於特區自治範圍外的事務，而對於特區自治範圍內的事務，全國人大常委會則不享有該項權力；第三，備案行為與監察權力是分開的；第四，有關法律沒有被發回重議並不能視作有關法案即符合基本法的規定，基本法第 17 條沒有對行使發回權的時限作出規定。這種觀點在承認全國人大常委會的備案權的同時，將法律的生效與法律的備案區分開來，並不斷強調全國人大常委會確實擁有備案權，但是這種備案僅僅是為了防止特區立法機關制定的法律超越了特區自治的範圍，並且全國人大常委會在備案時，也只可以審查該法律是否超出了特區自治的範圍。

12　參見陳文敏：〈司法獨立是香港重要基石：對內地法律專家的評論的回應〉，載佳日思、陳文敏、付華伶主編：《居港權引發的憲法爭議》，第 64-65 頁。

有一種觀點認為香港法院享有違反基本法審查權，其理由是基本法中「剩餘權力」的分配問題，即對於沒有規定的「剩餘權力」，其當然地歸屬於特區自治範圍內，由相關的機關行使。[13] 在這一理論下，香港終審法院認為對法院權限的限制只能以列舉的方式明確規定在基本法中，否則該權力理應由香港特別行政區行使。應當說，這一觀點是支撐香港特區法院有權審查特區立法機關制定的法律是否符合基本法的最有說服力的觀點，並且也被堅持「高度自治」的學者所宣揚，但是由於「剩餘權力」的理論並不適用於香港，因此，這種觀點也不能成立。

筆者認為，香港特區法院通過行使基本法的解釋權，已經在實際中獲得了對特區立法機關制定的法律是否違反基本法的審查權。根據基本法第 17 條的規定，全國人大常委會的發回行為能夠直接否定香港立法機關制定的法律的效力。但實踐中全國人大常委會從未行使過該項權力。從理論上分析，全國人大常委會一般行使的都是其作為立法機關的職能，鮮有法律審查工作，尤其是對於特別行政區的立法進行審查。從香港特區立法機關的角度考慮，其在立法中通過與基本法中的相關規定不相符合的條款的可能性也不大。因此，對於全國人大常委會的職能，雖然基本法規定得非常明確，但是實際中並未出現全國人大常委會發回特區立法的情況。

對於香港特區法院來說，其實際上已經通過上述的案例行使了違反基本法的審查權。雖然香港實行的並不是三權分立而是行政主導下的分權制衡，但是就立法權與司法權之間的關係來說，司法權對立法權的制衡都是通過司法審查的形式來實現的，這也是香港法院認為其享有審查權的當然理由。如果僅僅依據普通法傳統，司法審查並沒有得以依靠的對象。而基本法作為一部制定法，被認為是除了憲法之外

13　香港終審法院即持該觀點。參見董立坤、張淑鈿：〈香港特別行政區法院的違反基本法審查權〉。

在香港效力最高的法律，自然也就成為了法院解釋法律之後判斷該法律是否符合法治的依據。

在特區立法機關制定的法律中，有一類法律的依據是全國性法律。根據基本法第 18 條的規定，凡列於本法附件三之法律，由香港特別行政區在當地公佈或立法實施。根據現有的情況，立法機關一般都是通過制定相關的條例或法案將該全國性法律適用於香港。從制定主體看，香港法院對該類法律享有違反基本法審查權，但從制定的內容看，該類法律的內容一般是全國性法律在香港的具體適用，內容也與全國性法律一致。在這種情況下，如果承認香港法院的審查權，也就意味着如果香港法院宣佈該法律違反基本法，那也間接地表明了香港法院認為該全國性法律違反基本法，這也就相當於香港法院對全國人大常委會所制定的全國性法律行使了否定權。因此，對於附件三轉化而形成的法律，香港法院並不享有審查權。

（三）香港法院對特區政府的行政行為享有審查權

香港法院對特區政府的行政行為進行審查一般被稱作司法覆核。普通法上的司法審查是指法院在審判中依據憲法或法律對有關立法行為和行政行為進行合法性裁決的審查。[14] 根據這個觀點，司法覆核可以看做是司法審查的一種。在本書第二章司法權與行政權關係的論述中可以看到，申請人有權針對特區政府的行政行為向法院提出司法覆核。因此，司法審查權的對象可以是特區政府的行政行為。但是，特區法院在對特區政府的行政行為進行審查時應當堅持政治行為不予審查的原則，並避免司法覆核過度化的傾向。

14　徐靜琳、張華：〈關於香港特區違憲審查權的思考〉，《上海大學學報（社會科學版）》2008 年第 2 期。

三、香港法院行使違反基本法審查權的效果評價

不論是司法審查還是司法覆核，香港法院似乎在權力格局中越來越積極地行使其權力。司法權對立法權和行政權的審查使得立法權和行政權日益被動，而司法權本應該嚴格恪守的被動性卻在悄然發生改變。

香港學者對於香港法院享有的審查權一般都是持積極的態度。即使有觀點認為法院在司法能動的道路上角色過於積極，其倡導的也不過是提高司法覆核的門檻，以及強調法院要做到政治絕緣。

但內地學者對香港法院的審查權表現出了非常大的擔憂。不論特區法院行使審查權的結果如何，既定事實已經產生：由於法院的參與，基本法的性質及發揮效力的方式不可避免地帶有普通法的特徵。

具體來說，法院的審查權從根本上扭曲了基本法和普通法之間的關係，使得基本法司法化的趨勢進一步加劇。有學者總結指出，香港特區法院審理的大量涉及基本法的案件，對香港既有的憲制格局造成了一定的影響，主要體現為對行政主導的削弱。[15] 基本法作為一部授權性法律，是香港特區政府、立法會、香港法院行使權力的依據和界限。但是，香港法院通過頻繁地解釋基本法，從而使得基本法的司法化特徵越來越明顯。基本法要通過法官的解釋進行一種轉換，才能成為法律規則加以適用。這樣，基本法有可能出現普通法下的新的規則，變成法官所改造後的基本法，並按照遵循先例的原則，使這種普通法成為特區法律中起決定性和依據性的部分，其結果就是體現全國人民共同意志的基本法被轉換和隔離了。[16] 這一觀點體現了法院在對基本法的具體條款進行解釋的同時，也奠定了法院在基本法解釋中的主導權。

15　參見程潔：〈香港基本法訴訟的系統案例分析〉，《港澳研究》2016 年第 2 期。

16　蔣朝陽：〈從香港法院的判決看基本法的解釋〉，《港澳研究》2007 年夏季號。

更重要的是，香港法院行使違反基本法審查權還會帶來另一個後果，即基本法普通法化。有學者指出，基本法實施中所出現的一系列現象，都引發了一個值得思考的問題：是普通法規範基本法使自身與普通法相適應，還是基本法規範普通法使普通法適應基本法？[17] 這一問題指出了基本法在普通法傳統下撲朔迷離的走向。從法律位階上看，基本法的產生基礎和效力來源都是憲法，其作為一部授權性的法律，是全國人大對香港特區高度自治原則的具體化。基本法作為一部授權性質的制定法，其制定主體和授權主體都是全國人大。但是，香港法院卻一直都是依照普通法的傳統來適用和解釋基本法，要求基本法根據普通法的傳統進行調整和適應。長此以往將會顛倒普通法和基本法的關係，認為普通法是基本法的法源，基本法必須服從和遵守普通法。這會損害基本法的權威，削弱基本法作為香港根本性法律規範的法律地位。

17　參見董立坤、張淑鈿：〈香港特別行政區法院的違反基本法審查權〉。

香港終審法院的終審權

◇◇◇

一、終審權的性質

終審權又被稱作最終審判的權力或終止上訴的權力,被認為是體現主權的特徵性權力。[1] 在世界各國憲法中,終審權都是授予本國的中央司法機關,由本國最高司法機關行使終審權,對外可代表本國獨立的司法權,對內則代表本國最高的司法權威。[2] 在香港和澳門回歸之前,我國的終審法院只有一個,即最高人民法院。根據基本法,香港在回歸以後將設立終審法院,用以取代港英政府時期的樞密院,終審權也由香港終審法院行使。

在一個國家的原則之下,我國同時存在 3 個相互獨立的司法系統(此處並不涉及對我國台灣地區司法權的討論)。作為一國國家權力的集中體現,特別行政區享有司法權和終審權,是「一國兩制」最直接的體現,也是對傳統憲法學理論的突破。不論是在任何一國的政治體制中,任何一個地方性法院都只能行使有限的司法權,地方自治也不可能是司法權自治以至於終審權自治。即使是在聯邦制國家中,也沒有例外 —— 聯邦國家中只有聯邦最高法院享有終審權,各州的最

1　參見〔法〕讓・博丹著,李衛海、錢俊文譯:《主權論》,第 121 頁。

2　參見董立坤:《中央管治權與香港特區高度自治權的關係》,北京:法律出版社 2014 年版,第 177 頁。

高法院並無權行使終審權。因此，基本法將終審權賦予香港終審法院是香港享有和行使高度自治權的鮮明體現。賦予香港終審法院以終審權也就意味着香港的司法制度自成一體，香港各級法院與我國的最高人民法院之間既沒有隸屬關係，也沒有監督關係。

▍二、香港終審法院的功能

從權力分立與制衡上的關係來看，法院作為行使司法權的機關，其功能和作用包括解決各類民事、刑事以及行政糾紛。總的來說，法院的功能是適用立法機關制定出來的法律。但是，法院在實際中發揮的作用絕不僅僅限於解決糾紛。尤其是作為一個法域內的終審法院，不管是在大陸法系國家，還是在普通法系國家，終審法院針對某一個具體的糾紛所作出的判決不僅會對整個法院系統對該問題的觀點產生主導性的影響，更發揮着維護法制統一的作用。作為遵守普通法傳統的地區，香港終審法院也一直承擔着創造和變更判例以及維護法制統一上的作用。

（一）創造和變更判例

作為實行普通法傳統的地區，香港終審法院承擔着創造和變更判例的角色自不待言。但是，在如何履行這一角色的問題上，卻有着司法節制和司法能動之分。認可還是推翻一項先例、嚴格地解釋還是有所變更地解釋一項立法或憲法條款、宣佈有爭議的國會立法合憲還是違憲，都是司法節制與司法能動之間區分的標準。雖然各國都遵循着司法獨立的原則，但是在司法的功能上卻有節制與能動之間的區分。

不同歷史時期、不同的政治背景下，終審法院都有可能在節制與能動之間切換。對於香港終審法院來說，在回歸之前，其對舊的判例作出變更或創造新的判例，其依據僅僅是普通法。但是，在基本法實

施後，香港的政治、社會、法治環境發生了重大的變化，特區政府、立法會的角色也發生了轉換，司法機關也同樣面臨着變化。如果說在回歸之前，香港終審法院變更舊的判例、創造新的判例是由於社會環境發生了變化的話，那麼香港終審法院在回歸之後變更舊的判例、創造新的判例還有可能是受到特別行政區這一政治地位的影響。因此，與回歸前相比，香港特區政府在創造和變更判例方面，會直接受到基本法的約束和制約。

（二）維護法制統一

訴訟制度具有解決糾紛的私人目的和維護法律秩序的社會目的，各國的通行做法是由最高的司法機關來維護法制的統一。如果說作為普通法制度下的終審法院，其創造和變更判例的作用具有共同性的話，那麼香港終審法院在維護香港法制統一中的作用則具有一定的特殊性。這種特殊性主要是由香港回歸後普通法制度與我國內地的全國人民代表大會制度相聯繫而發生的一系列連鎖反應所造成的。最高層級的法院通過確立最權威的判例進而推行最權威的解釋，這樣的解釋活動與個案裁判緊密地勾連在一起，個案推進式地發展法律。[3] 普通法的立憲主義和我國憲法對於特別行政區的規定，同時構成了香港終審法院行使司法權和終審權的外在框架。終審法院通過司法技術在審查法規中理性而微妙地平衡着香港的法制統一與穩定。[4] 正是由於香港法制統一所面臨的新環境，決定了香港終審法院在回歸後承擔了許多新的角色和功能。其中，最具有挑戰性的角色就是香港終審法院所享有的司法終審權。香港終審法院可以依照司法傳統和司法制度而自主地對香港法院所審理的案件享有終審權，從而獲得最高權威。而終

3　參見沈巋：〈司法解釋的「民主化」和最高法院的政治功能〉，《中國社會科學》2008 年第 1 期。

4　參見祝捷：〈香港特別行政區終審法院法規審查的技術實踐及其效果〉，《政治與法律》2014 年第 4 期。

審法院所享有的這一權力在回歸前的香港最高法院是沒有的。此外，香港終審法院在法律解釋中的觀點也可能會促使現有的立法進行修訂和變更。因此，通過確認或者推翻某項判例、創設或者堅持某項判例，香港終審法院在維護香港法制的統一中擔任着核心的角色。

（三）保證行政主導，維護國家主權

近年來，香港法院司法擴權的現象引起了學者的關注。日漸增多的司法覆核使得行政權與司法權的互動日趨頻繁，許多應當由行政機關進行管理的領域卻面臨着司法權的介入。對於司法覆核，香港法院一方面將其視為香港居民的合法維權的途徑，另一方面也試圖通過不斷地宣稱司法獨立、只解決法律問題而不關心政治爭議來在某些政治氣息濃厚的案件中保持其客觀、中立的形象。但不可否認，司法覆核已經成為部分人士阻撓政府施政的便捷方式。司法擴權的現象已經對基本法所確立的行政主導的政治體制產生了消極影響。除此之外，在香港發生的若干次憲政危機也充分表明：正是由於香港終審法院沒有正確認識其憲制角色和功能，過度強調司法獨立而忽略了國家主權，導致法院在堅持司法獨立的同時挑戰了中央的權威。不論是對行政主導的掣肘，還是對中央主權的挑戰，都表明了香港終審法院並沒有立足於享有香港特區終審權這一角色定位上承擔一定的政治功能。從香港法治的未來發展來看，香港終審法院應當在實踐中逐漸找到司法節制與司法能動之間的平衡點，香港特區終審法院必須對普通法進行調試以適應憲法和基本法所設立的全新憲政秩序。[5]

5　參見李緯華：〈關於香港特別行政區終審法院適用提請釋法規則狀況的檢討〉，《政治與法律》2014 年第 4 期。

▍三、香港終審法院終審權的特殊性

　　香港終審法院享有的終審權屬於授權性質的權力，除了受到授權理論的制約外，在權力行使的範圍上不受限制。

　　這也就是說，只要香港享有管轄權的案件，香港終審法院即享有終審權。根據基本法的規定，香港特區法院對國防、外交等國家行為無管轄權，因此，對於國防、外交等國家行為，香港法院也不享有終審權。值得注意的是，雖然基本法第 158 條第 3 款規定了特定情形下終審法院可提請全國人大常委會釋法，並規定了應當以全國人大常委會的解釋為準，但是該規定僅僅是對特定情形下終審法院作出終審判決前的流程進行規定，並不構成對終審法院所享有的終審權的限制。

（一）終審權的非主權性

　　一般情況下，終審權被認為是主權性的權力，也就是說只有主權國家的最高司法機構才能享有終審權。但是，鑒於香港特區的特殊性，中央將終審權賦予了香港特區，並建立了香港終審法院來行使終審權。需要明確的是，香港作為中國的一個地方行政區域，其所享有的獨立的司法權與終審權與主權國家所享有的司法權和終審權有本質上的區別。主權國家的司法權和終審權是國家主權派生的權力，而香港的司法權和終審權是國家經過基本法授予的權力，不具有任何主權的性質。[6] 認識香港終審法院所享有的終審權的非主權性也就意味着香港法院不能以自己所享有的終審權對抗其他的主權性權力，例如全國人大及其常委會或中央政府制定的相關法律或者通過的相關決定。

6　參見董立坤：《中央管治權與香港特區高度自治權的關係》，第 137 頁。

（二）終審權的地方性

特區享有的終審權在空間效力範圍上具有地方性。[7] 不管是內地的最高人民法院還是香港終審法院或者澳門終審法院，其各自所享有的終審權都是相互獨立的。因此，從這個層面上來說，不論是內地最高人民法院還是香港終審法院、澳門終審法院所享有的終審權都不是全面的，三者互相都不具有隸屬性。但強調香港終審法院所享有的終審權是地方性的終審權仍然具有必要性。雖然最高人民法院的終審權也僅僅及於內地，但是從機構設置上來說，最高人民法院是由全國人大產生的，代表國家行使終審權。但香港法院，不論是其他各級法院還是香港終審法院，其地位都僅僅是特別行政區內的法院。因此，香港終審法院所享有的終審權僅僅及於香港特區本身。

（三）終審權與全國人大常委會對基本法的解釋權

基本法中的內容不僅僅有關於香港特區自治的條款，還有涉及中央權力以及中央與香港關係的條款。根據基本法的規定，全國人大常委會對於這些條款享有最終的解釋權。如此一來，香港終審法院在行使其終審權時就會涉及對全國人大常委會的該項解釋權是否尊重及遵守的問題。

但是，從香港發生的若干次有關解釋基本法的案例中可以看出，由於種種原因，香港終審法院在行使其終審權時，對於全國人大常委會解釋基本法都是持排斥的態度。能不能接受人大釋法，與其說是司法獨立或者高度自治的問題，不如說是是否承認中央的司法主權的問題。[8] 進一步來說，特區司法獨立之爭實質上是司法對國家主權的挑戰。[9] 因此，如果對有關司法獨立的問題認識模糊的話，實際上即是

7　參見鄒平學、潘亞鵬：〈港澳特區終審權的憲法學思考〉，《江蘇行政學院學報》2010 年第 1 期。

8　參見劉兆佳：《一國兩制在香港的實踐》，香港：商務印書館（香港）有限公司 2015 年版，第 148 頁。

9　鄭赤琰：〈「一國兩制」下的司法獨立：來自特區司法的挑戰〉，《港澳研究》2014 年第 4 期。

對國家主權的忽視。

　　因此，終審權與全國人大常委會的解釋權之間的問題實際上就是法院如何認識終審權的授權性及中央對於香港的司法主權的問題。毫無疑問，香港法院在司法層面享有終審權，卻並不意味着其在憲法層面具有至上性。[10] 在香港特區終審法院對基本法的解釋與全國人大常委會對基本法的解釋出現不一致的時候，香港特區終審法院即使對該案件擁有最終的決定權，其在案件審理過程中也必須遵照全國人大常委會所作出的解釋。

10　參見王書成：〈司法謙抑主義與香港違憲審查權——以「一國兩制」為中心〉。

第五章

香港特區司法權的運作

特殊的歷史背景和政治制度基礎，決定了香港司法權的運作機制具有不同於中國內地和英國的特殊品格。在「一國兩制」方針的指導下，香港特別行政區享有獨立的司法權和終審權，香港原有法律，除同基本法相抵觸或者經香港特別行政區立法機關作出修改者外，一律予以保留。一方面，香港特區保留了原有的普通法制度，其司法權的運作模式從理念到制度都不同於我國其他地區的司法制度。另一方面，香港特區沿襲英國普通法傳統，但本地原有的法律並未完全被普通法取代，而是與之形成共生兼容的關係，普通法制度在香港有了新的實踐與發展。而且香港回歸後，普通法不可避免地要與新的政治體制相適應，使香港特區普通法與英國普通法之間存在明顯的差異。本章擬對香港特區司法權在實踐中的運作原則及制度問題進行研究，重點探討以下幾個問題：第一，香港特區的法律淵源是什麼，有何特色？憲法、全國性法律、國際公約在香港特區是否適用，如何適用？如果憲法適用於香港特區，那麼香港居民能否依據憲法在香港特區法院提起訴訟？第二，香港特區司法權運作的基本原則有哪些？這些原則在香港的適用情況如何，有哪些新的發展？如何與香港特區政治體制相適應？第三，香港特區司法審判的基本制度包括哪些？刑事、民事和司法覆核程序的運行狀況如何？

第一節

香港特區法院適用的法律

◇◇◇

英國對香港實行殖民統治後，將本國法律移植到香港，使英國法律成為香港最重要的法律淵源。在「一國兩制」方針和「香港原有法律基本保留」原則的約束下，香港法制體系既保留了原有的特色，形成單獨的法域；又基於政治體制的改變而有了新的發展。香港特區原有法律在適用時，「應作出必要的變更、適應、限制或例外，以符合中華人民共和國對香港行使主權後香港的地位。」[1] 基本法對相關法律在香港特區的效力作了明確規定，實現了香港特區司法體制的平穩過渡和順暢運行，但在司法的實際運作過程中仍然產生了一些爭議，主要集中在憲法、全國性法律、國際人權公約等法律在香港的效力及適用問題上。

一、香港法制體系的形成與特點

英國佔領香港後，為了迅速建立對香港的治理，在華商務總督義律（Charles Elliot）分別於 1841 年 2 月 1 日和 2 日發佈兩個告示，史稱「義律公告」。第一個公告宣佈英國對香港實行殖民統治，並且宣佈在港華人適用法律的原則，「凡有長老治理鄉里者，仍聽如舊，

---

1 全國人大常委會：《關於根據〈中華人民共和國香港特別行政區基本法〉第 160 條處理香港原有法律的決定》第 4 點。

唯須稟明英官治理可也。」[2] 即香港島本地居民由鄉村長老在英國裁判官的控制下，根據中國的法律、習慣和慣例（各種拷打除外）進行管理。第二個公告確立了在港英國人及其他外國人的司法管轄方式，英國人和外國人在香港所犯罪行，由英國設於廣州的刑事和海事法庭管轄，適用英國法律。兩個義律公告雖然在權威性方面存在一定的爭議，[3] 但在實踐中已經奠定了香港在很長一段時間內的二元法制基礎。香港以英國法律淵源為正統，1843 年英國統治者公佈了《英皇制誥》和《皇室訓令》兩個在香港具有憲法性地位的法律，此後 1844 年《最高法院條例》、1966 年《英國法律適用條例》均規定了英國法律的適用問題。同時，香港又在一定程度上保留了中國清代的法律和習慣的效力，如 1856 年《華人遺囑效能條例》[4]、1857 年的《適用英國法律條例》[5]、1905 年的《已婚婦人被遺棄贍養條例》、1908 年的《孤寡恤養金條例》、1910 年的《新界條例》等，都有相關規定承認中國法律習慣的效力。不過，「隨着英國在香港勢力的日漸強大和穩定，中國法律和習慣的存在空間也在一步步萎縮，由於現代法律制度的演變和英國的作用使然，香港的法制從二元走向一元似乎成為無可挽回的大趨勢。」[6] 港英時期的香港逐漸形成以判例法為主導，本地立法和外地立法多種法律淵源並存的法制體系。

在尊重歷史背景和適應憲制發展的前提下，基本法確立了香港特別行政區成立後法院適用法律的基本原則。第一，香港原有法律，包

2　中國第一歷史檔案館編《香港歷史問題檔案圖錄》，香港：三聯書店（香港）有限公司 1996 年版，第 59 頁。

3　See Peter Wesley-Smith, *The Source of Hong Kong Law* (Hong Kong: Hong Kong University Press, 1994), pp. 207-210.

4　該條例第 2 條規定：「凡華人繕立遺書或遺囑字據（不論其人在本港或中國地方出生或住居於本港或住居於中國地方）如經明確依中國法律習俗分其財產者，得承認為合法的遺囑，與遵照本港現行法律規定之遺囑具有同等效能。」

5　該條例附表列出英國相關法律不適用於香港的兩種情況：一是影響到了中國人的習慣，涉及到對無遺囑死亡者財產的分配；二是涉及登錄不動產保有權和根據習慣保有財產的相關事務。

6　蘇亦工：《中法西用──中國傳統法律及習慣在香港》，北京：社會科學文獻出版社 2007 年版，第 102 頁。

括普通法、衡平法、條例、附屬立法和習慣法，基本予以保留。基本法第 18 條規定，「在香港特別行政區實行的法律為本法以及本法第八條規定的香港原有法律和香港特別行政區立法機關制定的法律。」第二，法律的內容進行必要的調整，效力發生了重大的變化。香港特別行政區的制度和政策，包括社會、經濟制度，有關保障居民的基本權利和自由的制度，行政管理、立法和司法方面的制度，以及有關政策，均以基本法的規定為依據，英國成文法和判例法不再具有至高地位。香港特區法院沒有遵循的義務，基本法第 84 條規定，「香港特別行政區法院依照本法第十八條所規定的適用於香港特別行政區的法律審判案件，其他普通法適用地區的司法判例可作參考。」原有法律中的部分條例、附屬立法抵觸基本法的，整體不採用或部分不採用為特別行政區的法律。第三，香港法律淵源更加豐富，除了本地立法之外，部分全國性法律也適用於香港。與港英時期相比，香港特區法院適用的法律發生了重大的變化，主要包括基本法、在港實施的全國性法律、予以保留的香港原有法律、香港特區立法機關制定的法律以及適用於香港特區的國際協議。同時，香港特區法院承襲判例法傳統，「法官造法」進一步發展和拓寬了香港特區法律的內容。

　　形成於中西融合的背景之下的香港特區法制體系呈現以下特點：（1）法律淵源豐富，法律形式多樣，既包括香港原有的法律，又包括回歸後新制定的法律；既包括成文法，又包括判例法；既包括香港特區本地立法，又包括部分全國性法律。（2）判例法仍然具有強大的優勢地位。多年來形成的判例法傳統仍然持續影響着香港特區法制的發展，「儘管香港自 19 世紀末、特別是 20 世紀後半期以來，不斷加強成文立法，但與其他普通法系國家、地區一樣，判例法在香港法律體系中仍佔主導地位並起着決定性作用。」[7] 理論上香港特別行政

7　顧敏康、徐永康、林來梵：〈香港司法文化的過去、現在與未來──兼與內地司法文化比較〉，《華東政法學院學報》2001 年第 6 期。

區立法會是香港立法機關，依照法定程序制定、修改和廢除法律，當然包括修改和廢除法院通過判例創制的法律規則，因而制定法具有優先地位，但在實踐中這種情況從未發生過。相反，基本法在香港特區的憲制性法律地位和普通法律傳統下法院擁有對法律的權威性解釋權，為「法官造法」提供了很大的空間，在實際上導致制定法需要通過判例法的審查才能發生作用。(3) 香港原有法律和司法體制幾乎完整地保留下來，部分法律內容雖然已經作出必要的變更、適應、限制或例外，但法律適用者的觀念並沒有隨之轉變，導致法律的內容和效力形式上有所調整而實質上並沒有變化。香港特區法律職業者共享普通法的教育背景和思維習慣，傳承普通法先輩的法律知識和理念，他們的觀念並沒有隨着中國對香港恢復行使主權後香港地位和政治體制的轉變而改變，一些司法慣性仍然存在。例如，全國人大常委會已於 1997 年 2 月 23 日廢止《香港人權法案條例》（香港法例第 383 章）第 2 條第（3）款有關該條例的解釋及應用目的的規定，第 3 條有關「對先前法例的影響」和第 4 條有關「日後的法例的釋義」的規定，但法官們仍然傾向於突出《公約》或《香港人權法案條例》的地位，使其成為審查其他法律的標準。

▍二、我國憲法在香港特區的效力和適用

我國憲法在香港特區的效力和適用，自基本法起草時便是一個爭議頗多的問題，至今仍莫衷一是，沒有一個令人信服的說法。香港特別行政區是根據憲法第 31 條設立的，特別行政區內實行的制度由全國人大制定的基本法規定。根據「一國兩制」方針，香港特區保持原有的資本主義制度和生活方式，這與憲法有關社會主義制度和政策的規定並不一致，因而產生了憲法是否適用於香港的爭議。有人認為，憲法不應該也不能夠適用於香港；有人提出，因為中國憲法是社會

主義性質，所以只有第 31 條才適用於香港，其他條文不予適用。[8]
不少學者對這一問題進行分析研討，代表性觀點主要有：「憲法整體
有效、部分不適用說」[9]、「憲法效力區際差異說」[10]、「憲法自我設限
說」[11]、「基本法變通適用憲法說」[12] 等，異見紛呈，不能一一而足。
綜觀學者們的論述，可以發現學者們的論證角度和語義邏輯並不一
致，例如，關於「適用」一詞在不同的語境裏使用，具有不同的內
涵。「適用」一詞有一般文字意義下的意思，也有作為法律專業用語
的專門含義，有廣義和狹義不同範疇的內容。不同學者在探討香港特
區的「憲法適用」問題時，往往不在同一個範疇上進行討論，容易產
生誤解。因此，有必要釐清相關概念，在保持語義邏輯一致的基礎上
探討憲法在香港特區的效力和適用問題。

8　參見蕭蔚雲：《論香港基本法》，北京：北京大學出版社 2003 年版，第 49 頁。

9　該觀點認為憲法對於特區整體有效力，但某些條款不適用於特區。內地不少權威憲法學家和基本
　　法專家都持這一觀點。例如蕭蔚雲教授認為，憲法關於四項基本原則、社會主義制度、地方國家
　　權力機關和行政機關、國家審判機關和檢察機關等內容不適用於香港特別行政區；而有關國家主
　　權、國防、外交、最高國家權力機關和最高國家行政機關、國旗、國徽、首都等的規定則應當適
　　用。（參見蕭蔚雲：〈論中華人民共和國憲法與香港特別行政區基本法的關係〉，《北京大學學報》
　　1990 年第 3 期。）王叔文教授認為：我國憲法雖然作為一個整體適用於香港特別行政區，……
　　在「兩種制度」方面，憲法關於社會主義制度和政策的規定，不適用香港特別行政區。（參見王
　　叔文主編：《香港特別行政區基本法導論》（第三版），第 89 頁。）王振民教授認為，憲法本身和
　　其他任何法律並沒有限定憲法的效力範圍，因此其整體效力範圍當然應該涵蓋整個中國領土，中
　　國憲法有關國家的經濟文化社會制度的條款、有關公民權利義務的條款不適用於特別行政區，這
　　些規定被特別行政區基本法中的相關條款所修正和取代。（參見王振民：〈「一國兩制」實施中的
　　若干憲法問題淺析〉，《法商研究》2000 年第 4 期。）

10　該觀點區分憲法的效力和憲法效力的實現，認為現行憲法在特別行政區具有最高的法律效力，但
　　在憲法效力的實現方式上，特別行政區與大陸並不相同，現行憲法效力的實現表現為一些特別條
　　款在特別行政區實施，而絕大多數條款不能在特別行政區實施。參見秦前紅：《新憲法學》，湖
　　北：武漢大學出版社 2005 年版，第 73 頁；謝維雁：《從憲法到憲政》，山東：山東人民出版社
　　2004 年版，第 34 頁。

11　該觀點從主權自我設限的角度論述憲法在特別行政區的效力，認為憲法在特別行政區的適用問題
　　是國家行使主權處理內部事務的結果，因此，憲法必須適用於香港特別行政區，然而是一定範圍
　　的適用。參見張文彪：〈論《憲法》與《香港特別行政區基本法》的關係〉，《嶺南學刊》1997 年
　　第 1 期。

12　該觀點認為，基本法對憲法來說甚至對整個中國社會主義法律體系來說，是特別法、例外法。實
　　施基本法就是實施憲法，即實施那變通了的憲法。參見許崇德：〈簡析香港特別行政區實行的法
　　律〉，《中國法學》1997 年第 3 期。

（一）憲法效力和憲法適用的區分

憲法效力、憲法實效、憲法適用等相關概念關係密切，但不能等同。「法的效力是指法對其所指向的人們的強制力和約束力。」[13]「一般而言，法律的效力來自於制定它的合法程序和國家強制力，法律有效力，意味着人們應當按照遵守、執行和適用法律，不得違反。」[14]法的效力與法的實效不同，法律效力屬於應然範疇，只要是依合法程序由法定機關制定的，就具有約束力。法的實效屬於實然的範疇，指法律在實際上被遵守、被執行和被適用。[15]法律適用是法學專業用語，有廣義和狹義兩個層面的含義。狹義的法律適用，指國家司法機關利用法律規範處理案件的專門活動，限於司法適用。[16]廣義的法律適用，是指一切國家機關和國家授權單位按照法律的規定運用國家權力，將法律規範運用於具體人或組織，用來解決具體問題的專門活動。[17]憲法適用也有廣義和狹義兩種含義，從廣義上說，憲法適用是指「憲法在社會實際生活中的運用，它主要體現在以下幾個方面：（1）凡公民和國家機關都須遵守憲法；（2）憲法在司法活動中被適用。狹義上僅指司法機關對憲法的適用。」[18]

應在此基礎上理解憲法在香港特區的效力和適用問題。首先，憲法作為國家根本大法，具有最高法律效力，憲法效力及於包括香港特區在內的全國領土，對全國公民都有約束力。憲法是國家主權在法律上的最高表現形式，「憲法是一個整體，具有主權意義上的不可分割性」。[19]如果憲法效力不及於香港，則等同於限制了國家主權的行使範圍。

13　張文顯主編：《法理學》，北京：高等教育出版社 2007 年版，第 105 頁。

14　沈宗靈主編：《法理學》，北京：北京大學出版社 2000 年版，第 362-363 頁。

15　參見張光傑主編：《法理學導論》，上海：復旦大學出版社 2008 年版，第 52 頁。

16　參見沈宗靈主編：《法理學》，北京：北京大學出版社 2000 年版，第 34 頁。

17　參見孫國華、朱景文主編：《法理學》，北京：中國人民大學出版社 1999 年版，第 313 頁。

18　李步雲主編：《憲法比較研究》，北京：法律出版社 1998 年版，第 337-338 頁。

19　韓大元：《憲法學基礎理論》，北京：中國政法大學出版社 2008 年版，第 114 頁。

其次，憲法規範具有指向性，憲法規定了國家的根本制度，對整個國家生活和社會生活進行調整，不同規範調整不同的法律關係，有關於各民族的，關於國家機關、社會團體或其他組織的，關於公民的，總之，「幾乎所有憲法的規範都有不同的指向性，或者說，每一憲法規範都是針對某一類主體、某一事項或者某一個區域的。」[20] 但我們不能以此來判斷憲法的效力範圍，否則將會得出憲法對任何一個區域或者調整對象的效力都不具有普遍性的荒謬結論。

最後，國家主權在其領土內的統一實施決定了憲法在全國範圍內的統一適用。憲法作為一個完整的規範體系，不應當被割裂開來，人為區分哪些條款適用於哪些地方。這種做法既限制了國家主權的行使範圍，又不具有實踐上的可操作性。從廣義上理解憲法適用，將更加有利於解決憲法在香港特區的適用問題。憲法適用有兩種形式，除了按照憲法制度安排實施相關活動之外，承認、遵守、尊重也是憲法適用的一種形式。「憲法規定的許多其他制度儘管並不直接在香港實行，但香港的各種組織和居民必須尊重這種制度的存在。更為重要的是，憲法規定的很多制度，與香港特別行政區有着直接的關係。」[21] 不僅有關國家政治體制、中央權力的配置和運行、公民基本權利等規範對特區有法律上的適用效果；關於社會主義制度和政策的規範也應當在特區適用，這種適用屬於「相對被動狀態的適用」，[22] 即雖然特區不實行社會主義制度，但也應當承認、尊重，不允許反對和破壞中國內地實行的社會主義制度和政策。

（二）憲法適用和憲法訴訟

憲法在香港特區的效力和適用，不僅是基本法理論的重大原則性

20　鄒平學等：《香港基本法實踐問題研究》，北京：社會科學文獻出版社 2014 年版，第 99 頁。

21　韓大元：《憲法學基礎理論》，第 114 頁。

22　鄒平學等：《香港基本法實踐問題研究》，第 114 頁。

問題，還是基本法實踐中可能面臨的現實問題，即既然憲法適用於香港，那麼可否基於憲法在香港特區法院提起訴訟？可否根據中國憲法請求特區法院審查特區立法或者行政行為的合憲性？雖然理論上特區法院的違反基本法審查權尚有爭議，但回歸以來，香港特區法院根據基本法審查特區立法和行政行為的實踐並不罕見。如果說香港特區法院基於普通法傳統和基本法有限的解釋權，能夠在理論上自圓其說，主張特區法院具有違反基本法審查權。那對於憲法而言，由於我國憲法的解釋權歸屬於全國人大常委會，對於憲法這樣一部具有最高法律效力的全國性法律，香港特區法院是沒有解釋權的，並不能自行解釋，那特區法院違憲審查權的基礎又來源於哪裏？筆者認為，從公民享有的訴權出發，香港居民有權根據憲法提起訴訟，但特區法院不能自行解釋憲法，也不能依據憲法審查特區法律和行政行為是否符合憲法，特區法院必須先提請全國人大常委會解釋憲法，並根據全國人大常委會的解釋審理案件。

三、全國性法律在香港特區的實施

特別行政區享有獨立的司法權和終審權，使我國在一國之內形成多個不同的法域。香港特區實行有別於我國其他地方的法律。根據基本法第 18 條，全國性法律在香港特區的實施必須符合特定的條件。

（一）平時狀態下全國性法律在香港特區的實施

一般情況下，只有列於基本法附件三的全國性法律才在香港特別行政區實施，同時，全國人民代表大會常務委員會在徵詢其所屬的香港特別行政區基本法委員會和香港特別行政區政府的意見後，可對列於基本法附件三的法律作出增減，任何列入附件三的法律，限於有關國防、外交和其他按基本法規定不屬於香港特別行政區自治範圍

的法律。原列於基本法附件三的全國性法律包括:《關於中華人民共和國國都、紀年、國歌、國旗的決議》、《關於中華人民共和國國慶日的決議》、《中央人民政府公佈中華人民共和國國徽的命令》(附:國徽圖案、說明、使用辦法)、《中華人民共和國政府關於領海的聲明》、《中華人民共和國國籍法》、《中華人民共和國外交特權與豁免條例》。回歸至今,全國人大常委會分別於 1997 年 7 月 1 日、1998 年 11 月 4 日、2005 年 10 月 27 日、2017 年 11 月 4 日和 2020 年 6 月 30 日增減列於基本法附件三的全國性法律。1997 年增加的全國性法律有:《中國人民共和國國旗法》、《中華人民共和國國徽法》、《中央人民共和國領海和毗連區法》、《中華人民共和國香港特別行政區駐軍法》及《中華人民共和國領事特權與豁免條例》;同時刪去《中華人民政府公佈中華人民共和國國徽的命令》(附:國徽圖案、說明、使用辦法);1998 年增加全國性法律《中華人民共和國專屬經濟區和大陸架法》;2005 年增加全國性法律《中華人民共和國外國中央銀行財產司法強制措施豁免法》;2017 年增加全國性法律《中華人民共和國國歌法》;2020 年增加全國性法律《中華人民共和國香港特別行政區維護國家安全法》。香港特區實施全國性法律的方式有兩種,一是在當地公佈實施,二是通過立法實施。兩種方式的適用過程及結果是不同的。由特區行政長官公佈實施,其內容應當與全國性法律完全一致。若通過轉化為本地立法的形式實施,全國性法律通過法律適應化的過程,轉化為特區立法時內容可能會有個別調整,例如「公安部門」、「治安管理處罰」概念在香港法律中並不存在,那麼在轉化適用時必須作出適當改動。當然,基本內容不能改變,而這只能通過香港特區立法的備案程序予以監督。

此處涉及的另外一個問題是特區法院對全國性法律是否享有解釋權?基本法第 158 條授權香港特別行政區法院在審理案件時對本法關於香港特別行政區自治範圍內的條款自行解釋,但沒有涉及全國性法

律的解釋問題。基本法與在香港實施的其他全國性法律都屬於國家立法機關制定的法律，而且，列入基本法附件三的都是有關國防、外交等非香港特區自治事項的全國性法律，香港特區法院應當沒有自行解釋的權力。特區法院審理有關案件如果涉及全國性法律的解釋，需要提請全國人大常委會先行解釋。但是，如果香港特區通過立法的方式實施全國性法律，由於適用和解釋的是香港特區立法會制定的法律，特區法院在審理案件時能夠自行解釋而不需要提請全國人大常委會解釋。那麼，就會產生同是全國性法律，由於在香港特區的實施方式不同而適用結果不同的問題，難道法院解釋權的有無取決於香港特區是否轉化立法，而非法律本身的性質和內容？這一點在學理上仍存疑慮。另外，香港居民能否針對特區立法會為實施全國性法律而制定的條例提起訴訟，特區法院是否有權審查相關條例是否符合基本法？

目前，《國旗法》和《國徽法》由香港特區立法機關通過制定《國旗及國徽條例》貫徹實施，《國歌法》在香港通過《國歌條例》實施，其他全國性法律已由特區行政長官發佈實施。而在司法實踐中，香港特區法院也審理了有關《國旗和國徽條例》的案件。在終審法院審理的「香港特別行政區訴吳恭劭、利建潤」[23] 案中，辯方在裁判法院及上訴法庭的聆訊中均爭辯說，《國旗和國徽條例》的有關條文與《公約》第 19 條相抵觸，因而違反了基本法第 39 條。終審法院認為，「本院要處理的爭議是保護國旗國徽及區旗區徽免受侮辱的本地法律是否符合憲法」（判決書第 71 段），並且針對這一爭議進行裁決。特區法院已實際行使了對該條例的違反基本法審查權。從理論上講，全國性法律通過本地化立法後，雖然在形式上轉化為本地立法，但其實質和內容仍然屬於國家立法機關制定的全國性法律，香港特區法院作為一個地方性法院，對全國性法律沒有違反基本法審查權，否則將直

23　FACC 4/1999.

接影響全國性法律在特區的實施。立法會的轉化立法是否符合基本法，應當通過備案程序由全國人大常委會決定。

（二）戰爭或緊急狀態下全國性法律在香港特區的實施

戰爭或緊急狀況下，即全國人民代表大會常務委員會決定宣佈戰爭狀態或因香港特別行政區內發生香港特別行政區政府不能控制的危及國家統一或安全的動亂而決定香港特別行政區進入緊急狀態，中央人民政府可發佈命令將有關全國性法律在香港特別行政區實施。這是針對戰爭狀況或者緊急狀態下的特殊規定，一方面，簡化了全國性法律在香港特區實施的程序，中央人民政府通過發佈命令即可實施，不需要經過全國人大常委會增減附件三的程序；另一方面，實施的全國性法律範圍有所擴大，不限於國防、外交等不屬於香港特區自治範圍的法律。國家在戰爭狀態或者緊急狀態之下，為了迅速作出應對，防止態勢惡化，維護國家統一和安全，必須採取某些緊急措施，在法律的實施方面也會與平時有所不同，例如，有些在平時不構成犯罪的行為，在戰時可能就屬於犯罪行為。

目前香港特區還未曾出現這種情況，但將來如果全國人民代表大會常務委員會決定宣佈戰爭狀態或者香港特區進入緊急狀態，這一條款的具體實施則需要考慮兩個方面的問題。第一，基本法第 18 條只規定中央人民政府可發佈命令將有關全國性法律在香港特別行政區實施，但沒有明言中央人民政府可否刪減列於基本法附件三的法律，如果出現不同法律不適宜在戰時或緊急狀態時實施的情況，中央人民政府能否決定暫不實施？筆者認為，從基本法有關戰爭狀態和緊急狀態特殊處理的原則和目的來看，中央人民政府決定暫不實施列於附件三的全國性法律的權力也是必要的；而且，基本法第 18 條的規定是在充分考慮香港特區與我國其他地區法律傳統和制度有較大差異的基礎上，為了維護香港特區的高度自治權而設立的，那麼，減少全國性法

律的實施應當是授予了香港特區更大的權限。第二，相關的全國性法律在香港特區是否有實施期限？當戰爭狀態或者緊急狀態取消時，中央人民政府發佈的這些全國性法律是否不再在香港特區實施？筆者認為，由於這些全國性法律是針對戰爭狀態或緊急狀態發佈實施的，當發佈這些法律的條件消失時，應當不再實施，此時相當於平時狀態，全國性法律除列於基本法附件三者外，不在香港特別行政區實施。

四、國際人權公約在香港的適用

國際人權公約是有關人的基本權利和自由的國際條約，其在香港特區的適用是「一國兩制」原則的重大創新。中英聯合聲明附件一第 11 節對國際條約在香港特區的適用問題作出具體說明，「中華人民共和國締結的國際協定，中央人民政府可根據香港特別行政區的情況和需要，在徵詢香港特別行政區政府的意見後，決定是否適用於香港特別行政區。中華人民共和國尚未參加但已適用於香港的國際協定仍可繼續適用。」在這一制度安排下，為了保持香港回歸後條約關係的連續性和確保香港人權保護水平不會因回歸而有所減損，基本法第 39 條第 1 款規定「《公民權利和政治權利國際公約》、《經濟、社會與文化權利國際公約》和國際勞工公約適用於香港的有關規定繼續有效，通過香港特別行政區的法律予以實施。」同時第 2 款規定「香港居民享有的權利和自由，除依法規定外不得限制，此種限制不得與本條第一款規定抵觸。」那麼，國際人權公約在香港是如何實施的？基本法第 39 條第 2 款的規定是否賦予了國際人權公約高於香港地區其他立法的地位？香港特區法院能否在審判中直接適用公約，以公約為標準審查立法會制定的法律？目前，香港特區適用的國際人權公約主要有《公民權利和政治權利國際》（以下簡稱《公約》）、《經濟、社會及文化權利國際公約》、《消除一切形式種族歧視國際公約》、《消

除一切形式對婦女歧視公約》、《禁止酷刑或其他殘忍、不人道或有辱人格的待遇或處罰公約》、《兒童權利公約》等，[24] 下文將以《公約》為重點進行分析。

（一）國際人權公約在香港的實施

國際人權公約在國內的適用方式主要有「納入式」和「轉化式」兩種。「納入式即國家批准公約後，公約自動成為國內法的一部分，也稱為一元論；轉化式即國際人權公約必須經過國內立法機關制定法律，轉化為國內法才能適用，稱為二元論。英國採取轉化式，1976 年批准《公約》時，將其擴展適用於香港，同時專門針對香港，對《公約》第 13 條有關驅逐出境的規定和第 25 條乙款關於選舉的規定作出保留。香港沿襲英國法制傳統，在國際條約的適用上也採取立法轉化條約規定的方式，條約在香港不能直接適用。同時，英國聲明保留的條款，在香港也不予適用。回歸後，我國從「一國兩制」原則出發，於基本法第 39 條明確規定《公約》適用於香港的有關規定繼續有效，並且「通過香港特別行政區的法律予以實施」。

首先，並非《公約》的全部內容都在香港有效，而是「適用於香港的有關規定」繼續有效，「凡是英國對公約中作出保留並且該保留適用於香港的條款，不屬於在香港適用的公約條款，對香港不產生法律效力。」[25] 1991 年之前，基於本地法律已經包括或體現公約內容的理由，港英政府並沒有專門針對《公約》立法，直到香港回歸已經成為必然事實，港英政府以實施《公約》為名，於 1991 年制定了《香港人權法案條例》（第 383 章）。該條例內容基本照搬《公約》，甚至連英國已經明言保留的第 25 條乙款也列入其中，其用心昭然若揭。

---

24 參見饒戈平：〈國際人權公約在香港的適用問題〉，載饒戈平、王振民主編：《香港基本法　澳門基本法論叢》，北京：中國民主法制出版社 2011 年版，第 275 頁。

25 饒戈平：〈國際人權公約在香港的適用問題〉，載饒戈平、王振民主編：《香港基本法　澳門基本法論叢》，第 279 頁。

其次，《公約》的內容不能直接適用，必須通過特區立法轉化予以實施。香港法制傳統上以轉化的方式實施條約，基本法第 39 條也明確規定公約通過香港特區立法予以實施。因此，條約涉及的權利和義務必須轉化為香港特區本地立法，不能在香港直接適用，不能在法庭上被直接援引來作為判決的依據。然而，由於《公約》內容與《香港人權法案條例》幾近一致，香港法院也不乏將兩者等同、交替適用的審判實踐，[26] 甚至直接援引、適用《公約》的規定作出判決，[27] 這實際上已經違背了基本法有關香港特區實施公約的規定。

（二）國際人權公約在香港法律體系中的效力

國際人權公約在香港特區法律體系中的效力問題的核心在於公約與當地法律發生衝突時應當如何適用的問題，司法適用中該問題集中體現為特區法院能否依據公約審查立法會制定的法律。1991 年《香港人權法案條例》第 3 條第 2 款規定「所有先前法例凡不可做出與本條例沒有抵觸的解釋的，其與本條例抵觸的部分現予廢除。」第 4 條關於日後法例的釋義規定，「在生效日期或其後制定的所有法例，凡可解釋為與《公約》中適用於香港的規定沒有抵觸的，須作如是解釋。」基於這兩條規定，《公約》被賦予憲制性法律的作用，成為審查香港立法機關立法的依據。但是，《香港人權法案條例》的這兩條規定由於與基本法相抵觸，已經由全國人大常委會宣佈不採用為香港特別行政區法律。[28]《公約》在香港通過立法轉化的方式實施，考慮

26　法院認為，《人權法案》正是《國際公約》適用於香港的有關規定的化身。參見 *Shum Kwok Sher v. HKSAR* [2002] HKCFAR 381, p.400. *HKSAR v. Ng Kung Siu* [1999] 2 HKCFAR442, p.463.

27　參見李薇薇：《〈公民權利和政治權利國際公約〉在香港的法律地位》，《法制與社會發展》2013 年第 1 期。

28　參見〈全國人民代表大會常務委員會關於根據《中華人民共和國香港特別行政區基本法》第一百六十條處理香港原有法律的決定〉附件二：香港原有法律中下列條例及附屬立法的部分條款抵觸《基本法》，不採用為香港特別行政區法律：……7.《香港人權法案條例》（香港法例第 383 章）第 2 條第（3）款有關該條例的解釋及應用目的的規定，第 3 條有關「對先前法例的影響」和第 4 條有關「日後的法例的釋義」的規定。

到二者皆由立法會制定，應與香港特區普通立法處於同一位階，並不具有凌駕於其他立法的地位。在適用上應當遵循後法優於前法、特別法優於一般法等原則。因此，任何將《公約》視為憲制性法律的判例也因與基本法相抵觸而不再具有先例的效力。

然而香港回歸後，特區法院仍然將《公約》視為憲法文件。在「林少寶訴警務處處長」案[29]中，終審法院認為：

> 《人權法案》因《英皇制誥》第 VII(3) 條而得到牢固憲政保證。該條在《人權法案》生效的同時給加入《英皇制誥》內。它禁止立法局訂立任何法律，對在香港享有的權利和自由，施加與《公民權利和政治權利國際公約》適用於香港的有關規定相抵觸的限制。該項安排持續至《基本法》於 1997 年 7 月 1 日起生效為止，自此《人權法案》便由《基本法》第 39 條得到牢固憲政保證。

除了法院判例，部分香港學者也持相同的觀點，「通過香港法院的詮釋行為，賦予《公民權利和政治權利國際公約》憲法地位，公約在香港發揮了一部憲法性人權法案的作用。」[30] 基本法第 39 條第 2 款規定「香港居民享有的權利和自由，除依法規定外不得限制，此種限制不得與本條第一款規定抵觸」，是否賦予了《公約》凌駕於其他法律之上的憲法性地位？筆者認為，根據該條款不能推導出《公約》具有憲法性地位的結論。從文本上分析，基本法第 39 條有以下幾層含義：第一，原適用於香港的公約繼續有效，確保香港居民的基本權利並不會因為回歸而有所減損；第二，公約不能直接適用，必須通過特別行政區法律實施，相當於特區立法的地位；第三，基本法充分保障香港居民享有的權利和自由，確定了權利的法律保留原則和最低保障

29　*Lam Siu Po v Commissioner of Police*, FACV 9/2008, para.16.

30　陳弘毅：〈公約與國際人權法的互動：香港特別行政區的個案〉，《中外法學》2011 年第 1 期。

標準，沒有法律規定，不得對香港居民的權利和自由作出任何限制，而依照法律作出的限制，也不能低於《公約》的保護水平。《公約》只是基本法採用的一個權利保護標準，並不是說《公約》本身具有了憲法性地位。而且，基本法第 11 條已經明確規定，香港特區立法機關制定的任何法律，均不得同基本法相抵觸，因此基本法才是「規定香港特別行政區制度的憲制性法律」。[31]

31　國務院發展研究中心港澳研究所編寫：《香港基本法讀本》，北京：商務印書館 2009 年版，第 24 頁。

第二節

香港特區司法權運作的基本原則

◇◇◇

▎一、司法獨立原則

司法獨立是香港法治的基石，是司法公正和司法權威的保障。司法獨立原則是香港特區司法權運作的首要原則。司法人員的任命方式和任期保障、司法豁免等均是確保司法獨立的重要機制，相關內容將會在下一章中詳述，本節主要就司法獨立的內涵、價值及在香港特區的實踐發展狀況進行探討。

（一）香港特區司法獨立原則的內涵

司法獨立是指司法機關依照法律規定獨立行使司法權，不受任何干涉。基本法第 80 條明確規定，「香港特別行政區各級法院是香港特別行政區的司法機關，行使香港特別行政區的審判權。」香港特別行政區各級法院行使香港特別行政區的審判權，不受香港特區立法機關和行政機關的干涉。同時，中央授予香港特區終審權，香港特區以一個地方行政區域而享有終審權，這在世界各國的實踐中是絕無僅有的，司法獨立原則也因此有了更加豐富的內涵。香港特區的司法體制獨立於中央，中央不干涉香港獨立行使審判權。司法獨立原則不僅涉及本地不同機關之間的關係，還涉及中央司法機關與香港特區司法機關之間的管轄權劃分問題。申言之，香港特區司法獨立原則的內容包

含以下三個層次：

　　一是司法權的獨立。國家權力包括立法權、行政權和司法權，司法權的獨立是指司法權獨立於立法權與行政權，司法權專屬於司法機關，司法機關行使司法權不受立法機關和行政機關的干涉。由於實行「一國兩制」方針，香港特區司法權的獨立既包括特區內部司法權獨立於立法權和行政管理權；也包括特區司法權獨立於國家司法權。香港特區的政治體制既不實行我國的人民代表大會制度，也不照搬西方的三權分立制度。根據基本法，香港特區實行行政長官主導，行政機關、立法機關和司法機關相互制衡的政治體制。行政長官既是特別行政區的首長，也是香港特區政府的首長。行政長官依照法定程序任免各級法院法官，並且有權赦免或減輕刑事罪犯的刑罰。為了政治方面的需要或者矯正個案非正義，由國家或地區首腦發佈特赦令，是各國的通例，並不代表國家或地區首長干預司法權的行使。在中央與特區的關係上，香港特區享有獨立的司法權和終審權，除國防、外交等國家行為之外，香港法院對特別行政區內的所有案件均有審判權，中央不干預香港特區對司法權的獨立行使。

　　二是司法機關的獨立。司法機關的獨立主要指法院的獨立。在司法機關內部，不同層級的法院之間相互獨立。基本法第 85 條規定「香港特別行政區法院獨立進行審判，不受任何干涉」。這裏的「任何干涉」，自然包含上級法院對下級法院的干涉。因此，判決除了通過上訴審等程序由上級法院進行監督之外，並不受上級法院影響。香港回歸前的終審權歸屬於英國樞密院司法委員會，特別行政區成立後，由香港特區終審法院行使終審權，並不受國家司法機關干涉，中央各部門、各省、自治區、直轄市均不得干預香港特別行政區自行管理的事務。

　　三是法官的獨立。法官的獨立是指「法官除了法律就沒有別的上

司」，[1] 法官根據法律獨立進行審判，不受包括法院領導在內的任何非審判組織的干涉。司法權的本質是判斷權，即根據法律裁判糾紛。而裁判的主體是法官，「法院是法律帝國的首都，法官才是帝國的王侯。」[2] 因此，法官的獨立是司法獨立必不可缺的要素，只有法官獨立行使審判權，才能最終體現司法獨立原則的精神。

（二）司法獨立原則的價值分析

關於司法獨立原則的價值研究，主要有兩個方向的進路。第一種是從權力的分立和制衡角度出發。司法獨立原則來源於政體要素分類和權力制衡思想，充分揭示了國家權力運行的一般規律。從古希臘哲學家亞里士多德的政體「三要素」說到西塞羅（Marcus Tullius Cicero）的「權力制衡原則」，而後孟德斯鳩首次將國家權力概括為立法權、行政權和司法權，並提出比較完備的司法獨立理論。任何權力如果不加以限制，都會存在過度擴張的危險，而以權力制約權力是防止權力濫用的有效方式。「自古以來的經驗表明，所有擁有權力的人，都傾向於濫用權力，而且不用到極限絕不罷休。……為了防止濫用權力，必須通過事物的統籌協調，以權力制止權力。」[3] 因此，司法權必須與行政權和立法權分立，獨立行使，才能與行政權、立法權相互制衡，確保國家權力依法行使。

第二種是從權利保護的角度出發。目前國際上的有關司法獨立的公約 [4] 多以司法獨立作為一項基本人權，「法院的獨立和中立與其說

1　中共中央馬克思恩格斯列寧斯大林著作編譯局編譯：《馬克思恩格斯全集》（第一卷），北京：人民出版社 1956 年版，第 76 頁。

2　〔美〕德沃金著，李長青譯：《法律帝國》，北京：中國大百科全書出版社 1996 年版，第 361 頁。

3　〔法〕孟德斯鳩著，許明龍譯：《論法的精神》（上卷），北京：商務印書館 2009 年版，第 166 頁。

4　主要有 1982 年國際律師協會第十九屆年會通過的《司法獨立最低標準》、1983 年司法獨立第一次世界會議通過的《司法獨立世界宣言》、1985 年 8-9 月在意大利米蘭舉行的第七屆聯合預防犯罪和罪犯待遇大會通過的《關於司法機關獨立的基本原則》、1989 年聯合國經濟及社會理事會通過的《關於司法獨立的基本原則：實施程序》、1994 年 1 月 20 日在西班牙馬德里舉行的國際法學家委員會通過的《關於新聞媒體與司法獨立關係的基本原則》、1995 年 8 月 19 日在中國北京舉行的第六屆亞太地區首席大法官會議通過的《司法機關獨立基本原則的聲明》等。

是法院出於它本身的考慮所享有的特權，不如說是法律消費者的一項人權。」[5] 人人都有權由一個獨立而無偏倚的法庭進行公正的和公開的審訊。司法獨立是司法公正的前提和基礎，只有司法獨立，法官才能只依據法律進行裁判，才能保障程序的公正，才能平等保護公民的權利和自由。司法獨立是「保證司法穩定性及公正不阿的最好措施」，「在很大程度上並可視為人民公正與安全的支柱」，「法官之獨立對保衛憲法與人權亦具有同樣重要意義。」[6]

於香港特區而言，司法獨立原則還有其特殊的價值。司法獨立是「一國兩制」方針和香港特區高度自治的重要體現，香港特區司法體制完全獨立於內地的司法體制，維持了香港特區法制的穩定性，實現香港回歸後的平穩過渡。「基本法中有關香港司法體制的設計，將使香港的司法盡可能少地受到內地行政與法律觀念上的衝擊，最大限度地保持現有法律制度的穩定性。」[7]

（三）司法獨立原則的域外考察

現代國家堅持司法獨立的精神，但在具體制度形態和司法獨立的程度上並不一致。美國和德國在司法獨立的基礎上延伸出成熟的違憲審查制度，司法機關的地位超然，加之一系列法官的選任、任期保障、待遇保障等機制，司法獨立的程度非常高。《德意志聯邦共和國基本法》第 97 條規定，聯邦法院和各邦法院共同行使審判權，法官獨立行使職權，只服從於法律。美國聯邦憲法表達了權力制約的重要性，確立了三權分立的政治體制，並通過判例將司法權擴展為對立法

5　北京大學法學院人權研究中心編：《司法公正與權利保障》，北京：中國法制出版社 2001 年版，第 145 頁。

6　〔美〕漢密爾頓等著，程逢如等譯：《聯邦黨人文集》，北京：商務印書館 1980 年版，第 390-396 頁。

7　鄭賢君：〈九七後香港司法架構的特點──建議終審庭的設立對香港司法體制的影響〉，《中外法學》1997 年第 1 期。

的審查權。相對於美國和德國，英法兩國司法在形式上與行政的關係更加密切一些。法國單獨設立行政法院審理行政案件，普通司法與行政司法相分離。現行憲法第 64 條規定，共和國總統是司法獨立的保障者。[8] 在法國設有最高司法委員會，協助總統實行司法監督，最高司法委員會由總統任主席，司法部長任副主席。其他法官由司法部長任命。法國法院與行政機關保持相對平衡和協調的關係，實際上法院也從未取得與政府相抗衡的能力。但這並不影響法國司法系統的穩定運轉和司法權威性。英國沒有成文憲法，1998 年《人權法案》附表 1 第 6 條第 1 款規定刑事訴訟中，「每個人均有權在合理的時間內接受由一個依法成立的、獨立的、中立的法庭公平、公開的審理」。在配套機制上，英國司法大臣身兼數職，既是政府內閣大臣，又是司法機構總管，還是上議院的當然成員，可謂集司法權、行政權、立法權於一身。但這並不影響英國法官在公眾心中的崇高地位和權威性，即便沒有絕對的司法獨立，英國司法系統仍然運行良好。

可見，司法獨立必須與本國憲政制度相適應，並沒有統一的標準和具體的要求。司法系統運行狀況與司法獨立有一定的相關性，但並不絕對。過度強調司法的獨立性而忽略司法與其他國家權力的互動和協調，或者只講配合而使司法喪失獨立之品格，均不可取。

（四）司法獨立原則的限制

香港特區司法權的運作嚴格奉行司法獨立的基本原則，並在法官的任期、薪酬待遇、司法豁免等制度上予以充分的保障。高程度的司法獨立，固然有助於法官的獨立判斷，但也加大了司法專斷與司法擴權的風險，司法必須保持謙抑性和自我克制，平衡好司法獨立與司法社會擔當的關係。香港特別行政區並不實行三權分立的政治體制，

8　趙寶雲：《西方五國憲法通論》，北京：中國人民公安大學出版社 1994 年版，第 272-273 頁。

「特別行政區立法、行政和司法的關係是保證司法獨立，行政機關和立法機關互相制衡又互相配合。」[9] 然而在實踐中，香港司法卻存在過度強調獨立和制衡，忽視配合；過度強調權利保障功能，忽視司法在維護國家安全、維護特區繁榮穩定等方面的社會責任的現象。濫用司法覆核和司法政治化趨向明顯。

因此，司法獨立原則需要一定的限制。司法權作為國家權力的一種，與其他國家權力存在一定的互動和配合關係，應當共同承擔維護社會安全的責任。另一方面，司法有必要保持謙抑性和自我克制，堅持其「消極的美德」。[10] 近年來香港法院越來越多地介入到政治性問題的紛爭中，使自身置於政治與輿論的風口浪尖。然而政治性問題要留待政治性機構去考慮，司法權的盲目擴張容易引起司法權與立法權、行政權的激烈衝突，最終將會危及司法權自身。

二、遵循先例原則

香港實行普通法制度，遵循先例原則為普通法最基本和最重要的原則。普通法就是在「遵循先例」的基礎上發展而來的。法院通過「遵循先例」的司法原則，才能在判例的基礎上發展出一系列在司法中普遍適用的理念、原則、規則和技術。可以說，遵循先例原則為普通法的生命。

（一）遵循先例原則的內涵

遵循先例（stare decisis），即以相似的方法處理相似的案件，「先例判決對法院之後處理的同類案件具有約束力，法院有義務在處理相

9　王振民：〈「一國兩制」實施中的若干憲法問題淺析〉。

10　參見〔美〕比克爾著，姚中秋譯：《最小危險部門──政治法庭上的最高法院》，北京：北京大學出版社 2007 年版，第 118-216 頁。

似案件中採用相同或相似的推理技巧，適用相同的法律原則，任何法院都不得無視上級法院（或某些同級法院）就同一法律問題已做出的權威性司法判決。」[11] 這項原則在英國現代普通法的實踐操作中略顯複雜。簡單而言，法院的判決主要區分兩種效力。一種為「約束力效力」，包括先例的縱向約束力和先例的橫向約束力。縱向約束力是根據法院之間的等級，下級法院的判決受上級法院先例的約束，上級法院的先例只有在被更高等級的法院變更或者被制定法變更時，才喪失其約束力。[12] 橫向約束力是指同一法院或者同一級法院先例的效力問題，法院受自己先前作出的判決約束。另一種為「說服力效力」，只有具有「約束力效力」的判決部分才是必須遵循的先例。根據效力的不同，判例可以分為具有拘束力的判例和具有說服力的判例兩種。具有拘束力的判例是法官必須遵守的先例，而勸導性的判例並不具有必須遵守的強制要求，其勸導力的強度主要取決於判決的邏輯性及合理性，法官遵循勸導性判例的原因不在於有必須遵循的義務，而是被先例的理由說服，出於對其他法官智慧和經驗的尊重才遵循該先例。

需要注意的是，一個判決具有約束力，並非指這個判決的所有部分都可以作為先例加以引用，只有該判決的核心部分，即「判決理由」才對今後的裁判有約束力。[13] 判例本身包含對本案事實的認定，相關法律原則和規則的解釋和適用，事實和法律之間的聯繫以及此案和彼案之間的相似或區別之處等，這些問題的推理過程就是判決書的法律理由。「案件的判決理由是深植於法官心中的法律規則，是法官在作出判決前的一個必要的步驟，是它採取的理由的界限，或者指示陪審團的必要部分。」[14] 同時，法官在判案過程中通常會闡明他們的判決對未來案件的影響，這是與本案無關的陳述，不應當在陳述案件

11　Cross & Harris, *Precedent in English Law* (Oxford: Clarendon Press, 1991), p. 3.

12　齊樹潔主編：《英國司法制度》，廈門：廈門大學出版社 2007 年版，第 218 頁。

13　同上，第 221 頁。

14　Cross & Harris, *Precedent in English Law*, p. 72.

的裁定中提及，因此，有關法律問題的其他聲明則構成先例判決的「法官附帶意見」。只有「判決理由」才具有約束力，「附帶意見」的價值是說明性的，對未來判決沒有約束力。

遵循先例原則並不意味着先例不可變更，或者先例必須無條件遵循。隨着歷史的發展，遵循先例原則也有了一些例外。每個判決作出的時間、情境和社會背景不同，法律觀念也在不斷地發展。嚴格地遵循先例可能導致個案的不公正，未能適應社會的發展，最終與法律的基本精神相背離。因此，「儘管不應當放棄遵循先例規則，在某種程度上卻應當放鬆這一規則。」[15] 為了保證司法的連貫性和判決的統一性，英國司法判例一經確立，不得任意推翻，丹寧勳爵（Alfred Thompson Denning）曾作出背離先例的努力，主張如果上議院「因缺乏注意」而作出判決時，該判決不必遵從，但這一觀點遭到上議院的駁斥。英國實行嚴格的法院等級制度，上級法院可以改變自己的觀念，但不能容忍下級法院替他們作出決定，每一個下級法院忠實地遵從上級法院的判決是非常必要的。在這樣艱難的情形下，英國法官在嚴格遵循先例的同時，也創設了一些規避先例的規則。主要方式有：（1）識別。適用先例的前提是案件相似，通過尋找本案與先前案件事實上的細微差異，可以達到規避先例的目的；（2）解釋。通過重新概括、組合並陳述先例中的事實，進行擴大或縮小解釋，從而引出新的法律規則；（3）篩選。上級法院可能存在相互衝突的先例，一般根據「後法優於先法」的原則，可以通過選擇合適的先例加以適用，從而規避不當判例的適用。（4）先例被制定法所推翻，或者先例依據的法律本身不復存在時，不再適用該先例。[16]

15　〔美〕本傑明‧卡多佐著，蘇力譯：《司法過程的性質》，北京：商務印書館 1998 年版，第 94 頁。

16　參見齊樹潔主編：《英國司法制度》，廈門：廈門大學出版社 2007 年版，第 229 頁。

（二）遵循先例原則的價值分析

遵循先例原則產生的初衷在於統一國家司法權，統一全國法令。諾曼人征服英國之後，威廉公爵派出法官到各地巡迴審判，巡迴法官在審案時按照國王的意志統一解釋和適用各地的習慣法，並定期聚合、討論，「當時鮮有成文法進行指導，法官尋找類似的案件進行指導，逐漸形成先例的拘束力。」[17] 因此，遵循先例原則的價值首先體現增強法律的統一性和對法官自由裁量權的制約上，先例具有約束力，法官必須依據先例作出判決，法院權力得到制約，也可遏制法官專橫。同時，遵循先例原則保證了上下級法院之間、法院前後判決之間的一致性，樹立了中央的權威，統一了全國法令。對法院而言，「如果一個人不能在前人鋪設的進程的堅實基礎之上為自己的進程添磚加瓦，法官的勞動就會大大增加，以致無法承受。」[18] 遵循先例原則使法官免於重新探討同一法律問題，減輕了法官的工作量，提高了司法效率，還可以維護法律的尊嚴和公眾對司法機關的信任，樹立司法權威。對於當事人而言，遵循先例原則提高了法律的確定性和可預見性，確保人人都得到國家法律的平等保護。遵循先例原則體現了相同案件相同處理的平等精神，人們根據先前的判例，可以確定自己的權利、義務和責任，正確評價自己和他人的行為，預見自己和他人在案件中的位置和行為的結果。

總之，遵循先例原則在統一法令、提高法律的確定性、體現法律平等精神等方面有很大裨益。但該原則也存在一定的弊端。如上文所言，決定判決結果的因素，會因時間的推移或者社會環境的變化而發生改變，嚴格遵循先例極易產生個案不合理、不公正的問題，阻礙法律的發展。因此，為了繼續保持遵循先例原則的生命力，必須進行一

17　Jan McCormick-Watson, *Essential English Legal System* (London: Cavendish Publishing Limited, 2004), p. 2，轉引自齊樹潔主編：《英國司法制度》，第 213 頁。

18　〔美〕本傑明・卡多佐著，蘇力譯：《司法過程的性質》，第 94 頁。

定的調適。在司法實踐中，法官也創設出一系列規避遵循先例原則的規則，遵循先例原則逐漸成為法律專業人士掌握的一門技藝。先例適用於後來案件的前提是具有相似的事實，但世上沒有兩片葉子是完全相同的，案件事實同樣如此，律師在訴訟中儘量把自己案件中的事實，和對自己不利的以前案件中的判決事實相區別，達到避免適用不利先例的目的。相關規避先例的方法使遵循先例原則在維護法的確定性和可預見性方面的功能大打折扣，但這也是必要的。「在所有的法律史中，人類的實踐總是在兩個極端之間動搖，一極是將法官束縛在嚴格的法律的苛刻的規則之下，另一極是讓他們根據不加限制的個人的自由裁量來進行裁決。」[19] 法律的穩定性、確定性、可預測性和法律適應社會經濟發展需要的靈活性之間總是存在一定的矛盾，不可能同時實現，只能在兩者之間維持一定的平衡。

（三）遵循先例原則在香港的發展

回歸前，香港普通法有強烈的殖民主義色彩，英國的立法和司法判例高高在上。一方面，英國樞密院司法委員會是香港的終審機構，香港所有的法院必須受英國樞密院司法委員會決定的約束；另一方面，「英國上議院判決曾長期作為權威的判例，對香港有約束力，香港法院必須遵循由上議院判決中體現出的普通法原則。」[20] 香港回歸後，基本法保留了香港的普通法制度。根據香港不同法院的級別，香港法院適用先例一般遵循以下幾點具體規則：（1）香港特區終審法院為香港最終上訴機構，其判例對香港特區的所有法院均有約束力；（2）高等法院上訴法庭受終審法院判決和自身過去判決所約束，若過去的判決與終審法院判決不一致，須遵循終審法院的判決；（3）高等法院原訟法庭須遵從終審法院和上訴法庭過去的判決；（4）香港特區

---

19 〔美〕羅斯科・龐德著，李艗譯：〈何為遵循先例原則〉，《山東大學學報》2006 年第 5 期。

20 董立坤：《普通法的理論與實踐》，北京：人民出版社 1999 年版，第 312 頁。

其他法院和審裁處須遵從終審法院和高等法院原訟法庭、上訴法庭的判決。同時，基本法的實踐也改變了香港普通法適用的基礎，主權回歸和終審權的轉移使遵循先例原則有了一些新的發展。

首先，香港終審法院是香港特區最高審級的法院，其判決不受其他法院判決所約束，終審法院可背離英國樞密院先前對於來自香港的上訴案件的裁決以及終審法院自身的先前裁決。

其次，英國司法判例在香港特區的地位發生了重大變化。英國司法判例可作參考，但對香港法院不再具有約束力。具體而言，英國司法判例在香港特區的約束力可分為兩種情況。情況一：1997 年 7 月 1 日前宣判的判決在該日期後作為香港特區普通法的一部分予以保留，對香港特區仍有約束力。香港特區高等法院上訴法庭在「Bahadur 訴保安局局長」案 [21] 第 495 頁 B-D 段指出：

樞密院在中華人民共和國恢復對香港行使主權之前宣判的判決，在回歸後對香港所有法院（終審法院除外）繼續具約束力。這是因為樞密院的判決是香港普通法的一部分，因此屬於《基本法》生效時在香港實施的法律，亦根據《基本法》第 8 條獲得保留。

但是，並非所有樞密院判例都對香港法院具有拘束力。終審法院在 2007 年的紀律研訊程序案 [22] 中進一步明確區分回歸前英國樞密院針對來自香港地區上訴案件的裁決與並非來自香港上訴案件的裁決。終審法院認為，1997 年 7 月 1 日之前，樞密院對於來自香港的上訴案的裁決，對香港上訴法院和下級法院有約束力，相關法理於基本法生效後，在香港繼續具有約束力。而對於並非來自香港的上訴案件的裁決，在香港則並不具有約束力。1997 年 7 月 1 日之前，英國樞密

---

21 [2002]2 HKC 486.

22 一名律師訴香港律師會，FACV 24/2007，第 14 段。

院對於並非來自香港的上訴案件的裁決，只屬於具有說服力的判例。

情況二：1997 年 7 月 1 日後宣判的英國判決不再具有約束力，但是從歷史角度來看，香港法律制度源於英國法律制度，香港法院顯然會繼續參考這些判例。至於這些判例的實際說服力有多大，「取決於所有相關情況，特別包括涉案爭議點的性質，以及與任何相關法律條文或憲法條文的相似程度。最終來說，香港法院必須自行決定何者適切本司法管轄區。」[23]

最後，所有先例均不能違反基本法，一切帶有殖民色彩的先例、根據香港法律適應化過程中被廢除的法律所作出的先例和回歸後香港法院作出的違反基本法的判決，均不具有先例約束力。問題在於，先例（尤其是終審法院作出的判決）是否違反基本法，是否具有約束力，應該由誰來判斷？根據遵循先例原則，下級法院是無權審查並且決定是否適用上級法院先例的，而司法機構作出的判決也不受立法機關、行政機關限制。雖然立法會作為香港特區的立法機關，根據基本法第 8 條的規定，立法會可以對包括普通法在內的香港原有法律作出修改，為了修正香港原有法律中與基本法相抵觸的內容，現行適用於香港的普通法也可由特區立法機關制定的法例取代。但普通法並不局限於對制定法的一般解釋，法院在解釋法律的基礎上有超越法律解釋的權力，通過遵循先例積極創制新的法律規則，制定法對普通法的修正往往是滯後的，且效果有限。那麼，先例違反基本法的審查權應由誰行使，如何行使？這些內容在本書其他部分有詳細探討，本節不再贅述。

三、陪審制度原則

港英時期，英國將本國司法制度移植到香港，香港司法體制從被

23　一名律師訴香港律師會，FACV 24/2007，第 17 段。

英國佔領時就實行陪審制。特別行政區成立後，香港特區司法體制除因設立終審法院產生變化外，一律予以保留。在此基礎上，基本法還專設一條特別強調，原在香港實行的陪審制度的原則予以保留。可見陪審制度原則在香港特區司法運行中的重要地位。

（一）陪審制度原則的內涵

關於陪審制度的起源，有多種不同的看法。有觀點認為，陪審制度的歷史可以追溯到古希臘時期雅典城邦實行的公民審判制，[24] 有學者指出，「陪審團開始於九世紀的法國，原來是被國王強迫宣誓的一群人，諾爾曼人把他帶到英國。」[25] 陪審團剛從法蘭克引入英國時，其職能是陪審團成員就知情的內容進行宣誓作證。實際上相當於承擔了證人的角色和功能。直到亨利二世時期，陪審團才開始發揮審判功能，由案件事實的知情人演變為不知情的裁決人。1215 年英國《自由大憲章》規定了起訴陪審團起訴的形式以及人民享有接受與自己同等人審判的權利。1352 年，愛德華三世頒佈詔令，禁止起訴陪審團參與審判，確立了起訴陪審團（大陪審團）與審判陪審團（小陪審團）分離的原則。因此，廣義的陪審團包括承擔起訴功能的大陪審團和承擔審判功能的小陪審團。但目前世界大概只有美國保留了大陪審團的制度，當今世界各國的陪審制度主要指小陪審團或審判陪審團制度。就一般意義而言，陪審制是指法院在進行審判案件時，吸納非法律職業者或者非職業審判員參加法庭審判，與法官共同行使審判權的制度。[26]

不同法系國家吸納非法律職業者參加法庭審判的典型形態大有不

24　參見〔美〕威爾・杜蘭特著，越裔譯：《希臘之生命》，香港：世界文化出版社 1941 年版，第 154 頁。

25　〔美〕漢斯・托奇主編，周嘉桂譯：《司法和犯罪心理學》，北京：群眾出版社 1986 年版，第 111 頁。

26　參見龍宗智、楊建廣主編：《刑事訴訟法》，北京：高等教育出版社 2016 年版，第 303 頁。

同。人們一般將德法等大陸法系國家的陪審制度稱為「參審制」，以區別於普通法系的陪審團制度。所以，陪審制度主要可以分為「參審制」和「陪審團制度」兩種形式。兩者在陪審員資格、人數、任期、選任方式、適應的訴訟模式等方面均有所不同，最大的區別在於陪審員在審判中的職能不同。以英美為代表的普通法系國家陪審團制度中的陪審員與專業法官分工明確，陪審員根據證據單獨認定事實，確定被告人是否有罪，專業法官則負責法律適用及被告人的量刑問題。參審制中的陪審員享有與職業法官同等的權利，陪審員與法官共同處理案件的事實問題和法律問題，刑事案件中的陪審員不僅有權確定被告人是否有罪，也有權量刑。

（二）陪審制度原則的價值分析

陪審制度一般被認為是司法民主的象徵，是人民參與司法審判的重要制度。[27] 作為「自由的明燈」、「憲法的車輪」，陪審制度從其產生至今，一直在不同法系國家的司法制度中發揮着無可比擬的作用。托克維爾（Alexis de Tocqueville）認為，陪審制度原則的價值體現在以下幾個方面：「第一，它作為司法制度而存在；第二，它作為政治制度而起作用。」「作為使人民實施統治的最有力手段的陪審制度，也是使人民學習統治的最有效手段。」[28] 陪審制度兼具保障司法民主、制約司法權力的政治價值和實現司法公正、保障人民自由的法律價值。

民主制度的主要特徵是公民對政策制定的參與和制約，陪審制度是公眾參與司法審判工作，體現司法民主精神的重要方式。「參加陪

27　參見胡玉鴻：〈「人民的法院」與陪審制度——經典作家眼中的司法民主〉，《政法論壇》2005 年第 4 期；施瑋：〈弘揚法律的公平、公信精神：陪審制度之審視——兼論中外陪審制度的建構與實踐〉，《太平洋學報》2010 年第 7 期；焦諸華：〈英國陪審制度的歷史嬗變及存廢之爭〉，《政治與法律》2001 年第 5 期；等等。

28　〔法〕托克維爾著，董果良譯：《論美國的民主》（上卷），北京：商務印書館 1988 年版，第 311-319 頁。

審團審判使民眾感覺到他們在更大程度上參與了政府，限制政府濫用自由裁量權，而且陪審團還可以通過最後的否決權來糾正立法或者司法的不公或專橫，從而使政府進一步合法化、民主化。」[29] 從司法審判規律看，陪審員的群體性日常生活經驗有助於發現案件事實，維護當事人的合法權利。外行陪審團參與審判能夠在一定程度上抑制專業法官囿於專業視角而出現的偏見，打破專業法官由於職業形成的固定思維模式。「非法律職業者由於比職業法官更接近日常生活、更了解普通人的經驗，因而能更好地發現事實並適用法律。」[30]

陪審制度在司法體系中處於至關重要的地位，陪審原則體現了司法民主的和權力制約的精神，提高了公民的法律意識和法制觀念，保障程序的公正性和人民的自由。「陪審團提供了一個保障公民權利的重要機制。」[31] 但不可否認的是，陪審制度在世界各國司法體系中呈衰落之勢，陪審制度適用範圍正逐漸縮減。在英國，陪審團審判僅適用於刑事法院審理的重大的刑事案件，加上相當比例的被告人作了有罪答辯，「在實踐中，適用陪審團的比例只有 0.9% 左右。」[32] 而民事案件中，由於費用太高、耗時過長，一般都不適用陪審團審判。美國陪審制度非常發達，但由於辯訴交易的大量存在，實踐中也很少適用陪審制度。

一方面，陪審團審判高昂的運作成本使這一制度難以適應現代社會案件數量激增和對訴訟效率的需求。另一方面，陪審制度原則的價值也遭到質疑。陪審員的任職資格限制了陪審員的代表性，陪審員對司法民主的價值更多的是象徵意義上的。本為保障當事人權利的異議

29　〔美〕博西格諾等著，鄧子濱譯：《法律之門》，北京：華夏出版社 2002 年版，第 517 頁。

30　宋冰編：《讀本：美國與德國的司法制度及司法程序》，北京：中國政法大學出版社 1998 年版，第 178 頁。

31　張建偉：《司法競技主義——英美訴訟傳統與中國庭審方式》，北京：北京大學出版社 2005 年版，第 113 頁。

32　Terence Elliot & Frances Quinn, *English Legal System* (London: Longman Press, 2001), p. 149.

程序反而成為當事人挑選對自己有利的審判人員以左右判決的手段，失去了公正性。此外，司法精英化和司法大眾化始終是一個無法避開的矛盾與難題。「法律是一門藝術，它需經長期的學習和實踐才能掌握，在未達到這一水平前，任何人都不能從事案件的審判工作。」[33] 司法是一項高度程序化的活動，很難相信沒有經過專門職業訓練的人能夠勝任相關工作，且陪審員比職業法官更容易受個人感情左右，容易作出不公正的裁決。以至於有學者認為，「陪審團成員沒有能力充分理解證據或者決定事實問題，因而他們是不可預測的堂吉訶德般狂熱而充滿奇思怪想的人，接受他們的審判比一場賭博冒險好不了多少。」[34]

　　儘管陪審團審判的適用範圍日趨狹窄，其缺陷也得到越來越多的認識，但陪審制度仍然在多個國家司法體制中佔據重要地位，這反而凸顯了陪審制度的獨特魅力和頑強的生命力。對司法民主的追求和對自由的渴望仍然是當今世界的主流，通過相關原則的發展和制度的完善，必定能夠使陪審制度適應於現代司法的要求。

（三）陪審制度原則在香港的發展

　　香港特區沿襲英國普通法傳統，沿用英國陪審團制度，並根據香港本地情況作了一定的變通。1844 年《建立香港最高法院條例》有專門針對陪審員的規定，該條例被廢除後，1845 年《規範陪審員和陪審團條例》專門對香港陪審制度作了規定。其後香港關於陪審團的立法主要有香港立法局於 1860 年通過的第 2 號法令《變更有關陪審員和證人法律條例》、1864 年通過的第 11 號法令《綜合和變更有關陪審員和陪審團法律條例》、1868 年通過的第 7 號法令《變更有關陪

33　〔美〕羅斯科·龐德著，唐前宏、廖湘文、高雪原譯：《普通法的精神》，北京：法律出版社 2001 年版，第 42 頁。

34　〔美〕博西格諾等著，鄧子濱譯：《法律之門》，第 511 頁。

審員和陪審團法律條例》，以及 1887 年通過的第 18 號法令《陪審團綜合條例》。[35] 隨後經幾次修訂，成為現行《陪審團條例》（第 3 章）。此外，香港特區有關陪審制度的法律依據還有《死因裁判官條例》和《高等法院條例》（第 4 章）等。下面具體介紹香港特區陪審制度的發展。

1. 陪審制度的適用範圍。目前香港只有高等法院的原訟法庭和死因裁判法庭有權使用陪審團。《死因裁判官條例》（第 504 章）訂明在特定的情況下（如有人在受官方看管時死亡），必須在有陪審團參與的情況下進行死因研訊。原訟法庭審訊的罪行載於《裁判官條例》（第 227 章）附表 2 第 III 部中，可以進行陪審團審判的罪行有以下特點：該罪行屬於法例訂明的須於原訟法庭審訊的最嚴重的罪行，如謀殺、誤殺、強姦、持械行劫、毒品犯罪與商業詐騙等犯罪；或者犯罪者可能會被判處超過 7 年的監禁刑罰；或者為公共利益起見，該案應由法官和陪審團進行審訊。某些民事案件，例如涉及誹謗或惡意檢控等訴訟，案中任何一方均可選擇把有爭議的事實交由陪審團認定。在死因裁判法庭進行的某些死因研訊也需要選任陪審團出席，但陪審團只須有 5 名成員。實踐中，陪審團審判主要集中在原訟法庭審訊的刑事案件中，2011-2013 年間香港高等法院原訟法庭刑事審訊中的陪審團適用情況見表 5-1，由表中數據可見：2011-2013 年間，設有陪審團審訊的刑事案件量佔香港特區刑事案件總量比例約 6%。香港特區立法會曾就是否將陪審團審判的適用範圍擴大至區域法院的問題進行討論，相關制度的改革終因涉及的法理及經費問題爭論過多而擱淺。但由此也可以看出，香港民眾對陪審制度的重視和認可，它既是基本法明確規定予以保留的原則，也是香港特區實踐中十分重要的司法制度。

35　參見尤韶華：《香港司法體制沿革》，北京：知識產權出版社 2012 年版，第 245-246 頁。

表 5-1：高等法院原訟法庭刑事審訊適用陪審團的情況表

年份	陪審團審訊案件量	原訟法庭刑事原訟案件量	區域法院刑事案件量
2011	112	482	1,396
2012	105	486	1,207
2013	86	571	1,190

數據來源：香港立法會 CB(4)1168/14-15(03) 號檔及香港司法機構年報

2. 陪審員的資格。香港《陪審團條例》第 4 條和第 5 條分別規定陪審員的資格和豁免出任陪審員的人員範圍。任何年齡已達 21 歲但未達 65 歲並且是香港居民的人，在符合（1）精神健全而無任何使他不能出任陪審員的失明、失聰或其他無行為能力的情況；及（2）具有良好品格；及（3）對在有關的法律程序進行時將予採用的語言所具有的知識，足以令他明白該等法律程序的情況下，具有義務出任陪審員。香港法律改革委員會於 2010 年就陪審員資格的現行準則進行檢討，出具報告書，[36] 就陪審員的年齡、知識水平、品格要求等內容提出修改意見，目前香港特區有關陪審員出任資格的修改還在廣泛徵求意見和討論中。

3. 陪審員的人數和任期。香港《陪審團條例》第 3 條規定，在所有民事及刑事審訊中，以及就任何人是否白癡、精神錯亂或精神不健全而進行的所有研訊中，陪審團一般由 7 人組成，如有需要，在例外情況下法庭或法官可以要求陪審團由 9 人組成。根據《陪審團條例》第 25 條，在特定條件下，法庭可於陪審團未作出裁決之前，基於特定理由解除任何陪審員的職責，因此，訴訟中陪審團的人數可能發生變化，但在任何民事或刑事審訊中，陪審團須由不少於 5 人組成。陪審團人選以抽籤決定，實行一案一選，一案一任。每一需要陪審團審理的案件均單獨抽籤以確定陪審人員的組成。

36　〈出任陪審員的準則〉，香港法律改革委員會，http://www.hkreform.gov.hk/chs/publications/rjurors. htm（最後訪問時間：2021 年 3 月 28 日）。

第三節

香港特區法院的司法審判程序

◇◇◇

　　審判是法院的基本職能，是司法權運作的核心要素。司法審判程序是法院在審理案件、解決糾紛過程中，進行的各項法律活動所必須遵守的規範體系。香港特區承襲英國的司法和訴訟制度，在民事、刑事和行政訴訟程序方面具有明顯的普通法特徵。制定法和判例法共同構成法院司法審判制度的主要淵源，不少重要的審判原則和理念就是由判例法發展而來的。不同級別的法院實施不同的訴訟規則，程序規則相對複雜。雖然基本法沒有關於香港特區法院的司法審判程序的具體規定，但一方面，基本法通過對香港居民基本權利的保障確定了訴訟的基本原則和理念。第 28 條、第 29 條、第 30 條分別規定香港居民的人身自由不受侵犯，住宅和其他房屋不受侵犯，通訊自由和通訊秘密受法律的保護。第 35 條規定香港居民有權得到秘密法律諮詢、向法院提起訴訟、選擇律師及時保護自己的合法權益或在法庭上為其代理和獲得司法補救。香港居民有權對行政部門和行政人員的行為向法院提起訴訟。另一方面，基本法確定了回歸後訴訟基本原則和當事人權利繼續保留的原則，第 87 條規定「香港特別行政區的刑事訴訟和民事訴訟中保留原在香港適用的原則和當事人享有的權利。任何人在被合法拘捕後，享有盡早接受司法機關公正審判的權利，未經司法機關判罪之前均假定無罪。」可見，基本法只是在原則上保障當事人在訴訟中的權利不受減損，回歸後香港特區法院的司法審判程序在很大程度上保留了普通法系的傳統，採取抗辯式訴訟模式，訴訟程序規

則較為繁瑣複雜，本節僅就其中一些重要內容進行簡要介紹與分析。

一、香港特區法院民事審判基本程序

香港沒有統一的民事訴訟法典，民事訴訟程序的基本原則和具體制度主要由制定法和判例法作出規範，在制定法方面，主要有《終審法院條例》（第 484 章）、《高等法院條例》（第 4 章）、《區域法院條例》（第 336 章）和各審裁處條例及各自附屬規則。不同法院的民事審判活動適用不同的具體規則，各自形成相對獨立的系統。回歸以來，隨着經濟社會的快速發展，香港特區民事案件不斷增多，與其他普通法地區一樣，香港司法機構也肩負着如何提高司法效益的迫切任務。有鑒於此，香港司法機構於 2000 年對香港民事司法制度進行重大改革，到 2009 年 4 月正式實施。本次民事司法改革旨在提高司法效益，確保案件在合理切實可行的範圍內儘速有效處理。為實現民事司法改革目標，香港特區司法機構多措並舉：加強了法院對案件的管理，保留辯論式訴訟制度的精要，但減去其過分的要求，鼓勵法庭使用更大的案件管理權力；[1] 簡化並改善民事司法程序，提高司法效率；鼓勵和促成和解，快速解決糾紛。[2] 此外，還有落實雙語司法、設立科技法庭等各項配套措施的保障。在本次民事司法改革中，香港特區修改了一批條例和附屬條例，下文筆者將結合相應的修訂內容分析香港的民事審判程序。

（一）民事訴訟管轄及審級制度

香港特區法院對國防、外交等國家行為無管轄權，除繼續保持香

1　　立法會 CB(2)713/11-12(01) 號文件。

2　　由 2008 年 10 月 1 日起，《香港事務律師專業操守指引》增加了一項規定，訂明律師在接辦訴訟個案時，有責任考慮調解等其他解決糾紛的方式，如情況合適，更須建議其當事人予以採用。

港原有法律制度和原則對法院審判權所作的限制外，對香港特區所有案件均有審判權。香港特區高等法院由原訟法庭和上訴法庭組成，原訟法庭對民事案件具有無限的司法管轄權，並沒有糾紛類型的限制。區域法院享有有限的民事管轄權，根據《區域法院條例》（第 336 章）第 32-38 條，區域法院處理的常見民事案件類型有：涉及合約、準合約或侵權不超過 100 萬的申索、收回土地或涉及土地權利每年租金或按照《差餉條例》（第 116 章）確定的應課差餉租值，或其年值（以最低者為準）不超過 24 萬的申索、衡平法司法管轄權之下的申索、只追討欠租的申索、根據《已婚者地位條例》（第 182 章）第 6 條而具有司法管轄權者。區域法院設有家事法庭，處理離婚與附屬救濟等婚姻事務，同時也處理子女領養等與家庭有關的其他事項。此外，香港特區還設有四個審裁處，負責審理特定類型的案件。其中與民事訴訟管轄相關的有：土地審裁處負責審理與土地利益、租業和物業管理等有關的案件；勞資審裁處處理僱主與僱員之間的勞資糾紛；小額錢債審裁處處理不超過 5 萬元的小額錢債申索。

總體而言，香港民事訴訟實行三審終審制，但在勞資審裁處、小額錢債審裁處初審的案件，在極少數情況下會出現四審終審的情況。終審法院是香港的最高上訴法院，對香港特區法院管轄的所有案件均有終審權。終審法院的民事司法管轄權包含處理根據《終審法院條例》第 II 部及根據任何其他法律提出的上訴。根據《終審法院條例》（第 484 章）第 22 條，終審法院受理來自香港特區高等法院上訴法庭和原訟法庭的部分民事上訴案件，是否受理該民事上訴由終審法院酌情決定。如果該上訴是就上訴法庭就任何民事訟案或事項所作的判決而提出的，不論是最終判決或非正審判決，而上訴法庭或終審法院（視屬何情況而定）認為上訴所涉及的問題具有重大廣泛的或關乎公眾的重要性，或因其他理由，以致應交由終審法院裁決，則上訴法庭或終審法院須酌情決定終審法院是否受理該上訴。如果該上訴是就原

訟法庭有關行政長官選舉等特定事項所作的裁決而提出的上訴，終審法院須酌情決定是否受理該上訴。可見，並非所有案件均可上訴至香港特區終審法院，是否受理上訴由終審法院酌情決定。

上訴法庭民事司法管轄權包括：來自原訟法庭在任何民事訟案或事宜中作出的任何判決或命令的上訴、根據《區域法院條例》（第336章）第63條提出的上訴及任何其他由法律賦予上訴法庭的司法管轄權。高等法院原訟法庭也可行使有限的上訴司法管轄權，可以受理不服勞資審裁處、小額錢債審裁處的裁決或勞工處轄下的小額薪酬索償仲裁處的裁定而提起的上訴。具體而言，香港特區的審級結構見圖5-1。

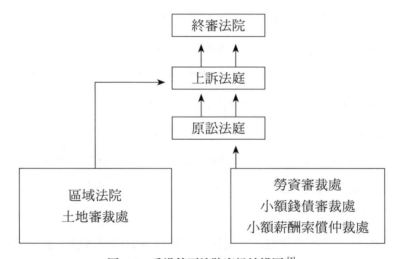

圖 5-1：香港特區法院審級結構圖 [3]

（二）民事初審程序

香港特區各級法院和審裁處的民事初審程序不盡相同，高等法院原訟法庭的初審程序和區域法院的初審程序分別由《高等法院規則》和《區域法院規則》作出規定。雖然具體程序上存在差異，但其中框架性的基本程序可分為若干階段，基本適用於各級審判機關。

3　參見陳海光主編：《中國內地與香港司法制度比較》，北京：法律出版社2015年版，第173頁。

1. 起訴。根據訴訟目的、案由和涉及事項的不同，主要有 4 種方式向香港特區法院和審裁處提起訴訟。a. 訴狀（傳訊令狀）方式是開展民事訴訟程序最為普遍和通用的方式。傳訊令狀是法院簽發給原告，並由原告送達給被告，要求被告出庭參與訴訟的法律文件。[4]令狀必須符合一定的格式和內容要求，原告按照規定填寫令狀文本，並連同訟費交至法院，法院初步審查後認為符合條件的，會對案件進行編號並對令狀予以蓋章簽發，訴訟程序得以開始。b. 原訴傳票方式適用於沒有事實爭議或者只有很少爭議的案件，《高等法院規則》第 5 號命令規定，任何法律程序，如其中唯一或主要的有爭論的問題，是關於或相當可能是關於任何成文法律、任何根據成文法律訂立的文書、任何契據、遺囑、合約或其他文件的解釋，或是關於或相當可能是關於另一法律問題，或如其中相當不可能有任何實質事實爭議，均適宜藉原訴傳票開展，但如原告人在該等法律程序中擬申請根據第 14 號命令或第 86 號命令作出判決，或基於任何其他理由認為該等法律程序更適宜藉令狀開展，則屬例外。原訴傳票的簽發與傳訊令狀相同，只是原訴傳票程序的認收書比較簡單。c. 原訴動議和呈請書方式主要適用於涉及公司和個人破產、婚姻效力、行政請願等案件，原告向法院提交相關法律文件和訴訟費用後，法院對其進行核對、編號，即為受理。d. 申請表格方式主要適用於向各審裁處提起的訴訟，由原告依照規定的格式提交申請表格，表明相關的申請依據和訴訟請求。

2. 法律程序文件的送達和狀書交換。香港特區主要由當事人完成送達程序，對香港境內的被告主要可通過面交送達、郵寄送達和將已蓋印的文件放入一個信封並封口，注明由收件人收件，再將文件投入收件人的信箱送達。此外，還有幾種特殊的送達情形，包括送達海外委託人的代理人，依據合約送達和粘貼令狀文本以示送達。被告人收

4　董茂雲、杜筠翊、李曉新：《香港特別行政區法院研究》，北京：商務印書館 2010 年版，第 160 頁。

到令狀或者原訴傳票後必須在 14 天內作送達認收。另根據《高等法院規則》第 18 號命令，如非法庭另作許可，否則被告必須在令狀的送達認收時限後 28 天屆滿前或在申索陳述書送達後 28 天屆滿前（以較遲者為準），將抗辯書送達可能受其影響的訴訟其他每一方。而原告在該抗辯書送達他後 28 天屆滿前必須向該名被告人送達答覆書。雙方相互交換狀書的程序主要是為了雙方及時了解對方的立場和依據，同時便於法官了解雙方的爭議焦點。在經過一輪或幾輪的交換狀書後，原告應當向法院請求安排聆訊日期。

　　3. 審訊和判決。香港特區高等法院原訟法庭民事初審案件的開庭審訊組織形式有法官獨任審理、陪審團審理、裁判委員會協助法官審理和聆案官審理四種。陪審團審理在民事案件中較為少見，而在區域法院中則沒有陪審團審理這種方式。法庭審理由法官主持或者控制。庭審程序一般包括：a. 原告作開案陳詞；b. 如被告人選擇不援引證據，則由原告提供證據、證人，經雙方交叉詢問後，原告作第二次發言以結束其案，然後被告人須陳述其案；c. 如被告人選擇援引證據，他可在提供證據後作第一次發言，並提供證據和證人，經雙方交叉詢問後被告作第二次發言以結束其案；d. 在被告人的案結束時，原告人可發言作答。法庭在審理案件之後作出的決定包括判決和命令。一般情況下，命令形式比較靈活，判決則須嚴格按照法定格式製作。

（三）覆核與上訴程序

　　針對高等法院原訟法庭、區域法院和各審裁處的判決或者裁定，當事人可以向有管轄權的法院提出上訴。根據《勞資審裁處條例》（第 25 章）、《小額錢債審裁處條例》（第 338 章）及《小額薪酬索償仲裁處條例》（第 453 章）的規定，如任何一方不滿審裁處的裁斷、命令或裁定，而理由是該裁斷、命令或裁定在法律論點上有錯；或超越審裁處的司法管轄權範圍，則可在該裁斷、命令或裁定送達的 7 天

內，或在高等法院司法常務官根據好的因由而容許的延長期限內，向原訟法庭申請上訴許可，由原訟法庭決定是否批准。當事人對原訟法庭的裁決結果不服的還可以向上訴法庭申請上訴許可。

可見，上訴須申請上訴許可，且並非任何緣由均可上訴，僅限於法律論點有錯或者超越審裁處的管轄權範圍。針對事實問題，香港特區設置了覆核程序，即針對土地審裁處、勞資審裁處和小額錢債審裁處的決定，除任何一方已提交上訴許可申請書並且不同意撤回該申請外，審裁官可於自其作出裁斷或命令的日期起計的 14 天內覆核該裁斷或命令；覆核並不限於法律問題，覆核時審裁官可將整宗申索或其部分重新處理及重新聆訊，亦可傳喚或聆聽新的證據，並可維持、更改或推翻原來的裁斷或命令，相當於審裁官自我糾錯的過程。當事人任何一方也可以於 7 天內提出覆核的申請，覆核權利的行使並不影響當事人的上訴權利。

二、香港特區法院刑事審判的基本程序

香港沿襲普通法的傳統，對程序法非常重視，刑事訴訟中尤為強調程序的公正性以及對被告人權利的保障，在程序的設置上通過一系列技術性規定增強被告人的辯護水平，賦予被告人與公訴機關平等對抗的能力。與內地刑事審判制度不同，香港特區刑事審判程序的法律淵源呈現以下幾個特點：一是受英國法律影響，沒有一部完整的刑事訴訟法典，而是散見於相關單行條例或者規則之中；二是各級法院的刑事訴訟程序並不完全一致，各級法院的刑事司法管轄權和審判程序規則規定在各級法院條例及其法院規則之中；三是有關刑事犯罪實體問題的條例、附屬立法中也有涉及刑事審判程序的規定。目前香港刑事審判程序集中在《刑事訴訟程序條例》（第 221 章）及其一系列規則之中，另外，《高等法院條例》（第 4 章）、《裁判官條例》（第 227

章）、《簡易程序治罪條例》（第 228 章）、《區域法院條例》（第 336 章）、《複雜商業罪行條例》（第 394 章）等，均有關於刑事審判程序的規定。

（一）香港法院的刑事司法管轄權

與民事訴訟不同的是，刑事訴訟程序涉及偵查、檢控、審判多個環節，刑事司法管轄體系相對而言要複雜許多。從職能上劃分，刑事司法管轄權可分為偵查管轄、檢控管轄和審判管轄。在香港特區，行使偵查管轄權的機關為香港警署、廉政公署和海關，而檢控工作由香港律政司負責，律政司也可以授權警務處、廉政公署等部門對某些案件進行檢控。裁判法院、區域法院、高等法院原訟法庭和上訴法庭、終審法院則行使審判管轄權。本節內容將針對香港特區法院系統內部審判管轄權的劃分問題進行探討，確定相關法院的一審和上訴管轄權。

香港沿襲英國的刑事審判制度，將犯罪分為簡易程序審判的簡易程序罪行和正當程序審判的可公訴罪行，並在不同法院適用不同審判程序。凡屬《簡易程序治罪條例》（第 228 章）所規定的罪行，由裁判法院適用簡易程序審判。裁判法院管轄簡易程序罪和部分可循簡易程序審訊的可公訴罪行，特委裁判官可以判處的最高刑罰為監禁 6 個月及罰款 5 萬元，常任裁判官可以判處的最高刑罰為監禁 2 年及罰款 10 萬元。根據某些條例，裁判官可以判處的最高刑罰為監禁 3 年。如根據《危險藥物條例》（第 134 章）第 4 條，對於販運毒品的，裁判官可以判處最高 3 年的監禁刑。區域法院聆訊和裁定所有由律政司司長根據《區域法院條例》（第 336 章）第 75 條的條文合法提出的一切控罪以及依據《勞資審裁處條例》（第 25 章）第 41 條可由區域法院處置的罪行。具體而言，區域法院審理由裁判法院移交的可公訴罪案件，除了最嚴重的罪行，如謀殺、誤殺、強姦等案件，幾乎所有嚴

重的可公訴刑事案件均可由區域法院管轄，其可判處的最高監禁刑為 7 年。高等法院原訟法庭享有無限刑事司法管轄權，理論上可以審理所有刑事案件，但一般情況下，只有最嚴重的諸如謀殺、誤殺、強姦、持械搶劫、販運大量危險物品（毒品）和複雜的商業欺詐等刑事案件才會由高等法院原訟法庭進行一審審理。

香港特區刑事案件的上訴機構為高等法院上訴法庭和終審法院，高等法院上訴法庭審理源自區域法院和高等法院原訟法庭的上訴，終審法院審理來自高等法院（包括上訴法庭及原訟法庭）的刑事上訴案件，來自原訟法庭的案件大部分在上訴法庭審理，但對於原訟法庭不能向上訴法庭提出上訴的最終決定（不包括陪審團的裁決或裁定），終審法院可酌情決定是否受理。[5] 但通常只有涉及重大的法律內容和重大不公平的案件，才可以上訴到終審法院，所以香港特區雖然形式上實行三審終審制，但實際上很多案件都是兩審終審。此外，高等法院原訟法庭對於裁判法院的刑事裁決也有一定的上訴管轄權。

（二）香港法院刑事初審程序

1. 起訴和受理。律政司是香港特區的檢控機關，但對於律政司司長決定不提起指控的案件，當事人可以向裁判法院提出申請後，提起自訴。對於律政司決定提起檢控的案件，刑事庭審程序的啟動方式有以下幾種：第一，逮捕並隨後提起訴訟，這主要適用於法律規定的刑罰超過 12 個月監禁刑的可逮捕罪；第二，以簽發傳票的方式開始訴訟，根據《裁判官條例》（第 227 章）的規定，即使是最嚴重的犯罪，也可以控告方式並由法官簽署傳票而開始訴訟；第三，以檢控通知書的方式進行訴訟，根據《裁判官條例》（第 227 章）第 7D 條，如某罪行罪名成立後可處以不超過 1 萬元的罰款及 6 個月的監禁（不論是

5　《香港終審法院條例》（第 484 章）第 31 條。

否另有涉及暫時吊銷或撤銷牌照、取消領牌或持牌資格的命令，或涉及補償或其他方面的命令），獲授權檢控該罪行的公職人員或法人團體可向裁判法院提交檢控通知書，並須在提交後 14 天內將通知書副本以郵遞方式送達被告人；第四，以通知到裁判法院出庭應訊的方式開始訴訟。根據《裁判官條例》（第 227 章）第 8A 條，特定公職人員如果合理地懷疑某人已犯諸如海上棄置廢物等輕微罪行，可以向涉嫌犯罪者送達通知書，要求其按通知書要求到裁判官席前接受處置。

香港實行起訴便宜主義，律政司可以酌定是否提起檢控。在刑事訴訟中，所有案件都必須在裁判法院提出檢控，隨後檢控人員可以根據案件的具體情況（主要考慮罪行的嚴重性和可能判處的刑罰）申請將案件移交區域法院或者高等法院審判。可見，是否提出檢控以及案件向哪個法院起訴的決定權實際上掌握在檢控方手中，法院無權拒絕司法、進行移送或指定管轄。有學者認為，「如果允許法院變更管轄，就是對公訴權的一種侵蝕，不僅導致律政司檢控職能的弱化，還會導致法院把其職權範圍擴展到審前程序中，無法維持其審判中立的超然地位。」[6] 由於香港特區不同法院能判處的最高刑罰各有不同，初審法院的選擇實際上已經決定了被告人可能被判處的刑罰區間，削弱了無罪推定原則的適用以及法院對被告人是否有罪、罪行嚴重程度的決定作用。雖然《檢控守則》內有關於檢控人員如何根據案件具體情況決定向哪個法院起訴的指引，但仍然不夠透明，檢控人員享有較大裁量權。筆者認為，可以賦予法院拒絕律政司案件移交申請的權力，由法官根據具體情況決定相關案件的管轄法院。

2. 初級聆訊。香港特區刑事審判制度分為簡易程序和普通程序，這裏重點介紹普通程序。初級聆訊也稱為預審，一般在裁判法院進行。由於適用普通程序的案件屬於可公訴罪行，一般是較為嚴重的刑

6　郭天武、何邦武：《香港刑事訴訟法專論》，北京：北京大學出版社 2009 年版，第 97 頁。

事犯罪。因此，為提高庭審效率，幫助裁判者裁定重要的問題，法院在正式審判前須根據案件的具體情況進行相關準備，召集控辯雙方舉行初級聆訊。例如，根據《複雜商業罪行條例》（第 394 章）第 9 條，為協助陪審團理解該等爭論點、協助法官處理審訊等目的，法官可決定對複雜商業罪行進行預審。初級聆訊的主要環節是證據開示，由裁判官對案件中的證據進行審查，確定控辯雙方對證據的態度，確定該案是否屬於「表面證據確實」的案件，進而決定是否將該案移交其他法院審理。

3. 正式審理和判決。區域法院審理可公訴案件時由法官獨任審理。高等法院原訟法庭審理公訴案件時一般實行陪審制。在向被告人宣讀起訴書之後，被告人可作有罪答辯或無罪答辯。被告人認罪的案件不需要召集陪審團，由法庭經過聽證和辯論後判決；被告人作無罪答辯或部分有罪答辯的，要將案件交由陪審團審判，法庭會召集陪審團，在確定陪審團成員之後開始庭審程序。在庭審中，先由檢控方傳喚證人到庭作證，控辯雙方進行交叉詢問；然後由辯方傳喚證人到庭作證，雙方以相同方式對證據進行質詢；質證完成後，雙方分別作最後陳詞。在此期間，法官會就證據採信、事實認定等問題對陪審團成員作必要的指示。法庭審理結束後，陪審團退席並秘密評議，裁決案件事實，最後由法官依照陪審團的裁決進行量刑並判決。

（三）覆核與上訴

在香港，針對已作出的判決主要有覆核與上訴兩種救濟途徑。覆核是由原法院或者上級法院對案件進行重新聆訊的程序。被告人對裁判法院用簡易程序審判的案件判決或裁定不服，可以在判決作出後 14 日內向裁判法院裁判官申請覆核，裁判官也可以依職權進行覆核。覆核時裁判官可將整件案或其部分重開及重新聆訊，並可錄取新

的證供，及推翻、更改或維持其原先的決定。[7] 高等法院上訴法庭也有權對其他法院判決中的刑罰是否適當進行覆核，「律政司司長經上訴法庭許可，可就上訴法庭以外任何法庭所判處的刑罰（法律所固定的刑罰除外），基於該刑罰並非經法律認可、原則上錯誤、或明顯過重或明顯不足的理由，向上訴法庭申請覆核。」[8]

　　向高等法院上訴法庭和終審法院提出上訴，須獲得法院的上訴許可。對裁判法院的判決提出上訴的方式有《裁判官條例》第 105 條規定的以案件呈述方式上訴和第 113 條規定的一般方式上訴。以案件呈述方式針對上訴裁判官法律觀點有錯誤或超越司法管轄權，「上訴的申請必須在判決後 14 日以內提出（《裁判官條例》第 105 條），申請應採用書面形式，但沒有固定的格式。要求陳述案情的申請也不能逾期。」[9] 以一般方式提出的上訴可以針對裁判官就任何罪行作出的定罪、命令或者裁定，如果被告人未作有罪答辯，則可以針對定罪和量刑提出上訴，如果被告人作有罪答辯，則只能對量刑提出上訴。根據《刑事訴訟程序條例》（第 221 章）第 82 條，任何循公訟程序被定罪的人都可針對其定罪向上訴法庭提出上訴。上訴僅涉及法律問題的理由，但如果經上訴法庭許可，可以基於任何僅涉及事實問題的理由，或是涉及法律兼事實問題的理由，或上訴法庭覺得是足夠成為上訴理由的任何其他理由上訴。但如主審法庭的法官發給一份證明書，證明該案件適合基於涉及事實問題的理由或涉及法律兼事實問題的理由提出上訴，則可無需經上訴法庭許可而根據《刑事訴訟程序條例》（第 221 章）第 82 條提出上訴。

7　參見《裁判官條例》（第 227 章）第 104 條。

8　參見《刑事訴訟程序條例》（第 221 章）第 81A 條。

9　參見「律政司訴戴林拉迪（Attorney General v. Tai Lin Radio）Mag App 1228 of 1990」案，轉引自郭天武、何邦武：《香港刑事訴訟法專論》，第 221 頁。

三、司法覆核程序

　　基本法第 35 條第 2 款規定，香港居民有權對行政部門和行政人員的行為向法院提起訴訟。香港特區針對行政機關行為的司法救濟途徑主要有三種：第一種是通過提起一般民事訴訟的方式得到救濟，《官方法律程序條例》（第 300 章）第 4 條規定了官方的侵權法律責任，官方假若為一名成年而具有完全行為能力的私人時，就其侵權行為承擔侵權法律責任，公民可以依照一般民事訴訟程序提起訴訟，大致類似於內地行政機關實施的民事行為，公民以提起民事訴訟的方式解決糾紛；第二種是通過制定法上的上訴制度尋求救濟，當事人依照某些制定法上的規定，向特定法院提出上訴，例如根據《差餉條例》（第 116 章）第 33 條，任何人如因署長拒絕退還差餉而感到受屈，可就該項拒絕向區域法院提出上訴，這種救濟方式必須以制定法的規定為前提，範圍非常有限；第三種是最常見的方式，即通過司法覆核程序予以救濟，公民通過特定的程序請求高等法院對行政機關的越權行為或不作為進行司法審查。由於香港沒有專門的行政法院，行政司法救濟由普通法院管轄，內地行政訴訟的功能在香港主要由民事訴訟中的司法覆核程序承擔。《高等法院條例》（第 4 章）第 21K 條以及《高等法院規則》第 53 號命令對司法覆核程序有詳細的規定。

（一）司法覆核的申請和許可

　　申請人提起司法覆核必須先向高等法院原訟法庭申請許可，司法覆核申請包括要求覆核某項成文規則，或某項關乎行使公正職能的決定、行動或沒有做出行為的合法性的申請。申請人必須與申請所關乎的事宜有「充分利害關係」，否則該申請將不被許可。申請人是否具有主體地位由法院決定，總體而言，香港法院對主體地位的認定相當

寬鬆。[10] 司法覆核申請許可的審查工作由高等法院原訟法庭進行，除非申請通知書有請求進行聆訊，否則法官可在不進行聆訊的情況下就許可申請作裁定，並且無須在公開法庭上進行聆訊，但在任何情況下，司法常務官均須將法官的命令的文本送達申請人。司法覆核申請獲許可後，申請人必須以原訴傳票方式正式提出司法覆核。[11]

　　司法覆核程序是保障公民基本權利、防止公權力被濫用的重要方式。有效的司法覆核，被認為是良好管治的基石。然而，隨着社會日趨複雜、法例的制定日見繁多、社會各界個人權利意識日漸提高，香港特區司法覆核申請數量自 1997 年以來急劇增加。為了在社會利益和個人權利之間取得適當的平衡，法院有權依據一定的標準決定是否給予申請人許可，為司法覆核程序的啟動設置一定的門檻。是否許可申請的判斷標準由終審法院於 2007 年訂立。擬申請司法覆核的人士，須證明其論據是合理地可爭辯，並且具有實際的勝訴機會，即「爭辯性測試標準」。[12] 法院提高授予許可的標準，是為了保持良好的公共行政，以保障公眾利益，防止公共機構因為一些不可爭辯的申索而影響行政效率，避免因一些不可爭辯的挑戰而備受不當無理的纏擾。[13]

　　雖然香港特區司法機構多次明確表示，「司法覆核所關乎的，單單是受爭議的決定是否合法的問題，而非某項政治、經濟或社會論點的是非曲直」，「任何政治、社會或經濟問題，都只能經由政治過

10　在 Town Planning Board v. Society for the Protection of the Harbour Ltd (FACV14/2003) 一案中，法院的判決書顯示，主體地位並非其中的一個法律問題。

11　參見《高等法院規則》（第 4A 章）第 53 號命令。

12　〈終審法院首席法官二〇一六年法律年度開啟典禮演辭〉，2016 年 1 月，香港政府新聞網，http://www.info.gov.hk/gia/general/201601/11/P201601110433.htm（最後訪問時間：2017 年 10 月 6 日）。

13　2010 年，正在施工的港珠澳大橋遇到東涌一位婆婆就其環評報告提出司法覆核，工程被迫停工，幾經波折後，政府雖然上訴得直，但工程已被拖延，工程成本亦因此增加約 65 億元。

程去謀求適當的解決辦法」。[14] 然而，香港確實存在政治司法化的傾向。由於申請司法覆核的成本較低，司法覆核程序仍有被濫用的傾向，反對派人士經常以提起司法覆核程序來阻擾或者拖延政府施政，即使被法院拒絕或者敗訴，也能藉此作為平台，將自己打造成為對抗政權的英雄，利用司法制度作為達到政治目的的工具。[15] 一方面，香港司法機構要恪守司法謙抑原則，堅持政治問題通過政治途徑解決；另一方面，法官可以對相關人士判處懲罰性的訴費，提高司法覆核的申請成本，防止該司法程序被濫用。

（二）司法覆核的理由和標準

香港特區司法覆核的標準源於普通法。自迪普洛克法官（Lord Diplock）GCHO 一案以來，對司法覆核標準的經典概括一直為：不合法、不合理和程序不當。[16] 當然，隨着社會經濟的發展，香港特區法院在充分考慮本地獨特性的基礎上，修正並發展了相關規則。

不合法標準是為了確保行政部門得以在其管轄權範圍內行使職權，基本法有關香港居民基本權利的規定非常豐富，其內容的廣泛性使得香港特區立法或者行政行為很容易觸及合憲性問題。在此基礎上，香港特區法院已經開展了不少針對立法或者行政行為進行「合憲性覆核」的司法實踐。雖然學界關於香港特區法院「合憲性覆核」權

14　終審法院首席法官多次在法律年度開啟典禮演講上強調法院只處理法律問題。〈終審法院首席法官二〇一六年法律年度開啟典禮演辭〉，2016 年 1 月，香港政府新聞網，http://www.info.gov.hk/gia/general/201601/11/P201601110433.htm（最後訪問時間：2021 年 3 月 28 日）；〈終審法院首席法官二〇一五年法律年度開啟典禮演辭〉，2015 年 1 月，香港政府新聞網，http://www.info.gov.hk/gia/general/201501/12/P201501120474.htm（最後訪問時間：2021 年 3 月 28 日）；〈終審法院首席法官二〇〇七年法律年度開啟典禮演辭〉，2007 年 1 月，香港政府新聞網，http://www.info.gov.hk/gia/general/200701/08/P200701080121.htm（最後訪問時間：2021 年 3 月 28 日）。

15　2015 年 3 月，學聯前常委梁麗幗就政改諮詢提出司法覆核申請，以挑戰人大 8·31 決定及政改五部曲，要求法院頒令禁止政改諮詢繼續進行。2015 年 10 月，香港眾志秘書長、前學民思潮召集人黃之鋒就《立法會條例》對參選立法會的年齡限制問題提出司法覆核申請。

16　*Council of Civil Service Unions v. Minister for the Civil Service* [1985] A.C.374，轉引自陳海光主編：《中國內地與香港司法制度比較》，第 205 頁。

力的有無仍然充滿爭議，但香港特區法院已經實際行使了該項權力。

不合理標準是為了確保公共機構合理地行使其裁量權。這一標準比較高，法院會在某種程度上尊重立法機關或行政機關，實際上申請人以不合理為理由勝訴的機會非常低。法院在審理時會考慮比例原則，即公共機構應當在數個適當措施中選擇最溫和且限制最少的可行方案。一般而言，香港法院在關於基本人權的案件中會比較熱衷於適用比例原則評估決策者在作出有關限制時，是否充分平衡了個人權利和社會需要。對公民權利施加的任何限制，均須為民主社會維護國家安全或公共安全、公共秩序，維持公共衛生或風化，或保護他人的權利和自由所必要，通常解釋為「急迫社會需要」。法院在審查一項對某基本權利施加的限制是否為民主社會所必要時會運用「相稱性」驗證標準。2005 年，終審法院在審理梁國雄一案中提出，法庭應如此表述「相稱性」驗證標準：（1）有關限制必須與其中一項或多項合法目的有着合理關連，以及（2）用以減損和平集會權利的方法不得超越為達到有關合法目的所需。[17]

程序不當的標準要求決策者在作出可能對某人有不利影響的決定時，須符合程序上的要求。目前，該理由通過司法判例擴展至多個具體理由，包括：公共機構行為違反特定的法律程序、行政機關在作出決定時違反自然公義原則，以及合法預期原則。這裏重點分析合法預期原則。合法預期有實體合法預期和程序合法預期兩種。早在 2001年「吳小彤訴入境處處長」一案中，香港特區終審法院判例便確認合法預期是香港法律的一部分，向行政相對人提供實體救濟。而在2014 年香港特區的「免費電視牌照爭議」一案中，司法取態反而趨於謹慎，高等法院基於「合法預期原則」行使司法覆核權，[18] 法院最

17　*Leung Kwok Hung & Others v HKSARF*, FACC 2/2005, para36.

18　法庭認為，當局拒發牌照決定之作出違背了香港電視網絡於申請程序中已然形成的合法預期，申請公司相信政府會信守承諾，按照既定方針作出決定，而不會作出令人措手不及的操作或者變更。

終的司法救濟是要求行政機關重作決定的程序性救濟。可見，實體合法預期原則由於直接影響到決策者的決策範圍，最終可能會否定決策者的裁量權，目前仍有爭議，香港特區法院對這一原則的觀點也在變化之中。

通過司法覆核程序，賦予利益相關人對行政行為提出異議的權利，使其合法權利免遭來自公權力的侵害，是法治社會的重要體現。然而，基於分權原則，考慮到行政機關對行政管理事務有更加專業的認識，司法機關對行政決定的審查須遵循一定的界限，尤其在行政機關享有酌情決定權的情況下，對行政行為的司法審查更加應該謹慎進行。可以預期，司法覆核的理由和標準將會繼續調整並不斷發展。

第六章

法官的遴選、任命和監督

完備的法官制度是香港司法權正常運行的基石，是司法公正和司法廉潔的保障。「在普通法系國家人們的心目中，法官是有修養的偉人，甚至具有父親般的慈嚴。在英國的民眾眼裏，法官是非常令人敬畏的，他們是法律職業界的精英。法律職業者被任命或選舉為法官，常常被看成是一生中姍姍來遲的輝煌成就。」[1] 香港的法官同樣如此，回歸以來，香港特區在保留原有司法制度的基礎上，逐漸建立了一套包括法官的培養、選拔、任用、晉升及投訴監督等方面在內的法官制度。法官在香港享有崇高的地位，是令人尊敬的職業，這與香港法官制度息息相關。本章擬對香港特區法官的遴選條件、任命程序和監督方式進行研究，重點探討以下幾個問題：第一，法官的範圍和類別。包括香港司法機構中大量存在的非全職法官的性質是什麼？是否適用基本法第 88 條規定的法官任免程序？第二，法官的任命程序。包括司法人員推薦委員會的組成是否合理？行政長官是否享有實質任命權？備案會否影響特區終審法院法官和高等法院首席法官的任免？中央有沒有拒絕接受備案的權力？第三，香港特區法官的監督。包括香港對法官行為的監督方式有哪些？對法官行為的監督會否影響香港法官獨立行使審判權？法官哪些行為適用司法豁免原則？

1　〔美〕約翰・亨利・梅利曼著，顧培東、祿正平譯：《大陸法系》，北京：法律出版社 2004 年版，
　　第 34 頁。

第一節

香港特區司法人員的類別和範圍

◇◇◇

　　司法人員是指出任司法職位的人。[1] 基本法將香港司法機關工作人員分為法官和法官以外的其他司法人員兩大類，由第 88 條和第 91 條分別針對這兩類人員的任免制度進行規定。然而，為解決司法人員不足、案件輪候時間過長的問題，香港司法體制沿襲英國普通法傳統，司法人員分為常任制、非常任制、特任制、暫任制等多種類別。尤其是特委法官和暫委法官，承擔了大量審判工作，在香港司法體系中扮演着重要的角色，卻不屬於司法人員編制。可以說，香港司法體系中的法官是一個相對模糊的概念，不同法例及規則的定義不盡相同，有的既包括法官也包括司法人員，有的既包括全職法官也包括非全職法官。[2] 從總體上看，香港司法人員可分為法官及法官以外的其他司法人員兩大類，有常任制、非常任制、特任制、暫任制的區別，也有不同級別的劃分。但基本法對法官及其他司法人員沒有明確的劃分標準，特區立法對法官的定義又不統一，導致基本法規定的任免制度在具體適用上出現了一定的困惑。因此，為正確理解和適用基本法規定的法官選任程序，我們首先應當對香港特區司法人員的類別進行區分，對基本法第 88 條規定的「法官」範圍有一個明確的界定。

1　《司法人員推薦委員會條例》第 2 條。

2　例如在 2004 年《法官行為指引》中說明：「凡提及法官之處，均包括司法人員」；2006 年香港終審法院《關於非全職法官及參與政治活動的指引》中也有「對法官的提述包括司法人員」的說明。而在立法會相關文件中，則將暫委法官及暫委司法人員分開表述，如《財務委員會審核二○一四至二○一五年度開支預算管制人員的答覆》，綜合檔案名稱：JA-c1.doc。

一、常任制法官

（一）常任制法官的範圍

香港回歸前的司法機構是一個小型而又複雜的結構體系：既沿用了英國司法機構的機構體制，又具有香港本身的特色，隨着香港歷史的發展逐步演變而成。[3] 回歸後香港保持原有的司法制度，原在香港實行的司法體制，除因設立香港特別行政區終審法院而產生變化外，一律予以保留。香港特區的法院架構是依照英國模式建立的，既包括不同管轄範圍的普通法院，也包括各種專門法庭。基本法第 81 條第 1 款規定，香港特別行政區設立終審法院、高等法院、區域法院、裁判署法庭和其他專門法庭。具體而言，目前香港設有：終審法院、高等法院、區域法院各 1 所；東區、九龍城、觀塘、荃灣、粉嶺、沙田、屯門共 7 所裁判法院，以及土地審裁處、勞資審裁處、小額錢債審裁處、淫褻物品審裁處、死因裁判法庭、家事法庭等專門法庭，依據香港法例專門處理特定類型的案件。不同類型審判機構的名稱有所不同，分為法院、審裁處等，而同稱為「法院」或「審裁處」的機關中，也並非都行使審判職能，如死因裁判法庭。各種審判機關名稱不一致，所對應的審判人員稱呼也有所不同。與司法機構相對應的司法人員種類繁多而名稱複雜，並且中英文名稱難以一一對應。[4]

從香港本地立法對司法人員的分類和法官的定義看，香港《司法人員推薦委員會條例》附表 1 具體列舉了相關司法職位，主要可分為四類：第一類是法官，包括終審法院、高等法院、區域法院及土地審

3　尤韶華：《香港司法體制沿革》，第 1 頁。

4　例如，終審法院、高等法院、區域法院對審判人員的中文統稱為法官，但英文卻有所區別：終審法院首席法官和高等法院上訴法庭法官對應的英文為「Justice」，分別為 Chief Justice、Justice of Appeal；特委法官對應的英文名稱為「Recorder」；而終審法院法官、高等法院首席法官、高等法院初審法庭法官、區域法院法官等，對應的英文名稱為「Judge」；此外，各專門法庭的審判主體所對應的中英文名稱也有所不同，土地審裁處的法官及勞資審裁處審裁官均為「presiding officer」；小額錢債審裁處審裁官為「adjudicator」；死因裁判官為「coroner」。

裁處的審判人員；第二類是裁判官，指裁判法院的審判人員；第三類是審裁官，包括小額錢債審裁處、勞資審裁處，土地審裁處、淫褻物品審裁處的審裁官；第四類為司法常務官。香港特區司法機構種類繁多，承擔裁判權的主體在稱謂上也不盡相同，但均屬於對糾紛具有獨立裁判權的司法人員，主要區別在於所處司法機構以及審理的法律糾紛有所不同，因此上述四類司法人員中，前三類均為司法審判人員，屬於基本法第 88 條規定的法官，必須嚴格按照該條規定的程序進行任命。具體而言，香港常任制法官包括以下幾種類型：

1. 法官。包括終審法院首席法官、終審法院常任法官、高等法院首席法官、高等法院上訴法庭法官、高等法院原訟法庭法官、首席區域法院法官、區域法院法官、土地審裁處法官。

2. 裁判官。包括總裁判官、主任裁判官以及裁判官。

3. 審裁官。包括勞資審裁處主任審裁官、勞資審裁處審裁官、小額錢債審裁處主任審裁官、小額錢債審裁處審裁官。死因裁判法庭負責調查在香港發生而又必須予以報告的死亡個案，淫褻物品審裁處負責裁定有關物品是否屬於淫褻或不雅，這兩個專責法庭實際上承擔的是準司法服務而非審判工作，因此，筆者將死因裁判官和淫褻物品裁判官排除在法官的範圍之外。下文有關法官的選任資格和選任程序方面的內容，也不再對這兩者進行探討。

（二）香港特區的常任制法官隊伍

香港特區終審法院一般有 4 名常任法官，其中 1 名為首席法官。並根據需要委任總人數不超過 30 人的非常任法官。「香港實行英國法達百餘年，與其他普通法適用地區有密切聯繫，特別與英聯邦其他地區有密切關係。如果在特別行政區成立後，立即切斷這種聯繫，將不

利於香港法律工作的發展。」[5] 因此，終審法院還可根據需要邀請其他普通法適用地區的法官參加審判。

　　香港特區高等法院設有首席法官 1 名，上訴法庭法官約 10 名，原訟法庭法官約 30 名，具體人數由法官編制及司法任命情況決定。隨着案件數量、案件複雜程度的增加，香港高等法院司法人手不足，案件輪候時間未能達標的問題（見表 6-1）較之其他法院更為嚴重。但通過增調司法資源，擴大法官隊伍，同時持續任命更多的短期司法人手，近兩年來高等法院的案件輪候時間已經基本能夠達到承諾的目標。

表 6-1：香港高等法院 2013-2017 年案件平均輪候時間表

目標		平均輪候時間（日）					
		2013（實際）	2014（實際）	2015（實際）	2016（實際）	2017（實際）	
上訴法庭	刑事案件	50	50	51	53	46	47
	民事案件	90	138	117	112	86	89
原訟法庭	刑事固定審期案件	120	211	227	272	291	164
	民事固定審期案件	180	261	193	140	155	163
	裁判法院上訴案件	90	105	104	100	105	91

數據來源：歷年香港司法機構年報

　　香港特區區域法院設有首席區域法院法官、主任家事法庭法官各 1 名，區域法院法官約 40 名。2000 年《區域法院（修訂）條例》、新的《區域法院規則》和《區域法院民事訴訟程序常規指引》生效，擴大了區域法院的民事司法管轄權。區域法院吸納了部分高等法院原

5　王叔文主編：《香港特別行政區基本法導論》（第三版），第 312 頁。

訟法庭的案件量，審理的民事案件數量大幅增加，與之相對應，區域法院法官人數也有較大增幅，法官隊伍進一步擴大，總體能夠滿足司法需求。

香港特區共有 7 所裁判法院和土地審裁處、勞資審裁處、小額錢債審裁處、淫褻物品審裁處和死因裁判法庭等專門法庭。裁判法院是香港特區的基層法院，是香港審理案件最多的審判機構，設有總裁判官 1 名，主任裁判官 7 名，裁判官數十名。各專門法庭專門審理某一類案件，淫褻物品審裁處和死因裁判法庭不是審判機關，而是輔助審判機關的機構。土地審裁處有 1-2 名成員（由專業測量師擔任），土地審裁處的庭長由一名高等法院的法官出任，土地審裁處法官為各區域法院法官及區域法院暫委法官。勞資審裁處、小額錢債審裁處分別設有主任審裁官 1 名及審裁官數名。

二、其他法官

（一）非常任制、特任制、暫任制法官的性質

前文已述，與香港司法機構對應的審判人員種類繁多，有稱謂上的不同，也有常任制、非常任制、特任制和暫任制的區別。非常任制、特任制和暫任制的法官不佔司法編制，又享有與普通法官相同的權責。[6] 根據香港相關條例的釋義，非常任制法官、暫委法官、特委法官也屬於法官的範圍。例如，《香港終審法院條例》第 2 條規定，法官指終審法院法官，包括首席法官、常任法官和非常任法官；《香港高等法院條例》第 4 條規定，原訟法庭的組成人員包括高等法院首席法官、暫委法官、特委法官等；《區域法院條例》規定，區域法院法官包括首席區域法院法官、區域法院法官、區域法院暫委法官；

6　例如，香港《高等法院條例》第 10 條和《區域法院條例》第 7 條均規定，暫委法官具有並可行使相應職位的全職法官的所有司法管轄權、權力及特權。

《裁判官條例》規定，裁判官包括常任裁判官及特委裁判官。在香港其他立法中，也有多個條例明確規定，法官的定義包括暫委法官和特委法官。[7] 那麼，這些不佔司法編制，又享有與普通法官相同權責的非常任法官、暫委法官和特委法官是否也屬於基本法第 88 條規定的「法官」，需要按照該條規定的程序進行任免？還是屬於法官以外的其他司法人員，根據基本法第 91 條繼續保持原有的任免制度？

根據《布萊克法律辭典》，法官是由委任或選舉產生的，在法庭中審理並決定法律糾紛的公職人員。首先，從所履行的職責來看，法官應是指對糾紛具有獨立裁判權的司法人員，而其他司法人員是輔助法官完成審判工作的主體。從法官的職業類別來看，法官屬於國家機關公職人員，依法履行公職，具有正式編制且由國家財政負擔工資福利。因此，具有正式編制，而又不承擔審判工作的司法人員不能稱之為法官；在一定期限內承擔審判工作，而又不具有正式編制的司法人員，也不屬於法官的範圍。從這一意義上講，在一定期限和職權範圍內承擔審判任務卻沒有司法編制的非常任法官、暫委法官和特委法官並非嚴格意義上的法官。

筆者認為，基本法第 88 條所指的「法官」並不包括非常任法官、暫委法官和特委法官。第一，兩者性質不同，非常任法官、暫委法官、特委法官是臨時的、不佔編制的司法工作人員，僅在一段特定期間承擔審判任務。雖然香港不少立法提及法官的定義都包括暫委法官和特委法官，但這主要是指兩者職責統一，是出於立法技術上的考量，並不代表兩者性質相同。第二，兩者在職能上也並非完全相同，雖然香港有不少法例明確規定特委法官和暫委法官與同職位的全職法官同權同責，但非常任法官、暫委法官、特委法官的任期和權限都受

7　例如：《釋義及通則條例》（第 1 章）第 3 條、《香港終審法院條例》（第 484 章）第 27A 條、《高等法院民事程序（採用語文）規則》（第 5C 章）第 2 條、《區域法院條例》（第 336 章）第 2 條、《刑事訴訟程序條例》（第 221 章）第 67G 條、《刑事案件訟費條例》（第 492 章）第 2 條。

到委任條款的限制，個別法例還規定這類法官不享有某些權力，如：暫委法官不得擔任行政長官選舉委員會選舉主任[8]、不得受終審法院首席法官委託以合資格人士身份出任較高級法庭出庭發言權評核委員會委員和主席。[9] 司法實踐中在案件的編排上也會有所考慮，加以區分。2006 年《關於非全職法官參與政治活動的指引》（以下簡稱《指引》）中也明確提及「司法覆核案件不會編排予非全職法官處理」。第三，在待遇方面，兩者無論是薪酬待遇還是退休待遇[10]上都有很大區別，既然身份、待遇都不同，又何須按照法官的遴選程序進行委任？第四，將非常任法官、暫委法官、特委法官排除在基本法第 88 條規定的「法官」範圍內，而根據第 91 條保持原有的任免制度，更加符合香港司法實踐的發展需求，具有制度優越性。選用短期、臨時、不佔法院編制的人員及時紓解法院案件積壓、輪候時間過長的問題，快捷、方便、靈活本是這一制度的優勢所在及價值追求。遴選法官首先需要有編制，而在香港法院，增加法官編制、委任一名常任制法官都不是一件容易的事，程序相對複雜，不利於解決司法實踐中存在的問題。基本法第 88 條規定了嚴格的法官任免程序，目的在於通過程序的設定確保能夠選任出優秀的法官以保障司法的公正性。非常任法官、暫委法官、特委法官在條件適當時，也有機會獲委任為常任制法官，而在他們獲委任為常任制法官時，最終也需要根據基本法第 88 條規定的程序進行，並不會有其他特殊之處。這不但不會影響香港特區法官隊伍的質素，還有利於對法官候選人員是否適應相應崗位進行考察。

8　《行政長官選舉條例》（第 569 章）第 41 條。

9　《法律職業者條例》（第 159 章）第 39E 條。

10　參見《退休金利益（司法人員）條例》（第 401 章）第 6 條。

（二）香港非常任制、特任制、暫任制法官的發展現狀

非常任法官在終審法院的案件審理中發揮着不可或缺的作用。根據《香港終審法院條例》，非常任法官指非常任香港法官或獲委任為其他普通法適用地區法官的法官。兩者各備一份名單。終審法院審理上訴案件時，由5位法官組成審判庭，其中4位常任法官均應參加審判（如有常任法官未能出庭聆案，則由終審法院首席法官委派一名非常任香港法官代替），而另一名法官則根據需要從非常任香港法官或來自其他普通法適用地區的非常任法官名單中挑選。

香港特委法官和暫委法官制度來源於英國。「這些兼職法官由律師擔任，他們作為首席司法官或者類似職位的法官，每年開庭幾周，他們負責審理較輕的案件，而且還構成選拔全職法官的候選人隊伍。」[11] 高等法院原訟法庭特委法官年度在職人數約10人；裁判法院特委裁判官年度在職人數也基本維持在10人左右。暫委司法人員在香港非常普遍，是一支龐大的隊伍，包括高等法院原訟法庭暫委法官和區域法院暫委法官，裁判法院以及各審裁處也有暫委裁判官和暫委審裁官，其運作原理與高等法院原訟法庭暫委法官和區域法院暫委法官基本一致。為充分考察回歸後香港特區暫委法官制度在司法實踐中的發展狀況，筆者以高等法院原訟法庭暫委法官和區域法院暫委法官為研究重點，對香港政府網站[12]上公佈的暫委法官委任憲報進行分析總結，搜集2005-2014年間高等法院原訟法庭暫委法官委任憲報共290份、區域法院暫委法官委任憲報共435份（見圖6-1）。香港特區對高等法院原訟法庭與區域法院暫委法官委任行為頻繁，根據不同時期的司法需求委任多名暫委法官。2005-2014年間，高等法院原訟法庭暫委法官每年的委任人數在17-52人之間，委任期限從數天到數個

11　韓蘇琳編譯：《美英德法四國司法制度概況》，人民法院出版社2008年版，第256頁。

12　香港特區政府網站「香港政府一站通」所設欄目「政府資訊及刊物——憲報」，香港政府一站通，https://www.gov.hk/tc/residents/government/political/#/tc/residents/government/publication（最後訪問時間：2021年3月28日）。

月不等；區域法院暫委法官委任人數多於高等法院，每年的委任人數在 29-54 人之間，相對平穩，委任期限少至一天，多則可達半年。

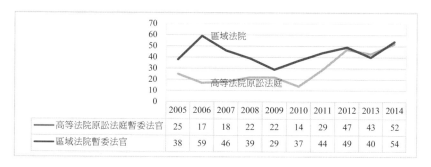

圖 6-1：高等法院原訟法庭暫委法官與區域法院暫委法官委任情況

可見，回歸前香港的暫委法官制度在回歸後得以保留並進一步發展。根據不同時期的司法需求，頻繁委任暫委法官，積累了許多可供內地司法體制改革借鑒的寶貴經驗。香港暫委法官制度非常靈活，暫委法官由終審法院首席法官直接委任，程序簡單快捷，委任人數、委任時間都可根據司法需求進行調整。當前，我國內地司法體制改革已經進入全面深化階段，如何緩解立案登記制改革後案件數量激增與法官員額有限之間的矛盾，如何應對法官員額全國相對統一與地區差異明顯之間的矛盾，是司法體制改革必須面對的問題，而靈活且在香港廣泛應用的暫委法官制度不失為一條可供借鑒的思路。

三、法官以外的其他司法人員

香港司法體制工作人員的分類和管理主要延續了英國法制與傳統。上述司法職位表中的司法常務官及在法院工作的其他人員，都屬於法官之外的其他司法人員，主要負責法院行政管理、司法輔助工作，為法官提供司法支援服務，不能獨立進行裁判。具體包括司法常務官、執達主任、司法書記、司法助理、傳譯人員等，下文將以司法

常務官、執達主任和司法書記為例進行介紹。

（一）司法常務官

司法常務官是香港司法人員體系中非常重要的角色。香港終審法院設有司法常務官；高等法院設有司法常務官、高級副司法常務官、副司法常務官和助理司法常務官；區域法院設有司法常務官、副司法常務官和助理司法常務官。司法常務官具有並可行使及履行由或根據法院規則或任何其他法律授予或委予他的司法管轄權、權力及職責。雖然與法官一樣具有司法人員編制，並且根據法律的規定行使部分審理權，但香港司法常務官主要負責管理文件的收集、存檔和交換，以及案件排期等司法行政事務。具體職責包括：

第一，作為聆案官行使部分審理權。高等法院的司法常務官、高級副司法常務官和副司法常務官統稱為聆案官。高等法院聆案官執行的司法職務多種多樣，包括在內庭聆訊非正審或簡易程序的申請，在法庭公開進行損害賠償評估或審理互爭權利的訴訟。他們亦以訟費評估聆案官、海事訴訟司法常務官、民事上訴案司法常務官和刑事上訴案司法常務官等各種身份分別行使審理權。

第二，承擔準司法服務。包括受委託時取證、審理不服法律援助署署長拒絕法律援助的決定而提起的上訴、監督在香港送達域外文書的程序、負責管理遺產承辦的事宜或陪審員名單等。

此外，根據香港法律的規定，司法常務官還負責管理法院的登記處，[13] 在為對須繳付一筆指明款額的款項的判決作強制執行、保證或追索時，作出或者申請逮捕或監禁的命令，[14] 在有疑問或困難時，循簡易程序向法院申請給予執達主任指示及指引的命令 [15] 等多項工作。

13　《香港終審法院條例》第 41 條。

14　《香港高等法院條例》第 21A 條。

15　《香港高等法院條例》第 40 條、《香港區域法院條例》第 71A 條。

（二）執達主任

香港法院設有執達主任一職，主要職責分為執行和送達兩大部分。一是負責法院的文書傳達、執行等工作，確保司法聆訊工作得以順利進行；二是負責法庭命令、法院判決的執行與落實，部分職能與內地法院的執行局相類似。具體而言，執達主任的職責主要包括：送達傳票及法律文件、協助執行法庭命令或判決、執行扣押債務人財產令狀或進行財產與物品扣押。

（三）司法書記

因應法院級別不同，司法書記的職務也有較多劃分。最高一級的終審法院登記處設有高級一等司法書記、署理高級一等司法書記；高等法院書記主任辦事處設有書記主任、總司法書記；區域法院登記處設有總司法書記；裁判法院總務處設有署理高級司法行政主任。

司法書記主要負責在法庭及法院登記處為法官及使用者提供支援，處理法庭的日常運作事宜，確保一切都依照法庭實務指示及程序規則辦理。在法庭和內庭工作的司法書記主要向法官提供支援服務，包括宣讀控罪、抽選陪審員、記錄裁決及擬備法律程序記錄等；為法庭使用者做好聆訊前的預備和聆訊後的跟進工作，如安排傳譯服務、發出通知書、整理論據大綱等。在法院登記處服務的司法書記工作範圍相當廣泛，包括收納及將法庭文件存檔、處理單方面提出的申請及因欠缺行動而作出的判決、為案件排期以及評定暫定訴費單、整理紀錄等。

基本法將香港特區司法機關工作人員分為法官和法官以外的其他司法人員兩大類，並在任免制度上對兩者進行了區分。然而，基本法對法官及其他司法人員並沒有明確的劃分標準，香港特區的「法官」又是一個相對模糊的概念，特區立法對法官的定義並不統一，與基本法的規定也有所出入。因此，要研究香港特區的法官制度，正確適

用基本法有關法官制度的規定，首先需要明確基本法第 88 條規定的「法官」的範圍。

總體而言，香港特區司法人員可以分為法官及法官以外的其他司法人員。香港特區司法機構種類繁多，承擔裁判權的主體在稱謂上也不盡相同，但均屬於對糾紛具有獨立裁判權的司法人員，主要區別在於所處司法機構以及審理的法律糾紛有所不同，具體包括法官、裁判官和審裁官。與香港司法機構對應的審判人員有常任制、非常任制、特任制和暫任制的區別。非常任制、特任制和暫任制的法官不佔司法編制，又享有與普通法官相同的權責。雖然根據香港相關條例的釋義，非常任制法官、暫委法官、特委法官也屬於法官的範圍。但筆者認為基本法第 88 條所指的法官並不包括這些不佔司法編制的非常任法官、暫委法官、特委法官。法官之外的其他司法人員，主要負責法院行政管理、司法輔助等工作，為法官提供司法支援服務，不能獨立進行裁判。具體包括司法常務官、執達主任、司法書記、司法助理、傳譯人員等。

因此，基本法第 88 條所指的「法官」應該專指香港特區常任制法官，包括法官、裁判官和審裁官，而非常任法官、特委法官、暫委法官和其他司法人員，則應按照基本法第 91 條的規定，繼續保持原有的任免制度。

第二節

法官的選任資格

◇◇◇

　　審判是一項專業化的活動，必須由具備專業知識的人進行，故審判權必須由具有專門的法律知識和審判技能的職業法官來行使。「一個看重正義、法律與自由的國家，在一個重要的意義上必定是不平等的，即法官必須佔據實權地位，而且不是每個人都有能力成為法官。」[1]法官的質素直接影響審判工作的質量，法官的重要地位決定了法官的選任必須有較高標準。基於司法權本身的性質，各國都對法官的任職資格作了嚴格的規定。大陸法系國家一般通過嚴格的專業資格考試和專業訓練，保證法官職業的專業化。英美法系國家的法官一般是從律師中選任的。如美國法官大多即是從律師中挑選出來的，從律師到法官是一個漫長而充滿障礙的過程，這個過程保證了法官具備長期的法律工作經驗和優良的法律專業質素。在英美法系國家，成為一名法官絕對是值得稱耀的事，如果擔任了州最高法院或者聯邦最高法院系統高級職位的法官，他的名字將家喻戶曉。香港特區沿襲英國普通法傳統，在法官的選任資格上既有英美法系的傳統，又兼具香港本地特色。

1　J. R. Lucas, *The principles of politics* (Oxford: Clarendon Press, 1996), p. 91.

一、香港特區遴選法官的原則

（一）各國法官選任標準

不同國家的法官選任標準有所區別，有的直接規定於法律之中，有的是在實踐中逐漸形成慣例。雖然具體標準不同，但總體而言，各國在遴選法官時一般都會考慮以下幾個方面：

1. 專業知識與執業經驗

法官身處訴訟兩造之間，日常工作中所面對的往往是各種紛繁複雜的法律關係，如何從雙方的爭議中把握案件事實，進而依據法律規範解決糾紛，是每位法官所必須具備的技能。審判是一項專業化的活動，必須由具有專業法律知識和嫻熟的審判技巧的人來進行。因此，法官選任的一個首要標準就是司法技術性標準。當然，如何判斷一名法官候選人具有相應的法律知識和司法技藝？這往往需要將其具化為某些特定的條件，如法學教育背景、司法資格考試、司法工作經驗等。

對於如何評判法官的專業資格，兩大法系國家的側重點有所不同。英美法系國家實行判例法，在訴訟程序上以當事人為中心，法官的調查詢問權受到很大限制，法官一方面需要在訴訟雙方的唇槍舌劍中釐清案件事實，另一方面需要從浩如煙海的判例中抽象出與本案有關的法律原則和規範。因而，對於英美法系法官而言，嫻熟的庭審技巧和審判經驗更為重要，法官一般都從具有一定年限從業經驗的律師之中挑選。如英國法官必須從英國 4 個律師公會的成員中任命，在法律工作年限上因應法院的級別而有不同要求。地方法院的法官必須有不少於 7 年的出庭律師經歷；高等法院法官必須具有 10 年以上的出庭律師經歷，或 2 年以上地方法院法官經歷；最高上訴法院法官，必須具有 15 年以上出庭律師經歷或 2 年以上高等法院法官經歷。美國有聯邦和州兩個法院系統，各州法官的選任標準和程序並不一致，而

對於聯邦法院的法官，則必須經歷極其艱苦的法學學習過程，獲得 JD 學位（指法學的第一學位，而非博士學位）後，並且通過嚴格的律師資格考試，取得律師資格，再經過長期執業，積累了豐富的律師從業經驗之後，才可能成為法官。

大陸法系國家實行成文法和職權主義訴訟模式。由法官主導訴訟程序的進程，通過廣泛的調查詢問權了解案件事實，進而適用法律解決糾紛。因此，對於成文法規的熟悉和掌握程度是大陸法系國家評判法官專業資格的重要標準。大陸法系國家的法官一般不在律師之中挑選，而是直接地專門培養以從事法官職業為目標者。因而這些國家的司法考試往往通過率較低，通過嚴格的司法考試篩選出具有專業法律知識的人，再經過一段時間的職業培訓，使他們最終走向法官的行列。在德國，接受正規的法學教育並通過國家考試是成為法官的前提條件。根據德國 2002 年修訂的《法官法》第 5 條的規定，要成為法官，必須先通過兩次考試，第一次國家考試在完成法學專業學習後方可參加，通過第一次國家考試，然後經過兩年的見習服務階段後則可參加第二次國家考試，通過第二次考試後才能取得法官資格。法國的法官和檢察官同屬於司法官，而律師作為自由執業者，其選拔渠道與法官完全分離。要想成為法官，首先必須通過入學考試進入國家法官學院，經過嚴格的專業培訓和實習，畢業時還要進行嚴格的審定，合格後才有資格成為法官。

兩大法系在法官選任上對專業資格的不同衡量標準有歷史背景和法律傳統方面的原因，也與各自的訴訟模式相適應，並沒有絕對的優劣之分。對於香港而言，其普通法傳統和訴訟模式決定了香港法官的選任在專業資格上更加強調律師及其他法律執業經驗，這在下文中將會予以詳述。

2. 個人品行

個人品行包括個人道德素養、職業操守、性情愛好等。法官候選

人「必須具有公平、公正、誠實、正直、仁慈、禮貌、社會服務意識等個人品行，以及基於常識的判斷力、同情心、決斷力、堅定性、開放兼容性、耐心、機智以及對民眾和社會的理解力等司法品行。」[2] 法律職業是一個專業化職業，有其自身的倫理道德要求。司法是實現社會公平正義的最後一道防線，基於司法的特性，對法官個人品行有更高的要求，尤為強調公平、公正、獨立等個人品質。完美的法官必須具有四種基本品質，首先是公正、其次為智慧，再次為堅強，最後為克制。總之，法官應該是「善良、正派、明智、有經驗的人」。[3] 與專業資格不同，對法官個人品行的資格要求通常沒有明確載於法律文本中，但在許多國家，個人品行都是評鑒法官候選人的一項重要考慮因素。在美國，良好的道德操守也是法官候選人所必須具備的，「法官候選人的品德操守，應是令人無可指責」，[4] 在英國，上議院司法委員會法官候選人如果一旦涉及到「道德醜聞」（moral turpitude），那他將被排除在任命之外；同時，婚姻狀況也會影響上議院司法委員會法官的任命。[5]

（二）香港特區遴選法官的基本準則

1. 身份條件

香港特區實行普通法制度，為保證回歸後特區司法機構的平穩過渡和司法體制的順暢運行，一方面，基本法規定香港特別行政區成立前在香港任職的法官和其他司法人員均可留用，其年資予以保留，薪金、津貼、福利待遇和服務條件不低於原來的標準；另一方面，香港特區也可以從其他普通法適用地區聘用法官和其他司法人員，法官和

2　關毅：〈法官遴選制度比較（中）〉，《法律適用》2002 年第 5 期。

3　參見〔德〕拉德布魯赫著，米健譯：《法學導論》，北京：商務印書館 2013 年版，第 152 頁。

4　甄樹青：〈法官遴選制度比較研究〉，《外國法譯評》1999 年第 4 期。

5　張曉薇：〈最高法院法官遴選制度比較研究〉，載左衛民等：《最高法院研究》，北京：法律出版社 2004 年版，第 102、103 頁。

其他司法人員的遴選以其本人的司法和專業才能為條件，而不論其國籍或居住地點。這樣的安排是非常必要的。特區成立以前，香港各級法院仍以外籍法官為主，香港本地司法人才儲備不足，為使回歸後各級法院法官和其他司法人員能夠安心工作、香港特區司法機構能夠正常運作，保留和引進其他普通法適用地區的法官尤為重要。香港同時也是國際金融中心，法院審理大量國際經濟貿易糾紛，以司法和專業才能為導向，廣泛吸納其他普通法適用地區的人士參加審判有利於促進司法經驗的交流和案件的審理。

因此，對於香港特區一般法官的國籍，基本法沒有特別規定，可從其他普通法適用地區聘用，只有終審法院和高等法院的首席法官除外。根據基本法第 90 條，終審法院和高等法院首席法官需同時符合以下身份條件：一是為中國公民，外國籍人不得擔任特區終審法院和高等法院首席法官；二是在外國無居留權，在外國有居留權的中國公民也不得擔任特區終審法院和高等法院首席法官；三是屬於香港特別行政區永久性居民。

2. 專業資格

基本法第 92 條規定，香港特別行政區的法官和其他司法人員，應根據其本人的司法和專業才能選用。可見，香港特區選任法官堅持司法與專業才能準則。法官候選人必須具有豐富的法律知識和經驗、精準的判斷和分析能力以及良好的溝通與交流技巧。在作出推薦時，司法人員推薦委員會會考慮獲推薦任命人選的履歷，包括個人背景、學歷、法律經驗、司法經驗、服務及活動、著作，以及所獲頒授的榮譽學位和名銜等，以此判斷候選人是否符合法官的專業資格要求。

綜上所述，香港特區法官選任以「精英化」為導向，注重司法經驗與專業才能，堅持兼容並蓄、「港人治港」的原則。一方面，香港特區法官根據其本人的司法和專業才能選用，既沒有年齡的限制，也沒有國籍或居住地點的限制，唯才是用，兼容並蓄；另一方面，對於

終審法院和高等法院首席法官，增加了身份上的特殊規定，這是「港人治港」原則在司法領域的體現。

▍二、香港各級法院法官的遴選條件

（一）終審法院首席法官

終審法院首席法官是香港司法機構之首，主導司法規則的制定，同時負責司法機構的行政管理工作，在其他法官和司法人員的任免上也佔據重要地位，是一個非常重要的職位。終審法院首席法官在香港享有極其崇高的地位，直接影響香港司法機構的運行。因此，對終審法院首席法官的遴選條件必然有更高的要求。首先在國籍和居住地點上有所限制，只能由在外國無居留權的香港特別行政區永久性居民中的中國公民擔任。其次必須由德高望重且具有豐富司法經驗的人擔任，終審法院首席法官人選來自兩個方面：一是通過法院內部晉升成為終審法院首席法官；一是執業到達一定年限的大律師也可能受委任為終審法院首席法官。根據《香港終審法院條例》第 12 條，常任法官、高等法院首席法官、上訴法庭法官或原訟法庭法官，或在香港以大律師或律師身份執業最少 10 年的大律師均有資格獲委任為終審法院首席法官。

在推選終審法院首席法官的過程中，司法人員推薦委員會還會根據司法界及法律界中資深人士所提供的意見，將司法任命的才能準則加以補充，包括以下各項：（1）具備誠實正直、辦事勤奮、獨立自主和聰明才智方面的個人才能；（2）具備作為律師的傑出表現及能夠予人有專業卓越成就的印象；（3）具備掌握事實及運用法律的司法才能、令人信服的辭令技巧、以及能夠按理論與實際需要貫徹和發展法律的本領；（4）具備遠見、幹勁和領導才能，可以為司法機關定出明確取向。善於與人共事並能取得司法機構和法律界人士的尊敬和信

任，透過和他們合作推動終審法院和法律制度的發展成長，從而取得本地和國際間的尊崇。[6] 從目前香港特區已經委任的三任終審法院首席法官來看，均有多年香港大律師執業以及在下級法院工作的履歷，第二、第三任終審法院首席法官均接由高等法院首席法官升任。

（二）終審法院常任法官

根據《香港終審法院條例》第 12 條的規定，終審法院常任法官的專業資格與首席法官基本一致，高等法院首席法官、上訴法庭法官、原訟法庭法官，或在香港以大律師或律師身份執業最少 10 年的大律師均有資格獲委任為終審法院常任法官。但在實際司法任命中，鑒於終審法院常任法官需在香港最高上訴法院裁決上訴案件，司法職責重大，故必須要有一定可供核實的司法經驗才可獲考慮任命。雖然香港法律規定在香港執業 10 年以上的大律師也有資格獲委任為終審法院常任法官，但「根據司法機構的現行政策，就終審法院常任法官及非常任香港法官的任命，會考慮內部人選。」這主要是因為「就各上訴法庭法官的任命而言，任命人選一般應具有適當級別法院的司法經驗，而在一個細小的司法管轄區（例如香港），要物色如此資深的任命人選，透過內部擢升會比公開招聘更為有效。」[7] 因此，在香港大律師執業一定年限後可直接獲委任為終審法院常任法官只是在法律上保留的一種可能性，但實踐中還未有成功的例子。

（三）高等法院首席法官及其他法官

高等法院首席法官作為高等法院的首長，除了承擔法例所規定的上訴法庭庭長的司法職責之外，還承擔該院的行政管理職責。在行政

6　香港立法會 1997 年 5 月 24 日會議過程正式紀錄，中華人民共和國香港特別行政區立法會：https://www.legco.gov.hk/yr97-98/chinese/counmtg/general/yr9798.htm（最後訪問時間：2021 年 3 月 28 日）。

7　香港立法會 CB(2)2021/11-12 號文件。

職責方面，首席法官一方面要統籌全院工作，及時聽取和反饋司法人員的合理意見；另一方面要負責確保高等法院的有效運作及發展，向終審法院首席法官提供有關司法政策的意見並且負責推行相關政策。根據基本法第 90 條的規定，高等法院首席法官與終審法院首席法官一樣，都必須由在外國無居留權的香港特別行政區永久性居民中的中國居民擔任。因此，除了需符合高等法院其他法官的專業資格要求外，首席法官還有身份上的要求。

在專業資格上，香港特區《高等法院條例》第 9 條規定，可獲委任為高等法院法官的人士必須有 10 年以上法律工作經驗，具體包括以下幾種類型：（1）律師。即有資格在香港或者其他普通法適用地區的任何民事或刑事方面具有無限司法管轄權的法院執業，並執業最少 10 年的大律師、律師或者訟辯人。（2）其他各級法院的法官和司法常務官。包括區域法院法官；裁判法院常任裁判官；死因裁判官；小額錢債審裁處和勞資審裁處審裁官；終審法院司法常務官；高等法院司法常務官、高級副司法常務官、副司法常務官或助理司法常務官；區域法院司法常務官、副司法常務官或助理司法常務官。不同職業的執業時間至少累計 10 年，在此之前的大律師、律師或訟辯人執業期間也可計算在內。（3）按照《律政人員條例》第 2 條所界定的律政人員。（4）司法機構之外的其他法律從業人員。包括法律援助署署長、法律援助署副署長、法律援助署助理署長或法律援助主任；破產管理署署長、助理破產管理署署長（法律）、助理首席律師、高級律師或律師；知識產權署署長、知識產權署副署長、知識產權署助理署長、助理首席律師、高級律師或律師。

（四）區域法院法官

對區域法院法官的專業資格要求與高等法院法官類似，只是所要求的執業時間不同。根據香港《區域法院條例》第 5 條，獲委任為區

域法院法官的人士必須先有資格在香港或任何其他普通法適用地區的任何法院執業為大律師、律師或訟辯人，而該法院是在民事或刑事方面具有無限司法管轄權的；在具有如此的資格後，還必須在上述高等法院法官專業資格所列職位（區域法院法官除外）中合計執業 5 年以上。

（五）裁判法院裁判官

根據香港《裁判官條例》第 5AA 條，法院常任裁判官的專業資格與區域法院法官類似，相關職位最低執業年限要求也為 5 年。有機會獲委任為區域法院法官的人士也有資格獲委任為裁判法院法官。而對於裁判法院裁判官而言，工作滿一定年限之後，也有機會成為區域法院法官或者高等法院法官。

可見，香港特區法律工作者的職業流動方向一般是由律師流向法官，由低級法院法官流向高級法院法官，由法官之外的其他司法人員流向法官，對法官專業資格的評判標準以司法經驗為主。成為一名法官，尤其是高級別法院的法官，是許多法律工作者的奮鬥目標。在香港特區，法官專業資格的首要條件是有資格在香港或任何其他普通法適用地區的任何在民事或者刑事方面具有無限司法管轄權的法院執業的大律師、律師或訟辯人。在有律師資格的前提下，再從事與法律相關的工作一定年限後，才有機會獲委任為法官。這與香港普通法制傳統相適應。

（六）審裁官

勞資審裁處、小額錢債審裁處審裁官的專業資格與裁判法院常任裁判官資格相同。土地審裁處的成員包括庭長一名，由高等法院法官出任，並須由行政長官委任。各區域法院法官及區域法院暫委法官均可憑藉其所任職位出任土地審裁處法官。香港特區行政長官可以委任

土地審裁處的其他成員。比較特別的是，土地審裁處成員既包括法律專業人員，也包括不具法律專業資格的人員。對於法律專業人員，其專業資格要求與區域法院法官相同。而香港測量師學會的產業測量組的學會正式會員，或具有同等專業資格者，在土地估價方面具備最少5年經驗後，亦有資格獲委任為審裁處成員。

第三節

法官的選任程序

◇◇◇

　　法官的選任方式與程序是一組相互關聯的概念，選任方式是指法官的產生方法，而選任程序是指選任法官的具體步驟。一般而言，法官選任程序是法官選任方式的具化，根據不同的選任方式，再設計和調整法官產生的具體步驟。法官的選任方式與程序直接影響當選法官質素的高低以及司法獨立與司法公正的實現程度。因此，合理的選任方式，嚴格、公正的選任程序將有利於確保高質素法官的選任及其公正性。綜觀世界各國法官的產生辦法，主要有任命制和選舉制兩種，或者兩種選任方式相結合。[1] 任命制是指法官由某一機關（通常是行政機關首腦或者立法機關）任命產生的一種制度；選舉制是指法官由選民直接或間接選出。任命制不能很好地體現民意，同時有可能產生行政干預司法的現象。選舉制雖然體現了法官選任的民主性，同時提高了法官工作的積極性，使法官不至於因終身制而消極懈怠。但實際上大多數選民對法官的學識、人品、經驗、能力等並不太熟悉，可能導致優秀的人才落選，而有政黨支持的候選人更加容易當選。同時，由於需要迎合選民的需求，法官的獨立性會有所減損。

　　法官選任方式的選擇與當地歷史傳統、政治體制或其他社會制度

1　例如，英國法官的產生方式為任命制，法官幾乎都是由英王來任命；美國法官的產生方式較為複雜，聯邦法院法官與州法院法官的選任方式並不一致，聯邦法院的法官採取任命制而多數州則採取選舉的方式選任法官。日本法官的選任方式以任命制為主，兼具選舉制的色彩，日本各級法院的法官都是由天皇或內閣任命產生的，但最高法院法官的任命還必須交付國民審查，審查每 10 年一次，國民以投票方式決定對當選的法官是否信任。

密切相關，我們不能孤立地評價某種選任方式的好與壞，香港特區法官的選任方式亦然。基本法第 88 條規定，香港特別行政區法院的法官，須先經當地法官和法律界及其他方面知名人士組成的獨立委員會推薦後，由行政長官任命。可見，香港特區法官的選任方式為任命制。在確認了法官的選任方式後，對選任法官的具體程序進行設計。嚴格、公正的選任程序是產生高質素法官和保障司法獨立公正的前提基礎，這也是本節將要探討的重點內容。法官的選任一般都要經過推薦、審核、提名、表決與任命等階段。下文將對香港特區法官選任程序中這幾個階段進行分析。

一、推薦委員會推薦

香港特區成立前，總督統攬行政、立法、司法大權，大多數司法人員均由總督直接任命。最高法院首席法官則由香港總督根據英國女王及其繼任者的指示，通過蓋有印章的《英皇制誥》任命。1976 年設立司法人員敘用委員會，一般法官的產生辦法是由一個專門機構（司法人員敘用委員會）向香港總督推薦人選，再由香港總督委任。司法人員敘用委員會以首席大法官為主席，成員包括律政司司長及由香港總督另行委任的 7 名人員。回歸後，香港特區的法官選任程序仍然是採用由一個獨立的委員會推薦的辦法。但主要有以下幾點改變：第一，委員會名稱由司法人員敘用委員會改為司法人員推薦委員會，將司法人員的委任與特區政府一般公務員的敘用區分開來；第二，委員會職能的變化。回歸前司法人員敘用委員會無權向總督推薦最高法院首席大法官，而香港特區終審法院首席法官也由司法人員推薦委員會推薦，中央並不指派任何人員管理香港司法機構，堅持貫徹「港人治港」、「高度自治」的基本原則。

香港特區設立司法人員推薦委員會，委員會的職能是就以下事項

向行政長官提供意見或作出推薦：（1）司法職位空缺的填補；（2）司法人員就服務條件提出的申述，而該申述又經由行政長官轉介予委員會；（3）影響司法人員而可予訂明或可由行政長官轉介予委員會的任何事項。可以說，在法官的選任程序中，司法人員推薦委員會的推薦是第一階段也是起決定性作用的階段。因此，委員會的成員組成情況以及委員會推薦司法人員的具體程序將直接影響法官的選任。

（一）司法人員推薦委員會的組成

根據《司法人員推薦委員會條例》第 3 條，司法人員推薦委員會由以下人士組成：（1）終審法院首席法官，出任主席；（2）律政司司長；（3）行政長官委任的 7 名委員，包括法官 2 名、持有根據《法律執業者條例》（第 159 章）發出的執業證明書的大律師及律師各 1 名、行政長官認為與法律執業完全無關的人士 3 名。

關於律政司司長參與司法人員推薦委員會，在法制上是否適宜的討論早已有之。律政司司長作為香港檢控機關首長，又是司法人員推薦委員會的當然委員，直接影響法官的選任，是否會要求法官側重於檢控或對政府抱有好感？在香港立法會，也有議員提出質疑，認為「律政司司長作為政治委任制下的政治任命官員，不應參與任命法官的程序。」對此，香港特區政府當局的回應是，「律政司司長除作為政府的首席法律顧問外，他亦獲賦予憲制職能，在司法方面保障公眾利益，同時維護法治。此外，律政司是三大主要法庭使用者之一，而律政司司長是此部門整體事務的負責人，律政司司長必須繼續擔任推薦委員會委員，在該等範疇上履行其重要職責。」[2] 我們認為，律政司司長參與司法人員推薦委員會是合理的。第一，以司法人員推薦委員會推薦的方式選任法官，旨在通過一個由多方利益代表組成的獨立

2　立法會 CB(4)590/12-13(01) 號文件。

委員會，最終達致一個讓各方主體都能滿意的結果，選出在各方面條件都無可爭議的優秀法官，這種相互鬥爭與妥協的過程，本就可以起到防範個人或某個部門專斷的作用。第二，法官、律政司和律師均是法庭的主要使用者，長期從事法律事務，對業內人士的能力、學識、品性等情況都比較熟悉，既然法官、律師都是司法人員推薦委員會的成員，沒理由將律政司這一重要主體排除在外。第三，對於司法人員推薦委員會的推薦結果，法律還設置了立法會審查等程序加以監督和制約，律政司司長的影響作用並不絕對。第四，香港有較為健全的法官保障制度，法官在日後的審判工作中不太可能會受律政司影響，更加不會傾向於政府或者律政司，法官的獨立性並沒有受影響。

除終審法院首席法官和律政司司長外，司法人員推薦委員會另外7名成員都是行政長官委任的。行政長官在委任大律師及律師之前，須就大律師的委任諮詢香港大律師公會執行委員會，以及就律師的委任諮詢香港律師會理事會。大律師公會執行委員會可就該項委任向行政長官推薦任何大律師，律師會理事會也可就此推薦任何律師，但行政長官亦可委任不獲此等推薦的其他人選。可見，雖然法律規定了行政長官的諮詢義務，大律師公會執行委員會和香港律師會理事會也有權向行政長官推薦人選，但行政長官並不一定要根據他們的推薦委任司法人員推薦委員會成員，獲委任人選的決定權實際上還是掌握在行政長官手裏。可以說，行政長官在司法人員的推薦上佔據主導性地位。這是否會有行政干預司法之嫌？是否會造成法官選任程序的過度政治化？

綜觀各國法官提名程序，提名權掌握在一人或單一部門的情況並不罕見，例如，美國聯邦法院法官提名權由總統行使，在決定提名人選時，候選人是否為總統所在政黨的堅定支持者也是總統提名的重要考慮因素；法國除最高法院法官和上訴法院院長外的一般法官，提名人選也由司法部長決定。多方參與使法官選任制度更加民主化和合理

化，但即使在由一個多方參與的獨立委員會推薦法官人選的情況下，法官的選任仍然與行政決定脫不了關係，如德國聯邦法院法官有職位空缺時，會由專門的法官選拔委員會提名，而法官選拔委員會是由聯邦議院選舉產生的 16 名代表和 16 個州的司法部長組成。「法官制度本身就是一國政治制度的一個重要組成部分，法官如何選任實質上涉及的就是法官的權力問題，因此，法官選任中的政治傾向是不可避免的。」[3] 香港特區的法官選任同樣如此。根據基本法第 48 條的規定，依照法定程序任免各級法院法官是行政長官行使的職權之一。行政行為受司法審查與監督，這是司法權制約行政權的方式，而行政權對司法權的制約則體現在法官的選任上，因此，這也是行政權與司法權相互制約的結果。更為重要的是，香港特區有較為完善的法官職業保障制度，一旦被任命為法官後，其薪酬待遇、晉升、退休等都有具體的制度保障，並不受行政長官的制約，不存在行政干預司法的空間和條件。

（二）司法人員推薦委員會的推薦程序

《司法人員推薦委員會》第 3 條同時規定了委員會的表決規則。主席連同不少於 6 名其他委員可行使及執行委員會的任何職能、權力及職責。如終審法院首席法官不能執行主席職務，出席該次會議的委員可藉決議委任他們其中任何一人署理其職務，並於如此署理職務時於該會議中行使並履行主席的所有職能。如任何獲委任的委員不在香港或不能執行委員職務，行政長官可委任另一人暫時署理該委員的職務。

在委員會會議中，以下的決議即屬有效：（1）凡有 7 名委員出席時，最少有 5 票表決贊成；（2）凡有 8 名委員出席時，最少有 6 票表

3　丁艷雅：〈法官選任方式與程序之比較研究〉，《中山大學學報（社會科學版）》2001 年第 4 期。

決贊成；（3）凡有 9 名委員出席時，最少有 7 票表決贊成。當然，並非委員會行使任何職能、權力及職責時都需要通過會議的形式進行。在並無會議舉行的情況下，委員會的決議可通過將決議草案連同表決表格交予委員傳閱，然後委員在表決表格上簽署及將其交回委員會秘書的方式進行表決。決議有效的票數要求與以會議方式決議的票數要求一致。但是，如有任何委員在表決表格上通知秘書謂該決議應在會議上討論，則決議即屬無效。

有關委員會推薦程序的一點爭議是委員會商議過程不需要公開，透明度不足的問題。一般而言，行政長官在就有關任命徵得立法會同意時，會附上相關人員的詳細資料以及推薦委員會的推薦程序。具體包括推薦委員會會議進行情況、法定披露情況、推薦委員會商議情況、推薦委員會決議內容等。從實踐情況看，原訟法庭及以下級別法院法官（包括高等法院原訟法庭法官、區域法院法官、裁判法院常任裁判官）的職位空缺，會以公開招聘的方式填補，申請人須先通過申請程序，由終審法院首席法官委任的遴選委員會考慮，再將遴選委員會的建議交給司法人員推薦委員會考慮。而終審法院常任法官及非常任香港法官的任命，根據司法機構的現行政策，只會考慮內部人選，並不對外公開招聘。根據遴選委員會的建議，司法人員推薦委員會會擇期舉行推薦委員會會議，考慮推薦人選。在此之前，有資格獲委任相關職位或延長任期的委員，必須披露表明自己將不接受相關委任或延期，否則不得參與商議。委員會在行使其職能或履行其職責時向行政長官或終審法院首席法官提交的任何報告、陳述書或其他通訊均為享有特權的通訊，不得強制將其在任何法律訴訟程序中呈堂。因此，商議的具體過程不需要公開，這種制度安排的合理性在於保障委員可以在不受外界壓力的情況下，獨立表達自己的意見。

二、行政長官任命

為了充分展現法官職位的重要性以及法官的崇高地位，強化法官的職業尊榮感及使命感，法官通常都由國家元首或政府首腦任命。香港特區法院的法官由行政長官任命。相對於提名權，任命權有形式化的趨勢。即真正決定法官人選的實質性權力掌握在提名主體手中，任命者幾乎從未否決過提名人選。例如，德國聯邦法院法官由法官選舉委員會初次確定名單和法官委員會再次確定名單後，只要經聯邦司法部長提名，聯邦總統一般都會任命；日本最高法院提名下級法院法官的人選也從來沒有被內閣否決過。所以，行政長官任命法官可以說已經淪為一種象徵性的程序。

司法人員推薦委員會委員以法律執業人員為主，對於法官候選人的法學素養、個人能力、業界名聲等都能夠有一個更加直觀和全面的評價。行政長官的任命權主要是一個把關的作用，一般情況下會尊重司法人員推薦委員會的推薦，但並不代表任命權是一種形式化、程序化的權力。筆者認為，行政長官對法官的任命權應當具有實質意義，即行政長官既有權任命法官，也有權決定不予任命。首先，法官由行政長官任命是基本法明確規定的必經程序。基本法第 88 條明確規定，「香港特別行政區法院的法官，根據當地法官和法律界及其他方面知名人士組成的獨立委員會推薦，由行政長官任命。」行政長官的任命是法官任命的必經程序，與司法人員推薦委員會的推薦程序同等重要，並不存在哪一個為重或者哪一個起決定作用的說法。其次，按照法定程序任命各級法院法官是基本法明確授予行政長官的職權，是香港特區行政主導體制的表現。香港特區行政長官既是香港特區政府的首長，也是香港特別行政區的首長，行政長官依照基本法的規定對中央人民政府和香港特別行政區負責，其主導地位首先體現在行政長官享有廣泛的職權上。根據基本法第 48 條的規定，依照法定程序任

免各級法院法官是行政長官的職權之一。因此,法官任命程序中,行政長官享有實質意義上的任命權,對於一些明顯不合適的法官人選,行政長官應當有權決定不予任命。

三、終審法院法官和高等法院首席法官任免的特殊程序

香港特區終審法院的法官和高等法院首席法官的任命或免職,還須由行政長官徵得立法會同意,並報全國人民代表大會常務委員會備案。

香港立法會司法及法律事務委員會於 2002 年 9 月發表《任命法官的程序報告》,建議立法會按照以下程序同意法官的任命,該程序已獲內務委員會通過:(1)政府當局告知內務委員會,行政長官接納委員會的推薦,並就獲推薦的任命人選向立法會提供充分資料(此步驟在行政長官公佈其接納有關推薦之前進行);(2)內務委員會決定應否為此成立小組委員會;(3)若決定成立小組委員會,小組委員會儘快討論此事;(4)小組委員會向內務委員會匯報商議結果;(5)政府當局作出動議議案的預告,徵求立法會同意任命或推薦的人選;(6)議案在立法會會議上動議、討論並付諸表決;(7)如議案獲立法會通過,行政長官會作出任命。[4] 根據香港《終審法院條例》,終審法院法官,包括首席法官、常任法官和非常任法官的任免都須經立法會通過。按照慣例,立法會會接納推薦委員會的推薦。這是對推薦委員會專業性的尊重。當然,如果出現明顯不合適的人選,立法會也可能否決相關任命。2012 年,香港特區立法會在通過委任鄧楨法官為終審法院常任法官、包致金法官為終審法院非常任法官的議案時,雖

4　立法會 CB(4)590/12-13(01) 號文件。

然該議案最終得以通過，但有不少議員發言表示質疑。[5]

全國人民代表大會授權香港特區依照基本法實行高度自治，享有獨立的司法權和終審權，並在許多制度安排上予以保障。一方面，香港特區自行處理本區內的訴訟案件，終審法院是香港最高審判機關；另一方面，香港特區的法官經司法人員推薦委員會推薦後，由行政長官任命。中央並不選派司法人員到香港特區工作，也不干涉香港特區司法人員的選任。只有任命或罷免終審法院的法官和高等法院首席法官時，才需要報全國人大常委會備案。但基本法第 90 條並沒有明確規定備案的法律效果，備案會否影響特區終審法院法官和高等法院首席法官的任免？中央有沒有拒絕接受備案的權力？

根據《現代漢語詞典》的解釋，備案是指向主管機關報告事由，存案以備查考。因此，備案的核心是當事人向主管機關報告，主管機關對報送材料進行收集、整理和存檔，以備審查。關於備案的法律性質，有「許可說」、「監督說」、「告知說」、「審批說」等多種學說。[6] 那麼，基本法第 90 條規定的備案具有什麼樣的法律效果呢？基本法規定了幾種特區須向中央備案的情形。包括（1）特區立法機關制定的法律須報全國人大常委會備案；（2）行政長官簽署立法會通過的財政預算，預算、決算須報中央人民政府備案；（3）香港特區在外國設立官方或半官方的經濟和貿易機構須報中央人民政府備案；（4）2007 年以後香港特別行政區立法會的產生辦法和法案、議案的表決程序，如需對基本法附件二的規定進行修改，須報全國人民代表大會常務委員會備案；以及（5）香港特區終審法院法官及高等法院首席法官的任免須報全國人大常委會備案。其中，直接規定備案法律效果的有兩處，一是基本法第 17 條明確規定備案不影響法律的生效，但不代表

5　香港立法會 2012 年 7 月 17 日會議過程正式紀錄，中華人民共和國香港特別行政區立法會：https://www.legco.gov.hk/general/chinese/counmtg/yr08-12/mtg_1112.htm（最後訪問時間：2021 年 3 月 28 日）。

6　參見朱最新、曹延亮：〈行政備案的法理界說〉，《法學雜誌》2010 年第 4 期。

備案沒有任何作用，全國人大常委會也會對特區立法機關制定的法律進行審查，並有權將法律發回，經全國人大常委會發回的法律立即失效；二是根據全國人大常委會對基本法附件一第 7 條和附件二第 3 條的解釋，行政長官、立法會產生辦法修改方案經過包括全國人大常委會備案在內的必經程序之後方可生效，可見，這裏的備案是影響法案的生效的。基本法規定的需要備案的事項都是關乎特區安全與發展或者有可能涉及中央管理事務以及中央與特區關係的重大事項。從上述兩處規定看，備案實際上有非常重大的意義和實質性效果。以此類推，基本法規定的其他備案事項，雖然沒有明確規定會影響行為的效力，但不代表這一程序無關緊要，不代表中央對此無可作為。總結來說，備案是任免終審法院法官和高等法院首席法官的必經程序，中央對報送的材料進行收集、整理，並保留不接受備案的權力。

法官的職業保障制度

◇◇◇

完善的職業保障機制，是法院獨立、公正行使審判權的前提。法官獨立的經濟地位對法官依法獨立辦案具有非常重要的意義，有鑒於此，各國常見的做法是通過法官任期、薪金、津貼、福利待遇保障，解除法官的後顧之憂，使法官能夠依法獨立進行審判，在不受任何不當干預或影響的情況下履行職責。

一、法官的任期保障

法官的任期保障指法官一經任用，非因法定事由，未經法定程序不得被免職、降職、轉職、辭退或者處分。主要有兩方面的內容，一是確定合理的退休年齡，法官任職到退休為止；二是規定嚴格的免職條件，未經法定程序不得被免職，以此維護法官職業的穩定性，使法官能夠安心工作，免受外部的干擾。

（一）合理的退休年齡

西方不少國家實行法官終身制（受退休年齡限制）。美國法官只要「品性良好」，便可終身任職（選舉產生的法官除外），憲法沒有規定退休年齡。對於州一級法官，如果各州願意，他們可以強行命令法官在一定年齡退休；對於聯邦法官，除非因違法犯罪受彈劾或者自動辭職，其任期是終身的。法官的任期保障有利於保障法官獨立進行

審判，也有利於充分利用法官的經驗和智慧，但是年老力衰卻不願退出工作崗位的法官顯然會影響法院的工作效率。而且，「在美國，終身制也使得法官為了黨派的利益選擇退休時機，以保證自己黨派得以有機會任命法官，這實際上是不恰當地通過政治影響了司法。」[1]考慮到這些問題，美國通過一些制度鼓勵法官退休。聯邦法官已經在聯邦法院任職 10 年以上的，可以（自願選擇）在 70 歲時以全薪退休，在聯邦一級法院工作 15 年以上的，可以在 65 歲時退休。英國、德國、法國等國家的法官也實行終身制，且法律規定了法官的退休年齡，一般而言，級別越高的法官，退休年齡越大。英國法院法官的任職年齡被限制在 75 歲以下，上議院高級法官到 70 歲時須退休，大法官的退休年齡則可以超過 75 歲。德國《法官法》第 48 條規定：「任職於聯邦各終審法院之終身法官，自年滿 68 歲開始退休，其他法官自年滿 65 歲開始退休。」法國一般法官（憲法委員會法官除外）的退休年齡為 65 歲，首席法官為 68 歲。

香港特區法官的任期到退休為止。一般而言，香港特區法官的退休年齡為 65 歲，符合一定條件的，任期可以延續。法官可隨時以書面形式向行政長官請辭。根據《香港終審法院條例》（第 484 章）第 14 條，首席法官及常任法官須於到達退休年齡時離任。首席法官的任期可由行政長官根據司法人員推薦委員會的建議延期，常任法官的任期可由行政長官根據首席法官的建議延期，兩者的任期均可延續不超過兩次，每次續期 3 年。非常任法官並無指定退休年齡，任期為 3 年，可以續期，每次續期 3 年。根據《高等法院條例》（第 4 章）第 11A 條，高等法院法官須於年屆退休年齡時離任。行政長官根據司法人員推薦委員會的建議，可以委任某人為高等法院法官（不論年齡）一段或多於一段指定期間，但總計不超過 5 年。也就是說，高等法院

---

1   David N. Atkinson, *Leaving the Bench: Supreme Court Justices at the End* (Kansas: University Press of Kansas, 1999)，轉引自蘇力：〈法官遴選制度考察〉，《法學》2004 年第 3 期。

法官最遲可於 70 歲退休。根據《區域法院條例》（第 336 章）第 11A 條規定，區域法院法官的退休年齡分兩種情況，1987 年 1 月 1 日前獲委任為法官的，退休年齡為 60 歲，任期可由行政長官按照司法人員推薦委員會的建議延展一段或多於一段指明期間，但總計不可超過 5 年；1987 年 1 月 1 日或該日後獲委任為法官的，退休年齡為 65 歲。總體而言，香港特區關於法官退休年齡的安排比較合理。考慮到人口老齡化以及司法經驗對法官工作的重要意義，將退休年齡確定在 65 歲既可以充分發揮年長法官的學識和經驗，又避免因法官年邁而影響司法工作效率。同時，專業水平較高的資深法官的退休年齡還可以適當延期，具有一定的彈性空間。

（二）嚴格的免職條件

各國法律一般規定，法官任職期間，非因可彈劾之罪並經法定程序，不得被免職。英國法官一經任用，便不得隨意更換，除非因法定事由，嚴格依照法定程序才能被免職。特別是高等法院的法官，其免職需要由議會上、下兩院共同提出。「在英國 1701 年以來的 200 多年裏，只有 1 名高級法官在議會的請求下被國王免職。」[2] 在美國，聯邦法官只有犯可彈劾之罪時才可被罷免。美國憲法第 2 條第 4 款規定，「總統、副總統及聯邦的文官，犯有叛國罪、賄賂罪或者其他重罪、輕罪而遭彈劾時，應予免職處分。」彈劾法官的程序非常複雜，由眾議院提出彈劾案，參議院審理，參議院須有出席人數三分之二以上人數同意。[3] 美國各州的憲法也規定了法官的彈劾程序，此外，各州法院還設有法官行為調查委員會或者類似組織，專門負責處理法官違法違紀問題。

香港特區的法官享有任期保障，一般都任職到退休為止。基本法

2　程漢大主編：《英國法制史》，山東：齊魯書社 2001 年版，第 448 頁。

3　參見王工藝主編：《中外司法體制比較研究》，北京：法律出版社 2013 年版，第 53 頁。

第 89 條規定，香港特別行政區法院的法官只有在無力履行職責或行為不檢的情況下，行政長官才可根據終審法院首席法官任命的不少於三名當地法官組成的審議庭的建議，予以免職。香港特別行政區終審法院的首席法官只有在無力履行職責或行為不檢的情況下，行政長官才可任命不少於五名當地法官組成的審議庭進行審議，並可根據其建議，依照本法規定的程序，予以免職。而根據基本法第 90 條，香港特別行政區終審法院的法官和高等法院首席法官的免職，還須由行政長官徵得立法會同意，並報全國人民代表大會常務委員會備案。

　　需要注意的是，基本法的規定只是針對法官的免職，不包括其他司法人員。法官免職的法定事由只有「無力履行職責」或「行為不檢」，充分體現了立法者對此問題的重視以及條件的嚴苛性。但是，應當如何理解「無力履行職責」和「行為不檢」？疾病、家庭關係等是否都會影響法官工作以至於無力履行職責的程度？有酗酒或其他惡習導致影響工作是否屬於無力履行職責的情形？行為不檢包括哪些？除了法官犯有重罪、輕罪之外，一般違法行為或者其他不符合其職業道德規範的行為，是否也屬於行為不檢？目前法律對此沒有明確的界定，法官的免職條件看似很嚴苛，實際仍有較大的彈性空間，是否予以免職關鍵在於審議庭的審議和判斷結果。

　　在程序上，法官的免職由一定人數的當地法官組成審議庭進行審議。審議庭成員全部為法官，可見法官免職的有關事宜實際上由司法機構內部處理，尤其是終審法院首席法官以外其他法官的免職。審議庭組成人員由終審法院首席法官任命，作為香港司法機構的首腦，終審法院首席法官對其他法官的免職具有相當大的影響甚至是決定性作用。雖然司法機構內部是最了解法官工作情況的，對法官能夠有更加全面而客觀的評價，而且司法機構內部處理還有利於維護司法的獨立性，使法官的免職不受來自行政機關或者立法機關的干擾，但是，審議庭所有成員均為法官，實際上排除了外界對法官的監督，排除了行

政權、立法權對司法權的合理制約。法官的免職是一個關係重大而又需要審慎處理的問題，並不是司法機構內部就可以起決定作用的，應當考慮審議庭的組成成員，吸納行政機關、立法機關等其他人士參與其中，增加審議庭的代表性和民主性。

　　除了在免職事由和免職程序的限定外，基本法還給予行政長官一定的自由裁量空間。基本法第 89 條規定的是行政長官「可」根據審議庭建議罷免法官，也就是說，也可不予免職。從基本法第 89 條的規定來看，該條文實際上是對行政長官權力的一種限制以及對法官任職的多重保障，「只有……才」說明法官免職程序的嚴格性以及行政長官對法官予以免職的必要條件。即使審議庭建議對法官予以免職，行政長官也可以不考慮該建議，但沒有審議庭的免職建議，則行政長官必然無法罷免任何法官。

▎二、法官的薪酬保障

　　法官的薪酬保障情況是影響司法隊伍穩定性、獨立性和專業水平的另一重要因素。「最有助於維護法官獨立者，除使法官職務固定外，莫過於使其薪俸固定。」「就人類天性之一般情況而言，對某人的生活有控制權，等於對其意志有控制權。」[4] 法官的經濟保障包括薪金、津貼、福利待遇和退休待遇等。大多數國家法官實行有別於普通公務員的計薪方式。在經濟方面，各國的保障制度主要有：第一，法官薪金普遍高於同級別的公務員；第二，不得削減法官的薪金；第三，法官退休後享有優厚的退休金，甚至退休後仍領取全額薪金。在英國、美國等國家，法官的收入都屬於高薪階層。德國法官的待遇比照文官，為了與文官相區別，並鼓勵法官清正廉潔，德國採取司法補

4　〔美〕漢密爾頓等著，程逢如等譯：《聯邦黨人文集》，第 396 頁。

助費的方式使法官的薪金略高於相應級別的文官；並且法官任職期內不得減少薪俸，退休後享受全薪待遇。[5] 日本最高裁判所所長（即最高法院院長）的薪金與內閣總理大臣、國會兩院議長相當；法官在任職期間，工資不得減額。[6]

（一）關於基本法「不低於原來的標準」的理解

基本法第 93 條對法官的薪酬待遇給予了充分的保障。該條規定，香港特別行政區成立前在香港任職的法官和其他司法人員均可留用，其年資予以保留，薪金、津貼、福利待遇和服務條件不低於原來的標準。對退休或符合規定離職的法官和其他司法人員，包括香港特別行政區成立前已退休或離職者，不論其所屬國籍或居住地點，香港特別行政區政府都會按不低於原來的標準，向他們或其家屬支付應得的退休金、酬金、津貼和福利費。該條規定促進了香港回歸司法銜接工作的完成，完備的經濟保障制度使各級法院法官和其他司法人員能夠安心工作，不受外界因素的不良影響。從基本法的規定看，香港特區法官的薪酬待遇可以根據需要和社會的發展加以調整，但不得低於原來的標準。應當如何理解此處所謂「原來的標準」？基本法的此項規定是否代表香港特區法官的薪酬不得被削減？從當時的立法背景看，基本法第 93 條的規定主要是為了香港回歸後司法工作的順利過渡和銜接，為了保障司法隊伍的穩定性，防止因回歸造成司法人員大量流失。因此，所謂的「原來的標準」應當是指香港特別行政區成立前香港法官和其他司法人員的薪金、津貼、福利待遇和服務條件，但並沒有針對特別行政區成立後香港法官免被削減薪酬的保證。

5　周道鸞：《外國法院組織與法官制度》，北京：人民法院出版社 2000 年版，第 79 頁。

6　同上，第 275 頁。

（二）香港特區法官薪酬的釐定機制

香港特區法官及司法人員實行有別於普通公務員的薪酬機制。司法人員的薪酬由行政長官會同行政會議經考慮獨立的司法人員薪俸及服務條件常務委員會的建議後釐定，並定期進行基準研究，以檢視司法人員的薪酬在長遠而言是否與法律界收入的變動大致相若，且按年進行檢討。法官薪酬的確定是一個非常複雜的問題。香港特區司法人員薪俸及服務條件常務委員會主要考慮以下因素：[7] 第一項因素是司法機構的立場（司法機構的立場是原則上不接受任何下調司法人員薪酬的安排）。第二項是「一籃子」因素，包括：（1）法官與私人執業律師在職責、工作條件和工作量方面的比較；（2）司法機構招聘和挽留法官及司法人員的情況；（3）法官及司法人員的退休年齡和退休福利；（4）法官及司法人員所享有的福利和津貼；（5）禁止離職後再在香港私人執業的規定；（6）海外的薪酬安排；（7）生活費用的調整幅度；（8）香港的整體經濟狀況；（9）政府的財政狀況；（10）私營機構的薪酬水平及趨勢；以及（11）以公營機構薪酬作為參考。第三項因素是有需要確保司法人員薪酬足以吸引並挽留司法機構內的人才，以維護司法獨立。據此，司法人員的薪酬在 2011-2012 年度、2012-2013 年度、2013-2014 年度及 2014-2015 年度分別上調 4.22%、5.66%、3.15% 及 6.77%。總體而言，為保證司法的獨立性及公正性，香港法官的薪酬普遍較高。對此，筆者選取了香港部分法官的薪酬情況統計如下（截至 2015 年 3 月 31 日）：[8]

7　參見立法會 CB(4)226/15-16(03) 號文件。

8　參見立法會 CB(4)964/14-15(04) 號文件。

表 6-2：香港部分法官薪酬情況統計表

法院級別	職級	司法人員薪級點	月薪（港元）
終審法院	首席法官	19	293,200
	常任法官	18	285,100
高等法院	高等法院首席法官	18	285,100
	上訴法庭法官	17	257,000
	原訟法庭法官	16	244,950
區域法院	首席區域法院法官	15	202,450
	區域法院法官	13	173,000-183,400

　　不少人認為，提高法官薪酬待遇是保障法官獨立行使審判權和吸引優秀人才加入法官隊伍的重要方式。但是，法官的薪酬具體應該如何釐定？法官薪酬對招聘法官和審判獨立到底有多大的影響？多高的薪酬才能達到保障審判獨立和吸引法律人才的要求？筆者認為，不能簡單地看待法官薪酬待遇與審判獨立和司法隊伍建設之間的關係。除了薪酬福利條件之外，還有其他因素，例如司法機構的崇高地位、個別人士對於服務公眾的宏志，以及事業上更上一層樓的機遇等，依然對於有意加入司法人員行列的外界人才保持合理的吸引力。實際上，法官薪水對於職業律師，尤其是成功的職業律師而言，絕非吸引其加入法官隊伍的主要因素。「在政治可行的範圍內提供薪水，不會對商業律師當法官有多大的吸引力。一位律師若是不願用 100 萬美元交換 175,000 美元的收入，他也就不大可能願意用 100 萬交換 225,000 美元的收入。」[9] 相反，低薪反而起到了篩選作用，選出那些富有熱情而願意為法官事業接受金錢上的必要犧牲的律師，而不是因喜歡閒暇而放棄法律實務換取法官職位的人，因為提高薪金相當於降低這部分

9　理查德·波斯納著，蘇力譯：《法官如何思考》，北京：北京大學出版社 2009 年版，第 156 頁。

人換工作的機會成本。因此,法官薪水的調整應綜合多方面的因素考慮,並不需要一味強調法官高薪制。

三、法官的特權保障

法官是各種衝突利益的裁判者,為了滿足這一職務對公正性的要求,法官不得不承擔多於普通人的義務。因此,應當賦予法官某些法定特權,保證法官能夠正確履行職責。離開這些法定特權,法官的權利與義務便失去平衡。

(一)法官享有的主要特權

法官享有多方面的特權,如司法豁免權,即法官在執行司法審判職能過程中所實施的行為或者發表的言論享有不受指控或者法律追究的權利。在立法上明確規定法官享有司法豁免權,有利於保障法官權益,降低法官的職業風險,消除法官各種顧慮,確保法官可以完全獨立自主地執行其審判職能。由於法官不受訴訟,他們可以無所顧慮地思考,只需要依據法律規定和案件事實,憑藉自己的良心作出判決,不受任何干涉。基本法第 85 條規定,香港特別行政區法院獨立進行審判,不受任何干涉,司法人員履行審判職責的行為不受法律追究。

此外,法官還享有免於議會批評的權利,即除非在議會提出罷免他的動議中,法官的司法行動是不會受到來自議會的批評的;法官享有生命和財產的特殊保護權,法官在審理案件時,其自身的生命和財產安全受到特殊的保護,不必擔心來自各方面的報復;同時,為了防止法官的審判活動被立法機關干預或者受公眾影響,禁止將正在被審理的案件或者爭端列入國會議程,也禁止對正在進行的審判加以評議。[10]

10　參見齊樹潔主編:《英國司法制度》,廈門:廈門大學出版社 2007 年版,第 133 頁。

（二）法官司法豁免權的限度

法官的司法豁免權並不是絕對的，為了防止法官濫用權力，大多數國家在法律中規定法官責任豁免權的同時也會對其作出一定的限制。首先，對於法官濫用職權、徇私舞弊、枉法裁判、玩忽職守或者貪污受賄等構成犯罪的行為，法官將按照其所構成的犯罪受到刑罰處罰，不享有司法豁免權；其次，法官明知自己無權做某事卻違法去做，同樣也需要承擔法律責任。法官的司法豁免權應當以主觀上並非故意為前提，對因事實或法律認識偏差導致的錯誤判決或者其他影響法官公正審判的因素導致的錯誤判決，法官不承擔任何法律責任。即使法官有嚴重失誤，或者極為無知，或者受到其他種種不良動機的驅使（如性別歧視、種族歧視等）來審理案件，「只要法官在工作時真誠地相信他做的事是在他自己的法律權限之內，那麼他就沒有受訴的責任。」[11]

基本法第 85 條明確規定了「司法人員履行審判職責的行為不受法律追究」，以保障法官的審判活動不受任何干涉。但是，如何理解「履行審判職責的行為」？法官的明知超出法律規定權限或者故意違反法律規定程序進行的審判行為是否也屬於履行審判職責的行為？對此，基本法沒有進行明確區分。香港高等法院上訴法庭在「馬桂珍訴梁紹中及另一人」案中裁定：

「《基本法》第 85 條對司法人員在司法過程中的行為作出絕對保障，是為確保司法人員可在無私無偏及無懼的情況下審理案件，並有效地防止訴訟人興訟追究司法人員的個人法律責任。法官在履行司法職能時，必定無須擔憂要對他們以司法人員身份的說話或行動負上個人法律責任。他們如有出錯，可以循上訴（或在適當情況下循司法覆

11　〔英〕丹寧勳爵著，李克強等譯：《法律的正當程序》，北京：法律出版社 2011 年版，第 75 頁。

核）糾正，但不應要他們怯於可能被不滿的訴訟人或其他人循民事訴訟控告他們惡意、偏頗或逾越司法管轄權所威嚇。法官在履行司法職能時，不應受自覺或不自覺的個人憂慮所影響。」

香港高等法院上訴法庭在「覃美金訴滙豐國際信託有限公司及其他人」（民事上訴 2013 年第 124 號）案中，引述 Buckley 法官在「Sirros v Moore & Others」案[12]的判案書（第 140 頁 A）指出：

「高等法院法官以該法院法官身份採取的所有司法行動獲絕對豁免負上個人民事法律責任，這現應視為既定的典據和原則」，並裁定法官以法官身份採取的所有司法行動，不論當時是否在嚴重出錯或疏忽的情況下作出，都獲絕對豁免負上個人民事法律責任。」

根據相關判例，只要是以法官身份採取的所有司法行動，即使是在嚴重出錯或疏忽的情況下作出的，都不受法律追究。筆者認為，這明顯超出了法官司法豁免權的合理限度。應當區分嚴重出錯的主觀構成，如果法官明知道錯誤而故意違反法定程序或者超出法定職權採取司法行動，則應當承擔法律責任。因此，建議修改基本法第 85 條的規定，對法官司法豁免權的限度作出規範。

12　*Sirros v Moore & Others* [1975] 1 QB 118.

第五節

法官的行為要求和監督機制

◇◇◇

　　香港特別行政區享有獨立的司法權與終審權。在香港，司法獨立被認為是香港法治的生命線，被視為香港的根基。[1] 基本法明確規定了法官的職業保障制度，保證香港特區法院「獨立進行審判，不受任何干涉」。終身任職保證了獨立性，但也容易引發濫權。即使如漢密爾頓（Alexander Hamilton）所言，「司法部門既無軍權，又無財權，不能支配社會的力量與財富，不能採取任何主動的行動。」[2] 司法機構被稱為「最小危險部門」，也不能否認司法權作為公權力的本質。「單純的司法獨立並不能解決司法體系的所有問題，和一切權力一樣，不受制約的司法權，一樣會對社會造成傷害。」[3] 所以，應當處理好維護司法權威和加強監督之間的關係，加強對司法權力的外在制約，防止「法院獨立進行審判」異化成司法專橫甚至是司法腐敗。

▌一、法官的行為要求

　　法官處理市民相互之間和市民與政府之間的糾紛，其決定影響深遠，涉及市民的人身、財產安全和基本權利和自由的保障，必須做到

1　相關論述在許多香港法律界演講辭或公開資料中都有所體現。參見 2004 年香港特區司法機構發佈的《法官行為指引》；香港律政司刊物：《基本法簡訊》（第 16 期）；等等。

2　〔美〕漢密爾頓等著，程逢如等譯：《聯邦黨人文集》，第 391 頁。

3　林峰正：〈司法改革不能沒有律師參與──台灣司法改革的經驗與癥結〉，《南風窗》2009 年第 7 期。

公平公正、無懼無私、正直誠實和言行得當。為了維持司法的權威及公眾對法官秉行公義的信心，法官必須恪守至高的行為標準，以維持其公正性和獨立性。法官雖然和市民一樣享有權利和自由，但法官的行為會因其司法職位而受到一定的限制。

（一）法官履行司法職責的行為指引

2004 年 10 月，香港特區司法機構向公眾發佈了《法官行為指引》，以向法官提供處事的實用指引及增加司法機構工作的透明度。法官行為有三項指導原則。

第一，法官必須獨立。法官獨立不僅包括法官獨立於立法機關、行政機關，不受社會公眾、媒體評論的影響，還包括獨立於其他法官。該原則要求法官不應私下與上訴法庭或者上訴法庭的法官，談及任何就其決定提出上訴而還未判決的上訴案件；法官在履行職責時，不應受到輿論的影響，應避免對傳媒或者公眾人士的批評作出回應。

第二，法官必須大公無私。法官是否公正，是以一個明理、不存偏見、熟知情況的人的觀點來衡量的。為了保證法官審判的公正性，在下列三種情況下需要取消法官的聆訊資格：（1）法官實際上存有偏頗（「實際偏頗」），法官如實際上存在偏頗，則其聆訊資格必須取消，不過這種情況非常罕見；（2）法官被推定為存有偏頗（「推定偏頗」），聆訊的資格因而自動取消，倘若案件的訴訟結果對法官有金錢上或產權上的利益，則可推定存有偏頗，而法官的聆訊資格會自動取消；以及（3）法官表面上存有偏頗（「表面偏頗」），如果在有關情況下，一個明理、不存偏見、熟知情況的旁觀者的結論是，法官有偏頗的實在可能，則該法官的聆訊資格便會被取消。除了法官與所審理案件中相關人士之間的關係，以及案件對法官可能有的財務影響外，也可基於法官在過去的案件中曾表達對某人不利的意見，指稱其存在表面偏頗。

第三，法官必須正直誠實，言行得當。該原則要求法官必須勤於司法事務，力求做到守時，在履行司法職責時，有合理程度的效率；在庭內應以禮待人；尊重所有出席法庭的人。

（二）法官非司法活動行為指引

法官可以參加法庭外的專業活動，包括演講、授課、參加會議和研討會、在模擬審訊擔任裁判、當名譽主考，或以其他方式在法律和專業教育方面作出貢獻，或者在法律書籍方面，參與寫作、撰寫序言、擔任編輯等活動。當然，法官應當確保這類活動不會影響他們履行職責。在非司法活動方面，判斷法官某項非司法活動是否可以進行的標準是社會上一個明理、不存偏見、熟知情況的人，會否認為有關的行為，會影響司法獨立或公正無私，或有損司法職位的尊嚴和地位。據此，《法官行為指引》列舉了一些常見的例子，包括參與政治組織或活動，運用司法職位尋求個人利益或為家人、朋友謀求利益，使用司法機構的信箋、信封提供法律意見或品格證據等。

需要注意的是，為保證法官依法獨立、公正審判，《法官行為指引》明確規定，法官應避免加入任何政治組織，或與之有聯繫，或參與政治活動。然而，2006 年 5 月 25 日，香港報刊報道香港高等法院原訟法庭特委法官梁冰廉及香港區域法院暫委法官區慶祥為香港公民黨創黨成員，迅速引起香港各界關注及廣泛討論，各種觀念激烈交鋒。[4] 隨後，香港終審法院於 2006 年 6 月 16 日頒佈了《指引》，對這

4　支持非全職法官加入政治組織者理由如下：第一，法官享有與普通市民相同的權利與自由，包括結社自由；第二，非全職法官本身為執業律師，不屬於司法機構編制人員，不應受到與全職法官同樣的限制；第三，非全職法官本身權限已經受到限制，不參與審理公共法律案件，因此不需要限制其政黨身份；第四，法官應在何情況下取消自己某一案件聆訊資格的普通法原則，同樣適用於全職法官和非全職法官，因此，非全職法官通過迴避審理某個案件即可保障司法獨立和司法公正。具體參見〈禁兼職法官入黨或違基本法〉，《新報》2006 年 6 月 6 日，A08 版；〈兼職法官不限制入黨〉，《信報財經新聞》2006 年 7 月 25 日，P06 版。反對非全職法官加入任何政治組織者認為：第一，既然是非全職法官與全職法官同樣行使法律規定的民事和刑事管轄權，便無理由規

一問題作出解答。《指引》確定判斷非全職法官參與政治活動的適當標準是「一個明理、不存偏見、熟知情況的人會否認為以有關形式參與有關的政治活動會影響司法獨立或司法公正」。《指引》進一步說明，《法官行為指引》關於法官應避免加入任何政治組織或與之有聯繫或參與政治活動的規定適用於全職法官。非全職法官可以同時成為政黨成員，但不能積極參與政治活動。有學者認為，非全職法官和全職法官都是行使香港特區司法權的主體，對其參與政治活動的行為應當適用相同的標準，由於香港特區司法權的重要性和非全職法官委任程序的相對封閉，允許非全職法官成為政黨成員將可能加劇各方力量對香港司法權的爭奪以及對非全職法官委任的影響。因此，應當規範非全職法官參與政治活動的行為，要求非全職法官遠離政黨或者政治。[5]

筆者認為，雖然法律規定非全職法官具有並可行使相應職位的全職法官的所有司法管轄權、權力及特權，但存在以下兩種例外情形：（1）委任條款規定的例外。香港特區暫委法官由終審法院首席法官考慮到執行司法工作的利益而進行委任，終審法院首席法官可以只為了某宗指明的案件或某宗指明類別的案件根據該款委任一名暫委法官，因此，暫委法官的職權範圍受到委任條款的限制。（2）法律明確規定的例外。個別法例規定暫委法官不享有某些權力，主要有：不得擔任行政長官選舉委員會選舉主任 [6]、不得擔任受終審法院首席法官委託以合資格人士身份出任較高級法庭出庭發言權評核委員會委

定全職法官需受到行為守則的規限而非全職法官不需要受到同樣的限制；第二，就公共利益而言，司法獨立應當凌駕於結社自由之上，非全職法官既然依法行使獨立司法權等非一般市民所享有的權力，就有理由受到約束。參見馬力：〈兼職法官參政應受限委任〉，《星島日報》2006 年 5 月 13 日，A23 版；曾鈺成：〈法官入黨指引有漏洞〉，《文匯報》2006 年 6 月 1 日，A23 版；李國英：〈法官入黨尤為司法獨立無私原則〉，《文匯報》2006 年 6 月 8 日，A26 版。

5　參見張淑鈿：〈對香港終審法院《關於非全職法官參與政治活動的指引》的法理探析〉，《政治與法律》2013 年第 3 期。

6　《行政長官選舉條例》（第 569 章）第 41 條。

員和主席。[7] 此外，司法機構實際案件編排中，存在着一些「不成文慣例」，即出於各種考慮，某些類型的案件不會編排給非全職法官審理。因此，實踐中非全職法官實際聆訊的案件類型與同職位全職法官之間仍然存在一些區別。從性質上看，非全職法官的全職工作是律師，他們只在有限的時間內聆訊案件，要求非全職法官與全職法官一樣不得參與政黨並不具有可行性，也會極大影響律師應聘暫委法官的積極性。

▍二、針對法官行為（不包括司法判決）的投訴機制

為維持司法機構的獨立性，提高司法的權威性和公信力，保障個人的權利和自由，香港特區司法機構內部設立了專門針對法官行為（不包括法官所作的司法判決）的投訴機制（相關機制也適用於其他司法人員）。以此對法官的專業才能和品格操守進行監督，確保因法官行為而引起的投訴得到公平和妥善的處理。針對法官行為的投訴機制是香港特區司法機構內部監督法官行為的重要方式。根據司法機構的統計，2011-2015 年香港特區司法機構處理投訴個案共 697 宗，平均每年約 140 宗。但其中大部分是針對司法決定的投訴，針對法官行為的投訴僅 142 宗，平均每年約 28 宗；同時投訴司法決定和法官行為的共 152 宗，另外 9 宗為針對有關法院領導處理投訴的方法所提出的投訴個案。[8] 相對於香港司法機構每年處理的案件數量來說，被投訴的個案數量所佔比例還是非常小的。下面將對這一投訴機制的具體情況進行介紹。

7　《法律職業者條例》（第 159 章）第 39E 條。

8　香港特區司法機構年報（2011-2015 年），香港特區司法機構：https://www.judiciary.hk/zh/publications/publications.html#annu_report（最後訪問時間：2021 年 3 月 28 日）。

（一）投訴處理主體

所有關於法官的投訴均由終審法院首席法官或有關法院級別的法院領導處理，而投訴法官行為秘書處則提供行政支援。具體而言，對不同法官的投訴處理主體如下：

表 6-3：投訴處理主體情況統計表

被投訴的法官	處理投訴的法院領導
終審法院法官	終審法院首席法官
高等法院首席法官	
首席區域法院法官	
總裁判官	
高等法院法官	高等法院首席法官
土地審裁處庭長	
區域法院及家事法庭法官	首席區域法院法官
土地審裁處法官及成員	
裁判法院主任裁判官、裁判官及特委裁判官	總裁判官
勞資審裁處主任審裁官及審裁官	
小額錢債審裁處主任審裁官及審裁官	
死因裁判法庭死因裁判官	

如法院領導認為由其親自處理某宗投訴會實際上存在或者令人感覺存在利益衝突，則該領導可以指示另一位法官處理該宗投訴。

（二）處理投訴的程序

投訴必須以書面形式提出，投訴書必須以郵遞方式送交。司法機構接到投訴後，會在 7 個工作日內向投訴人覆函確認收到投訴。收到投訴後，有關院領導會對事件進行調查（調查只會在所有相關法律程

序完結之後才會進行），調查方式主要為翻查有關的法院檔案，以及聆聽聆訊錄音。如有需要，亦會向投訴人索取其他有關的資料。投訴處理時間視乎投訴的性質、所涉事件的複雜程度以及有關事件的個別情況而定。法院領導在調查後，會書面回覆投訴人。

若針對法官及司法人員行為的投訴成立，有關事宜會轉介予終審法院首席法官，以供考慮應否根據基本法第 89 條或《司法人員（職位任期）條例》（第 433 章）任命審議庭，亦可於適當時候將有關事宜知會司法人員推薦委員會。終審法院首席法官或者法院領導會按情況給予有關法官一些忠告。如屬針對法官所作司法判決而提出的投訴，司法機構會告知投訴人，他們應按照現有法律程序提出上訴，以跟進其個案。

（三）法官行為投訴機制面臨的挑戰

1. 如何在尊重司法獨立和維護投訴機制的透明度、公信力之間求取平衡？針對法官及司法人員行為的投訴只由終審法院首席法官及法院領導處理，缺乏外部監督機制，公眾無法參與到相關程序中來，終審法院首席法官或者法院領導的投訴處理結果很難令人信服。因此，是否可以考慮設立一個獨立機構，專門處理針對法官行為的投訴？筆者認為，針對法官行為投訴的處理屬於司法機構內部事宜，為了保障司法獨立，不應受到政府或者其他機關的干預。而且根據基本法第 89 條確定的框架，審議法官免職事宜的審議庭全部由法官組成，那麼處理針對法官行為的投訴也應當由司法機構內部進行。況且，如果法官有其他違法犯罪行為，還可以根據專門的法律程序進行制裁；或者當事人對司法判決有所不滿，也可以通過上訴程序加以解決。總之，針對法官行為的投訴機制只是司法機構為了提高司法公信力，確保法官恪守最高標準的行為準則，樹立法官良好形象的一種內部監督方式，應由司法機構內部進行處理。當然，為了提高透明度，司法機

構亦承諾會自 2016 年起，在適當情況下，每年向公眾發佈有關針對法官及司法人員行為而獲證明屬實及證明部分屬實的投訴的統計數字與詳情。

2. 如何防止司法機構通過內部處分程序變相代替刑事處罰程序？為維護司法機構的獨立性，內部事宜應由司法機構內部進行，但首要前提是區別行為的性質，即法官行為屬於違反香港特區法例的行為還是違反司法機構自行制定的操守規則的行為，對不同行為應當設定不同責任，有不同的處理方式。司法機構內部只能設定違紀責任，處理違紀行為和明顯較輕微的違法行為。對於明顯的違法行為，司法機構不能堅持內部處理的原則對法官進行違紀處分，從而變相賦予法官豁免權。特別是對於違犯刑事條例的行為，司法機構更加無權把本應追究刑事責任的行為納入違紀責任的形式之中。

三、其他監督方式

法官行使審判權，是保障市民基本權利和自由的「最後一道防線」，為確保司法的獨立性和公正性，法官的權益應當得到充分保障。但這不代表法官的行為不受外界監督，也正是由於司法工作對維護社會公平公正和市民基本權利的重要性，司法不能成為一個完全封閉、不受監督的系統。除了上述司法機構內部針對法官行為設置的投訴處理機制，香港特區對於法官的監督方式主要還有以下幾種：

（一）同行評價

香港法律群體的不同角色之間是互動式而不是相互割裂的。法律職業的准入大權掌握在本港三所公立大學的法學院手中。想要從事法律職業必須先攻讀法學學士（LLB）課程，之後申請法學專業證書（PCLL）項目。獲得證書後，想要當事務律師（Solicitor）就

到律師所做實習律師（Trainee Solicitor），想要當出庭律師或「大律師」（Barrister）就去當一位執業大律師的學徒（Pupillage）。幾乎所有法官都有大律師的執業經驗。「共同的教育背景、訓練經歷和職業道路使得法學教師、律師、檢察官和法官分享着同樣的價值觀和知識儲備。」[9] 較小的地域空間、嚴格的律師分級制度、互動式的職業交流，使香港法律職業群體成為一個極具凝聚力的共同體。法律職業群體中的人對香港特區的法官們耳熟能詳，對專業精神和職業榮譽感的追求使得法官最在意的往往不是「上級領導」的評價，而是法官同人、法學家和律師對他們判決的評價。因此，為了在法律同行中獲取良好的聲譽，法官們兢兢業業，重視自己作出的每一份判決，努力樹立自己的良好形象，同行評價成為影響、塑造和監督法官行為的重要因素。

（二）上訴監督

香港司法機構的法官行為投訴機制不包括針對司法判決的投訴。任何一方若不服法官的判決，可根據現有法律條文，通過法律程序提出上訴。上訴程序既是對當事人的救濟途徑，也是上級法院監督下級法院的重要方式，下級法院法官判決的錯誤之處可以通過上訴程序得到糾正。根據目前香港法院的等級分類，高等法院上訴法庭受理原訟法庭和區域法院的上訴，高等法院原訟法庭則受理來自裁判法院的上訴。香港終審法院是香港特區最高的上訴法院，審判來自香港高等法院的民事及刑事上訴案件，對香港司法管轄權範圍內的訴訟具有最終審判權。但是，上訴至終審法院必須先徵得終審法院的許可。一般只有在案件涉及十分重大或具有普遍重要性的問題，或者已經出現了嚴重不公正現象時，才可以上訴到終審法院。

9　鄭戈：〈香港司法如何做到無懼無私〉，《中國法律評論》2014 年第 1 期。

（三）法例監管

香港特區法官也享有香港市民的基本權利，承擔香港市民的基本義務。如果法官行使了犯罪行為或者法律禁止的行為，同樣也需要被追究法律責任。法官行為受香港特區法例監管。同時，針對公職人員，根據《防止賄賂條例》（第 201 章）第 3 條，任何訂明人員未得行政長官一般或特別許可而索取或接受任何利益，即屬犯罪。

第七章

香港與我國其他地區的司法協助機制

隨着經濟的發展，涉外民商事活動越加頻繁，由此產生的糾紛也日益增加；跨國或者跨區域犯罪不斷增多，聯合打擊國際恐怖主義犯罪、毒品犯罪等需求也日益迫切。因此，不同國家或地區之間的司法合作非常重要。香港回歸後，實行有別於我國其他地區的社會制度和司法制度，享有獨立的司法權與終審權，成為我國一個單獨的法域。基本法第 95 條和第 96 條分別對香港特區與我國其他地區的司法協助和香港特區與外國的司法互助作出概括性安排。但在實踐中，由於法律觀念、法律體系、法律制度等因素的影響，香港特區與其他國家或者地區，尤其是與我國內地之間的司法協助存在諸多阻礙，區際司法協助發展進程緩慢。本章擬在基本法規定的基礎上，分析香港與我國其他地區的司法協助和香港與其他國家的司法互助實踐情況，重點探討以下幾個問題：第一，香港與其他國家或地區的司法合作方式有哪些？目前的實踐狀況如何？第二，阻礙我國內地與香港特區進行司法協助的主要因素有什麼？如何逐步推進我國內地與香港特區的司法協助工作？第三，我國區際司法協助須遵循哪些原則？基本法規定香港特區與全國其他地區的司法機關通過協商依法進行司法方面的聯繫和相互提供協助，這是一種什麼性質的權力？香港特區是否有維護國家法制統一的默示義務？如果香港特區一直不能與內地達成司法協助方面的協議，中央是否能夠收回授權，由其統一立法？公共秩序保留、政治犯不引渡、雙重犯罪等原則是否適用於我國區際司法協助？第四，在具體制度安排上，我國內地與香港特區簽訂司法協助協議的主體是什麼？基本法第 95 條規定的「全國其他地區的司法機關」是指哪些機關？請求協助的具體程序包括哪些？

內地與香港司法協助的性質、原則及模式

◇◇◇

一般而言，根據主體的不同，司法協助分為兩種類型。第一種是國家之間基於主權平等原則，在互利互惠和平等協商的基礎上進行的國際司法協助；第二種是在一個國家內部不同法域之間的區際司法協助。我國堅持貫徹「一國兩制」，香港特區和澳門特區分別成為獨立的司法區域，實行有別於我國內地其他地區的司法制度，成為世界上唯一一個兩種社會制度和多個法域並存的單一制國家。因而特別行政區對外法律關係上產生了一些新情況，既有香港特區與我國內地之間、香港特區與澳門特區之間的司法協助問題，又存在香港特區與外國之間的司法互助問題。考慮到這一點，筆者在下文中統一使用司法合作一詞來概括香港與我國內地其他地方的司法協助以及香港與外國的司法互助。

一、香港與其他國家或地區司法合作的類型

司法合作是指一方司法機關應另一方司法機關的請求，代為進行某些訴訟行為或提供一定的協助，包括送達訴訟文書、代為調查取證、代為詢問證人，以及承認和執行對方法院判決和仲裁裁決等。在刑事司法協助領域，除了代為送達訴訟文書、調查取證等之外，還包

括逃犯的移交、刑事訴訟的移送管轄等。[1] 廣義的司法合作，還包括兩地司法機關相互交流、訪問、實習和培訓等活動，筆者在此不予詳述。基於「一國兩制」方針，香港特別行政區與其他國家或地區的司法合作問題內容更加豐富，類型更加多樣，不同類型適用的原則和合作的內容均有差異，有必要先對其予以區分和清晰的界定。

（一）區際司法協助和香港與外國的司法互助

從合作對象區分，香港特區與其他國家或地區的司法合作類型可以分為香港特區與我國其他地區的區際司法協助和香港特區與外國的司法互助。所謂區際司法協助，是指同一主權國家內部不同法域的司法機關應另一法域的司法機關或者當事人的請求，代為履行某些司法行為，包括送達訴訟文書、調查取證以及承認與執行法院判決和仲裁裁決等。[2] 香港特區與外國的司法互助是指香港特別行政區在中央人民政府協助或授權下，與外國就司法互助關係作出安排。

由於合作對象的不同，一個是同一主權國家下不同法域司法機關之間的合作，一個是涉及外國的司法互助，因而兩者在適用的原則和具體制度安排上有所區別。基本法對香港特區與我國內地其他司法機關的司法協助採取的是概括授權的方式，即香港特區通過協商即可與全國其他地區的司法機關依法進行司法方面的聯繫和相互提供協助，不需要另行獲得中央的授權；而對於香港與其他國家的司法互助則採取具體授權的方式，香港特區與其他國家就司法互助事項進行安排必須有中央的協助或者授權，中央有權審查相關安排是否符合基本法的規定。

需要注意的是，香港特區與外國的司法互助有別於主權國家之間

1　〔日〕寺澤一、山本草二主編，朱奇武等譯：《國際法基礎》，北京：中國人民大學出版社 1983 年版，第 153 頁，轉引自鄒平學等：《香港基本法實踐問題研究》，北京：社會科學文獻出版社 2014 年版，第 767 頁。

2　參見黃進：《區際衝突法研究》，上海：上海學林出版社 1991 年版，第 75-80 頁。

的司法協助。國際司法協助，是各主權國家之間為了實現各自的司法權而相互提供便利的活動。一般而言，只有平等主體之間才能夠就某些合作事項達成協議，然而，我國中央授予特別行政區高度自治權，其範圍非常廣泛，甚至比聯邦制國家下各州的自治權範圍還要廣。中國主權管轄下的香港特別行政區在對外事務方面享有高度自治權。即便如此，香港特區只是我國單一制國家下的一個地方行政區域，香港特區與外國就司法互助關係作出安排必須與香港作為非主權地區的地位相適應，其權力會受到一定的限制。為了與國際間的司法協助作出區分，基本法創造性地採用了「司法互助」這一詞彙，以免在實踐中造成混淆。香港特區與外國就司法互助關係作出安排既涉及中央政府的對外權力，又涉及特區被授予的對外權力，必須由中央協助或者授權，不能單獨進行，更加不能以一個主權國家的身份進行。因此，國家主權原則等國際司法協助的基本原則在香港並不適用。

（二）民商事司法合作與刑事司法合作

從合作類型上區分，香港與其他國家或地區的司法合作可以分為民商事司法合作和刑事司法合作。司法案件類型分為刑事訴訟、民事訴訟和行政訴訟，行政訴訟一般不涉及到司法協助的問題，國家之間以及地區之間的司法合作主要是民商事司法合作和刑事司法合作。兩者具有以下幾點區別。

第一，合作的程度和範圍不同。相對於刑事司法合作，民商事司法合作的範圍一般更廣一些。隨着經濟的全球化和國際交流合作的不斷深化，不同國家共享着契約自由、私法自治等原則和精神，民商事法律更加容易趨於一致。因此，各國在民商事法律方面的衝突相對較少，更加容易得到對方的認可，雙方的合作具有更堅實的基礎。反觀刑事司法領域，各國有關如何區分罪與非罪、如何設置罪名、是否保留死刑等的刑事實體法，以及有關證據制度、審級制度、辯護制度等

刑事程序法都有較大差異，有的甚至截然相反，分別堅持不同立場而難以妥協。因此，刑事司法合作要經過反覆磋商和妥協才能達成，並且在合作範圍上也會有所限制。

第二，合作的具體原則不同。由於涉及的案件類型不同，兩者在合作的具體原則上也有差異。例如，刑事司法合作一般強調罪行法定原則、適用法律人人平等原則、屬地管轄原則、無罪推定原則、正當程序原則等。而民商事司法合作一般強調公平原則、自願原則、協議管轄原則、處分原則等。

第三，合作的目的不同。總的來說，民商事司法合作和刑事司法合作都是為了相互提供便利以保證實現本國或本法域的司法權。但具體而言，民商事司法合作的目的主要是妥善處理民商事糾紛，為經濟發展提供較好的法律保障和制度保障。而刑事司法合作的主要目的在於有效控制跨境犯罪，因此，刑事司法合作主要集中在兩地警務合作和引渡、追贓等領域。

二、內地與香港司法協助的基礎和原則

香港特別行政區成立之後，我國成為一個多法域並存的單一制國家。與聯邦制國家不同，在各法域之上，我國並沒有一套相對完整的聯邦法律制度對各法域的司法協助問題進行統一規定和協調。與其他國家相比，我國區際司法協助問題的產生有其獨特的歷史背景、法制原因和現實基礎。因此，解決我國內地與香港特區司法協助問題，不能簡單地套用其他國家區際司法協助的模式，更不能適用國際司法協助的方式，應當堅持其獨特的幾點原則。

（一）區際司法協助產生的前提和基礎

1. 多法域並存是產生區際司法協助的前提條件

「法域」一詞是對主權國家內部獨立法律區域的表述，當同一國家內各地方區域的自治權發展到擁有獨立的立法權和司法管轄權時，便形成彼此間具有平等地位的法域。[3] 區際司法協助的產生是以一個國家內部存在不同法域為前提的。根據「一國兩制」方針和基本法的規定，香港特別行政區和澳門特別行政區成立後，中央授權特別行政區依照基本法的規定實行高度自治，享有行政管理權、立法權、獨立的司法權和終審權。香港原有法律除同基本法相抵觸或經香港特別行政區的立法機關作出修改者外，一律予以保留。因此，沿襲英國普通法傳統的香港特區與深受大陸法影響的我國其他地區在法律傳統和法律制度上保留着明顯的差異，使我國在一國範圍內產生了多個地位平等的法域。不同法域之間在國家主權統一的前提下擁有彼此獨立的司法管轄權，使得各法域的司法機關只能在本法域內行使司法權力，當其司法權力需要向外延伸時，則產生了區際司法協助的需要。

2. 兩地經貿往來是促使區際司法協助的現實基礎

一方面，兩地密切的經貿往來產生區際司法協助的現實需求。隨着我國內地經濟的繁榮發展，與香港特區在經貿方面的合作空間不斷增大，特別是在 CEPA 及其補充協議陸續簽訂後，兩地建立了更加緊密的經貿合作關係。不同法域之間的經貿往來必然導致跨區域法律糾紛的增加，需要各法域加強合作，才能妥善解決相關糾紛。因此，加強內地與香港特區的司法協助是妥善解決涉及不同法域的法律糾紛，維護交易安全、交易秩序和實現公民基本權利的必然要求。

另一方面，經貿往來促使兩地法律文化和制度的交流，為內地與香港特區開展司法協助提供了良好的基礎。內地與香港特區在經濟、

3　鄒平學等：《香港基本法實踐問題研究》，第 768 頁。

文化、法律制度方面都有着較大的差距和本質上的區別，由於對對方法律制度缺乏了解，難免會出現一定的排外情緒和恐懼心理。在內地和香港特區的經貿往來過程中，兩地的合作與交流進一步加強，特別是法律服務市場的開放為雙方了解對方的法律提供了現實基礎。兩地的合作與交流加深了雙方法律工作人員對彼此法律文化、制度和規則的認識，同時也為兩地開展司法協助提供了可能性。

（二）內地與香港司法協助的原則

原則應當具有高度的概括性和抽象性，應當能夠反映相關制度的基礎和思想內核。關於內地與香港特區司法協助的原則，學者們總結的有：「一國兩制」原則、協商原則、互惠原則、便捷高效原則，[4] 以及互不干預、互相尊重、平等互利、協商聯繫、依法進行的原則 [5]；但這些原則有一些具有重合性，如互相尊重原則和互不干預原則；有些具有包含關係，如「一國兩制」原則和協商原則；有些原則不能體現內地與香港特區司法協助的特殊性，如依法進行原則。綜合以上各方面因素，筆者認為，內地與香港特區司法協助應當遵循「一國兩制」原則和便捷高效兩點原則。

1.「一國兩制」原則

「一國」指國家的統一、主權的完整和領土的安全。「兩制」指兩種制度並存，特別行政區實行高度自治。「一國兩制」原則是我國內地與香港特區開展司法協助的根本原則。

首先，「一國」要求區際司法協助要維護國家主權統一，區際司

4　參見穆紅玉：〈略論我國區際刑事司法協助的性質和內涵〉，載趙秉志、何超明主編：《中國區際刑事司法協助探索》，北京：中國人民公安大學出版社 2002 年版，第 40 頁。類似觀點還有孫力：〈關於我國區際刑事司法協助問題的若干思考〉，載趙秉志、何超明主編：《中國區際刑事司法協助探索》，北京：中國人民公安大學出版社 2002 年版，第 63 頁。

5　參見嚴勵：〈內地與香港特區司法協助問題研究〉，《上海市政法管理幹部學院學報》2000 年第 2 期。

法協助具有一定的強制性和義務性，相互協助的條件要比國際司法協助寬鬆。國際司法協助強調主權原則，是否提供協助、如何進行協助完全取決於一國的自主決定。而區際司法協助則是在一個主權國家的範圍內，雖然中央授權香港特區實行高度自治，形成單獨的法域，但在中央授予香港特區高度自治權並允許多法域並存的同時，香港特區也應履行維護國家主權統一和法制統一的義務。為了保證國家主權的統一，必須給各法域施加一種義務，即在彼此之間提供民商事司法協助。這種區際司法協助的義務是由國家主權的統一決定的，它是國家主權統一的必然要求。例如，美國憲法要求各州要「充分信任和尊重」，英國、澳大利亞等國各法域之間司法協助的條件也非常寬鬆，這寬鬆的背後使我們看到了對國家司法主權和司法統一的強調和重視。

其次，「兩制」要求各法域之間平等協商、相互尊重，我國區際司法協助完全由各法域之間通過協商依法進行，與其他國家的區際司法協助有顯著區別。關於香港特區與我國其他地方的司法協助問題，我國憲法沒有任何規定，而基本法第 18 條第 2 款和第 3 款又明確規定，全國性法律除列於基本法附件三者外，不在香港特別行政區實施，任何列入附件三的法律，限於有關國防、外交和其他按本法規定不屬於香港特別行政區自治範圍的法律。因此，我國沒有統一的中央機構或者憲法性規定對各法域之間的司法協助問題進行協調。根據基本法第 95 條的規定，香港特別行政區可與全國其他地區的司法機關通過協商依法進行司法方面的聯繫和相互提供協助。內地與香港特區、澳門特區的法律地位是平等的，要在思想上樹立互相尊重、互惠互利的觀念，不能一味從本法域的法律制度和法律觀念出發，對區際司法協助加以種種限制。從理論上講，一個國家內部的各法域處於所在國的主權之下，要受到中央立法特別是受到憲法的制約，像我國這樣缺乏一個統一的、權威的中央立法進行調整，完全由各法域之間進

行平等協商的情況，在其他國家的區際司法協助中是比較罕見的。可以說，特別行政區自治權的程度是史無前例的，這也是「兩制」的具體表現。

2. 便捷高效原則

兩地司法協助應當本着實事求是的務實態度，以方便案件處理和提高司法效率為原則，使案件處理收到最好的效果。一方面，內地與香港特區的司法協助不存在國際司法協助中的主權問題，因此，在合作中不需要像國際司法協助那樣設計複雜、繁瑣的程序。應當力求程序簡單、手續便捷，減少不必要的環節，減少程序上的限制性規定，以提高兩地司法協助的效率，降低司法工作成本。唯有如此，方能實現司法協助的價值。同時，高效處理涉及不同法域的法律糾紛，也有利於及時保障當事人的合法權利，保障訴訟程序的順利進行，維護各自法域的社會穩定和經濟發展秩序。

三、區際司法協助機制比較研究

區際司法協助發生在具有多個法域的國家之內，常見於美國、加拿大、澳大利亞等聯邦制國家。而我國是在單一制國家基礎之上授予香港、澳門特區高度自治權的，特區原有的法律制度和生活方式保持不變，由此才產生了「一國兩制多法域」的問題。「在中華人民共和國憲法下的中國法律包括社會主義法律體系、普通法系、大陸法系在內的多元化法律體系存在於我們統一的國家中，這是史無前例的，這些法律體系各有其法律地位，將互相影響，互相起着積極作用，成為人類文明史和法律史上的奇觀」[6] 因此，我國的區際司法協助與其他國家的區際司法協助在國家結構、發生機制、法制背景、法律依據等

6　參見蕭蔚雲：《論香港基本法》，北京：北京大學出版社 2003 年版，第 801 頁。

方面都有較大的差異。但這並不影響我們對其他國家區際司法協助機制進行分析和借鑒，以此完善我國內地與香港特區的司法協助制度。

（一）美國模式

「美國的區際司法協助調整模式是憲法規定基本原則、各州自願參加統一州立法、各州單獨立法、並輔以示範法的方式。」[7] 美國一共有 52 個司法管轄區，在美國聯邦憲法之下，各個州還有自己的州憲法，每一個司法管轄區都是一個單獨的法律系統。美國聯邦憲法確定了「聯邦優先」和「充分信任和尊重」原則。「聯邦優先」原則解決了聯邦法律與州法律間的衝突問題。憲法第 6 條規定，本憲法及依本憲法所制定之合眾國法律，以及合眾國已經締結及將要締結的一切條約，皆為全國之最高法律；每個州的法官都應受其約束，任何一州憲法或者法律中的任何內容與之抵觸時，均不得有違這一規定。對於各州之間的法律衝突問題，憲法第 4 條第 1 款規定，各州必須對他州之法律及司法裁判權給予充分信任和尊重。該條款為美國各州開展區際司法協助提供了憲法上的依據。同時，由美國各州聯合設定一個半官方的機構，即「統一州法委員會全國會議」，負責擬定全美統一的法規草案，經全體會議通過後建議各州採用。此外，美國還通過一些官方、半官方或民間組織提供不具有法律效力的「示範法」，在「示範法」的基礎上，各州立法機關進行類似的立法，在此基礎上實現法律的統一。

（二）澳大利亞模式

澳大利亞有聯邦法院和州法院兩套司法系統。高等法院、聯邦法院和家庭法院的判決在整個澳大利亞聯邦內均有效，各州司法機關應

7　趙秉志主編：《中國區際刑事司法協助新探》，北京：中國人民公安大學出版社 2010 年版，第78 頁。

協助予以承認和執行。至於區際司法協助，澳大利亞主要通過聯邦立法的模式來解決。各州法院作出的判決一般比外國法院作出的判決更容易得到承認和執行。這是因為：（1）聯邦成文法要求各州在整個聯邦內承認和執行他州法院的判決；（2）聯邦憲法也要求各州負有給予這種判決以充分信任的義務。另外，聯邦立法《送達和執行程序法》第4篇也制定了關於在整個邦內執行他州法院判決的簡單程序，即勝訴原告可以從作出判決法院的法官那裏取得一份注明判決主要內容的證明，然後向聯邦另一州縣有管轄權的法院出示該證明，據此要求法院予以註冊或登記，爾後該判決便如同本州法院的判決一樣具有執行效力。[8]

（三）英國模式

英國主要由英格蘭、蘇格蘭、威爾士和北愛爾蘭組成，共有三個立法權和司法權相對獨立的法域，不同法域之間的法律制度不盡相同，尤其是奉行普通法和判例法的英格蘭和深受大陸法影響的蘇格蘭，在法律理念、法律制度和法律規則等方面都有顯著區別。英國主要以統一立法和分別立法相結合的形式解決區際司法協助問題。1982年聯合王國頒佈《民事管轄與判決法》，全面而具體地規定了聯合王國內各法域間的區際司法協助關係，即不同法域的各級法院判決可在他方高等法院登記，登記法院按不同的登記請求依法進行審查，一經登記，判決即在該法域自動生效。但這種成文法制度只適用於金錢判決（即有給付內容的判決），而不適用於其他方面的判決，也不適用於繳納稅款和罰金方面的判決。[9] 按照普通法制度，有關判決要獲得其他地區的承認和執行，須向執行地法院提起一項新的訴訟，由其重

8 　李新天：〈論大陸與香港司法協助的模式〉，《法學評論》1997 年第 2 期。

9 　參見劉振江：《國際民事訴訟法原理》，北京：法律出版社 1985 年版，第 130 頁，轉引自李新天：〈論大陸與香港司法協助的模式〉，《法學評論》1997 年第 2 期。

新作同一項簡要的判決，下令強制執行。這種做法便於各法域依據自己的法律法規來審查其他法域的法院所作出的判決，但是程序過於繁瑣，不符合加強區際司法協助、促進經濟一體化下「判決自由流動」的初衷。

四、內地與香港司法協助的模式選擇

如上所述，各國結合自己國家的法律特點，在區際司法協助上形成不同的模式。學者們汲取不同國家的立法和實踐經驗，結合我國具體情況，提出各種觀點和建議。關於內地與香港特區司法協助的模式，較具有代表性的觀點有中央立法模式、簽訂區際協議模式、示範法模式、參照適用國際條約模式、中心機關模式、「一國兩制」模式、靈活模式等等。[10] 下面一一進行分析。

（一）不同模式的評析

1. 有些模式過分強調「一國」，忽視了「兩制」，或者過分強調「兩制」，忽視了「一國」，都與我國區際司法協助的性質和基本原則不相符合。例如國際條約模式和中央立法模式。有的學者認為，即使在香港主權收回之後，仍可繼續利用國際條約和國際私法規範指導兩地的司法協助，國際公約中某些已經被各國普遍採用的司法協助規則，只要不危害國家主權，則可通過其他的形式為我所用。即採用「準國際司法協助模式」和「國際條約模式」。[11] 雖然這種模式運用起來比較方便，但過分強調「兩制」，與「一國」前提下的區際司法

10　參見趙秉志、黃曉亮：〈中國區際刑法問題研究綜述〉，載趙秉志主編：《中國區際刑法問題專論》，第 386-392 頁。

11　徐昕：〈中國區際司法協助方案選擇〉，《政治與法律》1996 年第 1 期。類似觀點可參見鄧基聯、王勇：〈區際刑事司法協助的幾個問題〉，載趙秉志、何超明主編：《中國區際刑事司法協助探索》，第 83 頁。

協助的性質不符，違背了區際司法協助的理論。

有學者認為，「由全國人民代表大會制定一個統一適用於中國各法域的司法協助法律，這是解決中國區際司法協助最有效和最根本的辦法。」[12] 例如英國，採用了統一立法的模式來協調各法域之間的法律衝突。這種方式也比較直接有效，但過分強調「一國」，而忽略了「兩制」。尤其是我國全國性法律除列於基本法附件三者外，不在香港特別行政區實施。而且任何列入附件三的法律，限於有關國防、外交和其他按本法規定不屬於香港特別行政區自治範圍的法律。所以，並不存在由中央統一立法並適用於香港特區的可能性，這點與英國不同，「英國議會制定的法律仍然屬於全國性法律，在全英國所有區域發揮作用，各法域間的區際司法協助關係也是由英國樞密院加以協調的，所以該國各法域的立法和司法自治權在客觀上受到了很大的限制。」[13]

2. 有些模式沒有切合我國具體實際，缺乏可操作性，例如示範法模式和憲法限制模式。有學者認為，可以借鑒美國經驗，在中國建立一個全國各法域公認的、由權威的研究機構或類似機構，先制定一項關於各法域之間進行區際司法協助的「示範法」，並廣泛徵求意見，經有關法域簽字認可後生效。[14] 這種方式也存在一定的問題。首先，要找到一個各法域都公認的權威組織並不容易；其次，示範法僅具有引導作用，能否實際解決區際司法協助的問題還無法確定；最後，美國採取示範法模式是因為美國共有 52 個州，若由各個州之間相互進行磋商再達成協議，需要耗費過多的精力，而我國並不存在這個問題，實際上如果能夠形成一個各法域都認可的示範法，也就相當於內

12　參見黃進、黃風主編：《區際司法協助研究》，北京：中國政法大學出版社 1993 年版，第 51 頁。

13　王仲興、郭天武主編：《內地與香港刑事司法合作研究》，北京：北京大學出版社 2008 年版，第 212 頁。

14　參見樊成瑋：〈論中國內地與港澳台區際司法協助的幾個問題〉，載黃進、黃風主編：《區際司法協助研究》，第 50-52 頁。

地與香港特區已經可以達成區際司法協助協議了。

3. 有些模式僅僅是對具體工作活動和機制的揭示，要素並不完備。如中央機關模式。這種模式可以細分為單一中心機關模式、分片中心機關模式、統一中心機關模式幾種。[15] 這種模式僅僅是針對司法協助工作具體如何開展而設計，如由哪個機關代表各法域進行司法協助等，但這些具體設計並沒有解決如何制定區際司法協助協議、如何解決區際司法管轄權衝突等問題。

（二）內地與香港特區司法協助的模式

綜合考量上述各種因素，筆者認為，內地與香港特區司法協助應當採取雙邊協議的模式，以基本法第 95 條為基礎逐步推進內地與香港特區的司法協助。基本法為我國區際司法協助提供了法律基礎，司法協助由香港特別行政區與全國其他地區的司法機關通過協商依法進行。具體而言，此模式涉及以下幾個問題。

首先是參與協商的主體。基本法第 95 條所指的「司法機關」包括哪些機關？一種觀點認為，以兩種法律制度對等的要求看，應由內地中央司法機關與香港最高司法機構作為協助主體，即所有涉及兩地司法協助的問題均應由中央司法機關出面與香港特別行政區司法機關及其終審法院協商處理。另一種觀點認為，香港作為一個地方行政區域，不能也不應該作為中央司法機關的「對等」協助主體，只有各省、直轄市、自治區才能作為同香港進行司法協助的對等主體。[16] 筆者認為，內地與香港特區是以兩個平等法域的地位進行協商的，在內地須由一個能夠代表內地法院的機關進行，因此，這個機關應為中央級的部門，而且根據區際司法協助實踐的需要，須從廣義的角度理解

15　參見聶立澤、何文苑：〈論中國區際刑事司法協助模式之構建〉，載趙秉志主編：《中國區際刑事司法協助新探》，第 81 頁。

16　劉憲權：〈香港回歸後面臨的法律問題〉，《當代法學研究》1998 年第 2 期。

「司法機關」，既包括最高人民法院，也包括最高人民檢察院、公安部。香港特區雖然是我國的一個地方行政區域，但其享有終審權，在案件的管轄權上是獨立於最高人民法院的。此時，中央司法機關並不是以中央的身份與香港特區進行協商，而是代表內地整個法域。雖然部分省或者市由於地緣關係等原因，與香港特區會有更加密切的合作安排，但這些地方不能代表內地整個法域，只能在中央司法機關的授權下與香港特區就一些具體事項進行安排，避免了將這些主體之間都理解為平等主體的問題。否則，中央一級司法機關與省、自治區、直轄市甚至某些地級市都屬於與香港特區進行區際司法協助的主體，邏輯上難以自洽。

其次是司法協助的範圍。內地與香港特區的司法協助是在一個主權國家內部的司法協助，協助的內容應當最大限度地滿足於維護交易秩序、保障公民權利和控制犯罪的目的。因此，應從廣義角度理解司法協助的範圍，既包括司法文書的送達、協助調查取證，亦包括仲裁裁決和判決的承認和執行。

最後是簽署協議的方式。如果採取「一攬子」的方式，簽訂一個總體協議，由於有些內容爭議較大，需要更長的時間進行協商，容易因某些問題而阻礙了整個協議的進展，不利於及時固定已有協商成果。因此，在具體操作上，可以採取分階段解決的方法，先就爭議較少的內容、急需解決的問題進行協商，成熟一個簽訂一個，最後形成完備的區際司法協助體系。

問題在於，如果兩地一直不能就司法協助事項達成協議，應當如何解決區際法律衝突和司法協助的問題？顯然，如果一直維持着這種區際法律衝突的狀態，將極大地阻滯兩地經濟一體化的發展，也不足以應對跨境犯罪日趨嚴重的現實。筆者認為，中央授予香港特區高度自治權隱含着維護和促進國家統一的根本任務。授予香港特區高度自治權本來就是維護國家主權統一的方式。作為我國的地方行政區域，

維護主權統一、法制統一，促進各方面交往也是香港特區的義務。根據「兩制」原則，中央授予香港特區獨立的司法權和終審權，香港特區可以與全國其他地區的司法機關通過協商依法進行司法方面的聯繫和相互提供協助。但如果雙方遲遲未能達成相關協議，中央可以考慮採取統一立法的模式進行規範。當然，法律的統一是一個長期和漸進的過程，而且要遵守基本法中「五十年不變」的精神，統一立法應當建立在充分尊重「兩制」的基礎上，在尊重各法域法律制度的前提下進行立法，而中央統一立法只是作為長遠之計，須待幾十年後條件成熟時才進行。

內地與香港民商事司法協助機制

◇◇◇

　　關於民商事司法協助的內容，各國的認識並不一致。概括起來，一般有狹義和廣義之分。狹義的民商事司法協助只包括在民商事案件中協助送達文書和調查取證，不包括外國判決的承認與執行。廣義的民商事司法協助則將外國判決的承認和執行也包括在內。然而，無論是持狹義的觀點還是持廣義的觀點，都不否認民商事判決的承認和執行及送達文書、調查取證一樣，存在相互合作的必要性。我國民事訴訟法採取的是廣義的司法協助的概念，在「司法協助」一章中，合併規定了文書的送達、調查取證、外國判決和仲裁裁決的承認與執行幾方面的內容。本書關於內地與香港特區民商事司法協助的論述，也將從廣義的角度出發，對相關問題予以探討。

　　香港特別行政區成立以後，特別是在香港自由行和 CEPA 及其補充協議實施以來，與內地的經貿交往越來越密切，跨區域法律糾紛也隨之增多。妥善解決涉及不同法域的法律糾紛，需要各法域司法機構相互協助與配合。當下，我國正處於共建「一帶一路」的過程中，香港特區要抓住發展機遇，必然需要加強與內地的經貿往來，在民商事領域中涉及內地與香港特區兩地的法律糾紛，以及基於此產生的法院判決和仲裁裁決數量也必然隨之增長。因此，必須進一步完善內地與香港特區的民商事司法協助安排，妥善解決跨區域法律糾紛，維護交易安全，在國家「一帶一路」的發展戰略之下，鞏固香港特區的金融中心和貿易中心地位。

一、內地與香港民商事司法協助的實踐

內地與香港特區在民商事司法協助方面已經取得一定的成就。迄今為止，內地與香港特區已經簽署了六項民商事司法協助協議。內容涵蓋民商事案件司法文書的送達、調查取證、仲裁裁決的執行以及大部分民商事案件判決的認可和執行。具體包括：（1）1999 年 1 月 14 日簽署的《關於內地與香港特別行政區法院相互委託送達民商事司法文書的安排》（以下簡稱《送達文書安排》）；（2）1999 年 6 月 21 日簽署的《關於內地與香港特別行政區法院相互執行仲裁裁決的安排》（以下簡稱《執行仲裁裁決安排》）；（3）2006 年 7 月 14 日簽署的《關於內地與香港特別行政區相互認可和執行當事人協議管轄的民商事案件判決書的安排》；（4）2016 年 12 月簽訂的《關於內地與香港特別行政區法院就民商事案件相互委託提取證據的安排》（以下簡稱《委託提取證據安排》）；（5）2017 年 6 月簽訂的《關於內地與香港特別行政區法院相互認可和執行婚姻家庭民事案件判決的安排》；（6）2019 年 1 月 18 日簽訂的《關於內地與香港特別行政區法院相互認可和執行民商事案件判決的安排》（以下簡稱《認可和執行判決安排》）。在內地，這些司法協助協議通過最高人民法院的文件決定實施；而在香港，則通過修改《高等法院規則》和《仲裁條例》等，將相關內容轉化為在香港實施的本地法律。下面擇其主要內容分述之。

（一）《送達文書安排》的主要內容

兩地可以相互委託送達的司法文書基本一致，只是根據訴訟程序的差異有一定的區別。內地文書包括起訴狀副本、上訴狀副本、授權委託書、傳票、判決書、調解書、裁定書、決定書、通知書、證明書、送達回證。香港特區文書包括起訴狀複本、上訴狀複本、傳票、狀詞、誓章、判案書、判決書、裁決書、通知書、法庭命令、送達

證明。在送達主體方面，根據《送達文書安排》，內地法院與香港特區法院可以相互委託送達民商事司法文書。雙方相互委託送達司法文書，須通過高級人民法院和香港特區高等法院進行，最高人民法院司法文書可以直接委託香港特區高等法院送達。

送達司法文書的程序應當依照受託方所在地法律規定的程序進行。委託方請求送達司法文書，須出具蓋有其印章的委託書，並須在委託書中說明委託機關的名稱、受送達人的姓名或者名稱、詳細地址及案件的性質。受託方收到委託書後，無論司法文書確定的出庭日期或者期限是否已過，均應及時完成送達，最遲不得超過自收到委託書之日起兩個月。受託方如果認為委託書與本安排的規定不符，應當通知委託方，並說明對委託書的異議，必要時可以要求委託方補充材料。受託方如果無法送達相關文書，應當在送達回證或者證明書上注明妨礙送達的原因、拒收事由和日期，並及時退回委託書及所附全部文書。

（二）《執行仲裁裁決安排》的主要內容

在香港特別行政區成立之前，中英兩國均為《紐約公約》的締約國，回歸前，內地與香港相互承認與執行仲裁裁決適用《紐約公約》。但香港特別行政區成立後，與內地相互承認與執行仲裁裁決顯然不能繼續適用國際公約。經過協商，雙方簽訂《執行仲裁裁決安排》，詳細規定了兩地法院受理和執行對方仲裁裁決的具體程序。

關於仲裁裁決區際司法協助的範圍，由於內地與香港特區在可仲裁事項的規定方面並不一致，《執行仲裁裁決安排》第 7 條規定，如有關法院認定依執行地法律，爭議事項不能以仲裁解決，則可不予執行該裁決。可見，有關仲裁裁決是否屬於司法協助範圍，由執行地法律決定。根據《中華人民共和國仲裁法》第 2 條，可以仲裁的事項為「平等主體的公民、法人和其他組織之間發生的合同糾紛和其他財產

權益糾紛。」第 3 條規定婚姻、收養、監護等有關身份權利的爭議及行政機關處理的行政爭議不得由仲裁裁決。香港《仲裁條例》雖然沒有專門規定不能通過仲裁裁決的事項，但按照香港高等法院大法官的解釋，對於公司的終止、解散問題，以及宣佈離婚的裁定等屬於法院專屬管轄的事項，不能通過仲裁方式解決。[1]

在互助程序上，《執行仲裁裁決安排》規定由申請人向對方法院申請執行仲裁裁決。內地有權受理執行仲裁裁決申請的法院為被申請人住所地或者財產所在地的中級人民法院；香港特區有權受理申請的法院為高等法院。申請人在提出申請時，必須提交執行申請書、仲裁裁決書、仲裁協議。

另外，《執行仲裁裁決安排》第 7 條還規定了不予執行的情形。除了上文所述根據執行地法律不屬於可仲裁範圍的事項不予執行之外，仲裁裁決違反執行地公共利益（內地）或者公共政策（香港）的，也不予執行。還有一些程序性問題，包括仲裁協議無效、仲裁協議當事人無行為能力、仲裁嚴重違反規定、仲裁裁決內容超出當事人授權範圍、裁決未生效或者被撤銷而停止執行等，如果被申請人申請不予執行並提出相關證據證明，則有關法院可以裁定不予執行。

（三）《認可和執行判決安排》的主要內容

判決的認可和執行是內地與香港特區民商事司法合作中分歧最多、最難協調的部分。一方面，兩地關於民商事案件的界定範圍有所不同；另一方面，我國內地的再審制度始終都是香港特區與我國內地推進司法協助工作的重大阻礙。從 2002 年起，內地與香港特區就已經進行了多次非正式會議，通過不斷的交流和協商，最終形成三份有關相互認可和執行法院判決的安排，逐步擴大兩地相互認可和執行的

1　詹思敏：〈區際商事仲裁裁決的相互承認與執行——從執行內地與香港〈安排〉若干問題談起〉，載廣州仲裁委員會：《仲裁研究》（第 3 輯），北京：法律出版社 2007 年版，第 53 頁。

判決範圍，涵蓋了金錢類和非金錢類判決，以及部分知識產權案件。現就《認可和執行判決安排》的主要內容進行闡述。

兩地相互認可和執行的判決僅限於民商事性質的案件的生效判決，內容包括金錢判項和非金錢判項，除特殊規定者（不正當競爭糾紛案件、假冒糾紛案件、商業秘密侵權糾紛案件）外，一般不認可和執行懲罰性賠償。考慮到內地的審判監督制度，《認可和執行判決安排》第4條特別規定了「生效判決」在內地指第二審判決，依法不准上訴或者超過法定期限沒有上訴的第一審判決，以及依照審判監督程序作出的上述判決。在內地，申請人可以向申請人住所地或者被申請人住所地、財產所在地的中級人民法院提出申請；在香港則向高等法院提出。

《認可和執行判決安排》第12條規定了不予認可和執行的情形，包括原審法院沒有管轄權、被申請人辯論權等基本訴訟權利未得到保障、判決是以欺詐方法取得的、重複判決等。同時規定了公共秩序保留原則，內地人民法院認為認可和執行香港特別行政區法院判決明顯違反內地法律的基本原則或者社會公共利益，香港特別行政區法院認為認可和執行內地人民法院判決明顯違反香港特別行政區法律的基本原則或者公共政策的，應當不予認可和執行。

（四）《委託提取證據安排》的主要內容

香港實行當事人主義，民商事案件的調查取證由當事人或其代理律師進行，但如果要到內地調查取證，則需要通過官方途徑委託。內地與香港特區相互委託提取證據，須通過各自指定的聯絡機關進行。內地的聯絡機關為各高級人民法院，香港的聯絡機關為香港特區政府政務司司長辦公室轄下的行政署。最高人民法院可直接通過香港特區指定的聯絡機關委託提取證據。

在請求協助的範圍方面，兩地也有一定的差異。內地人民法院請

求協助的範圍包括：（1）詢問證人；（2）取得文件；（3）檢查、拍攝、保存、保管或扣留財產；（4）取得財產樣品或對財產進行試驗；（5）對人進行身體檢驗。香港請求協助的範圍包括：（1）取得當事人的陳述及證人證言；（2）提供證書、物證、視聽資料及電子數據；（3）勘驗、鑒定。

二、內地與香港民商事司法協助存在的問題

香港特區與我國其他地方的法律傳統、司法制度和訴訟程序都存在很大差異。雙方經過不斷的磋商、協調，已經在區際民商事司法協助上取得了不少的成就，但仍然有一些不完善之處。例如內地與香港特區民商事司法協助的相關安排中，還存在着不少內容模糊的條款，為兩地進一步加強民商事領域的司法合作帶來一定的阻礙。

（一）公共秩序的標準不統一

根據《執行仲裁裁決安排》和《認可和執行判決安排》，兩地執行對方仲裁裁決或者認可和執行對方判決均適用公共秩序保留原則，只是雙方的表述有所不同，內地表述為「社會公共利益」，而香港則使用「公共政策」一詞。但無論是「社會公共利益」還是「公共政策」，兩者的內涵都非常模糊，很難清楚地界定和識別。我國立法中許多涉外的條款都肯定了公共秩序保留原則，例如 1986 年《民法通則》第 150 條規定，依照本章規定適用外國法律或者國際慣例的，不得違背中華人民共和國的社會公共利益；2012 年修正的《民事訴訟法》第 282 條規定，外國法院的判決、裁定「違反中華人民共和國法律的基本原則或者國家主權、安全、社會公共利益的，不予承認和執行」。此處，將公共秩序具體化為國家法律的基本原則或者國家主權、安全、社會公共利益。然而，公共利益也是一個廣泛而且模糊的

概念。有學者認為，「除了涉及國家主權安全等重大社會公共利益事項外，凡與中國法律的基本原則、道德觀念相抵觸的行為，如種族歧視、暴力或色情文化、從事性交易行為等，也都構成公共秩序保留對象。」[2]

香港法例用「公共政策」來表達公共秩序，《外地判決（交互執行）條例》（第 319 章）第 6 條規定，若強制執行有關判決，違背登記法院的國家公共政策，則該判決的登記須予以作廢。但香港法例對何為「公共政策」沒有其他解釋。在普通法中，公共政策主要是在合同和身份的案件中被援引。違反公共政策的合同主要包括：（1）對第三者進行犯罪、侵權或欺詐行為；（2）涉及性方面的不道德的行為；（3）損害公眾安全；（4）妨害執行司法工作；（5）導致公眾生活腐化；（6）騙稅。關於身份方面的案件，如果法院認為認可外國身份會違反公共政策，法院可拒絕認可，這些外國身份涉及奴隸制度、宗教或宗教使命、敵國國籍、種族、離婚及身體上的無能力和浪費所強加的無行為能力。[3]

總之，公共秩序的含義非常模糊，沒有固定的標準，對公共秩序的理解隨着空間、時間及其他條件的不同而不斷變化，法官享有很大的自由裁量權。

（二）「欺詐」判決的範圍不清晰

「欺詐」主要是指程序上的不正當。例如，外國法院與訴訟當事人消滅或偽造證據、假宣誓、與證人惡意串通、一方當事人向法院行賄、勝訴方向敗訴方假意允諾，誘使敗訴方不進行爭辯或沒有機會爭辯，等等。[4] 在普通法國家，「以欺詐方法取得判決」是拒絕承認和

2　參見孫南申：〈論一國兩制下區際私法的公共秩序保留〉，《華東政法學院學報》2005 年第 4 期。

3　See P. B Carter, "The Role of Public Policy in English Private International Law", (1993) *The International and Comparative Law* 42 (1), p. 4.

4　徐宏：《國際民事司法協助》，湖北：武漢大學出版社 2006 年版，第 300 頁。

執行外法域判決的一項獨立理由。例如，英國《外國判決（相互執行）法》規定，如果外國判決「是以欺詐取得的」，則不予登記。香港特區沿襲普通法系傳統，認為如果外法域法院判決是通過欺詐取得，則不得予以承認和執行。因此，在與內地簽署司法協助協議時，香港方面提出將欺詐納入不予認可和執行判決的情形之一。但對於何謂「欺詐」，香港法律並沒有相關規定。我國內地法律在承認與執行外國判決的條件中亦沒有關於欺詐的規定，實踐中關於「訴訟欺詐」應當如何定性、如何處理等問題，法院也無法可依。因此，對於「判決是否以欺詐方式取得」的判斷，一般都由執行地法院自主裁量。

值得注意的是，2016 年 6 月，最高人民法院發佈《關於防範和制裁虛假訴訟的指導意見》，根據該意見，虛假訴訟一般包含以下要素：（1）以規避法律、法規或國家政策謀取非法利益為目的；（2）雙方當事人存在惡意串通；（3）虛構事實；（4）借用合法的民事程序；（5）侵害國家利益、社會公共利益或者案外人和合法權益。該意見對我國司法實踐中防範和制裁虛假訴訟具有一定的指導意義，但仍然不可直接等同於區際司法協助中的「欺詐」訴訟。普通法系國家之所以將「欺詐」作為拒絕承認和執行外法域判決的理由，是出於程序公正的要求，這種欺詐更多地是針對其中一方當事人與法院串通侵害另一方當事人合法權利的情形，由於另一方當事人在原判決地沒有機會行使權利保護自己，判決顯然是不公正的，不應當得到承認和執行。而最高人民法院發佈的上述指導意見顯然不包括這種類型。

三、完善內地與香港民商事司法協助的建議

為確保法律文本的確定性和穩定性，原本應排除使用「公共秩序」這類具有過大靈活性、內容極其模糊的概念，但公共秩序保留原則賦予執行地法院極大的裁量權，恰恰是公共秩序的模糊性使其成為

維護當地法律秩序免受與其不相容的外法域入侵的重要方式，一般國家都不會放棄對這一「安全閥」的使用。值得注意的是，公共秩序是保護本國國家利益的「安全閥」，然而在同一國家內並不存在國家利益和主權方面的衝突。在我國內地與香港特區的區際民商事司法協助之中，過於模糊化地適用這些原則既不利於促進兩地的經貿合作關係，不適應區域經濟一體化的總體要求，也不符合我國統一的國家利益要求。

放寬承認和執行判決的條件是世界各國解決區際司法協助問題的一致做法。英國《1982 年民事管轄權和判決法》排除了英聯合王國本土判決的相互承認和執行時適用公共政策，其主要原因是由於英聯合王國的各個組成部分雖然被稱為外國判決，但畢竟英聯合王國是一個統一的主權國家，與海外的判決存在顯著的區別。[5] 美國也嚴格限制公共秩序例外在州際判決承認與執行問題上的適用，公共秩序例外適用的條件，僅限於某外州法律違反了「某些正義的基本原則、某些主導的道德觀念以及某些根深蒂固傳統」的情況。[6] 為落實與內地達成的相互認可和執行判決方面的安排，香港特區特別制定了《內地判決（交互強制執行）條例》（第 597 章），但這個條例在公共政策問題上與以前的《外地判決（交互執行）條例》（第 319 章）沒有任何差別。兩者都規定如果「強制執行該判決是違反公共政策的」，則該判決的登記須予作廢。對外國判決和本國不同法域判決適用相同的認可和執行條件，這在其他國家是比較少見的。

維護特別行政區公共秩序與維護國家整體利益並不衝突，維護國家整體形象和利益也是維護特別行政區利益和維護我國其他地區利益之所在，兩地公共秩序並不存在根本性的衝突。香港特區是我國的一

---

5   參見賀曉翔：《英國的外國法院判決承認與執行制度研究》，北京：法律出版社 2008 年版，第274 頁。

6   *Loucks v. Standard Oil Co.* 120N. E.198.202 (N.Y1918)，轉引自孫勁：《美國的外國法院判決承認與執行制度研究》，北京：中國人民公安大學出版社 2003 年版，第 115 頁。

個地方行政區域，隸屬於中央政府，香港特區的局部利益與國家整體利益息息相關。作為我國金融、貿易中心和對外交流的門戶，香港的繁榮、穩定和安全直接關係到國家整體利益；國家的安全和穩定也決定了香港特區的繁榮、穩定。香港特區的法律制度和內地法律都是我國法律體系的一部分，必須服從國家的整體利益，維護國家的主權與根本利益，不得從本法域利益出發，損害國家利益，不得為了維護本區域的小公共秩序而違背了國家的大公共秩序。

因此，在區際法院判決承認與執行中適用公共秩序保留原則，是貫徹落實「一國兩制」方針的具體體現，但各法域之上有共同的國家整體利益，各法域都有維護國家整體利益的責任和使命。區域經濟一體化和「判決的自由流動」實際上也是國家利益的體現。因此，怎樣處理好本法域局部利益和國家整體利益的關係是適用公共秩序原則需要考慮的問題，各法域應當在區際司法協助中限制公共秩序的使用範圍，只有在承認和執行外法域判決違背了本法域根本法律原則或者某些根深蒂固的道德觀念時，才適用公共秩序保留原則。

內地與香港刑事司法協助機制

◇◇◇

「所謂刑事司法協助，就是指不同的國家或地區在刑事司法領域，相互為對方提供合作、幫助或便利。」[1] 刑事司法協助包括國際刑事司法協助和區際刑事司法協助兩種。「區際刑事司法協助是指一國內不同法域的司法機關在對跨境犯罪行為進行追訴時，依據區際刑事司法協助協定或者實踐達成的默契，相互提供刑事情報、調查取證、扣押財產、緝捕和移交逃犯，承認和執行生效判決等方面的支持、便利和幫助的司法制度。」[2] 與民商事司法協助相比，刑事司法協助制度產生的原因、遵循的具體原則、協助的程度和方式等方面均有較大差異，本節將針對內地與香港特區的刑事司法協助機制的相關內容進行探討。

▌一、刑事司法協助的必要性和趨勢

（一）刑事司法協助的必要性

21 世紀以來，國際形勢和國際關係發生了深刻的變化，不同國家和地區之間的相互融合和相互依賴進一步加深，跨境犯罪隨之增加。同時，網絡和信息技術的發展也促使很多新型的「無國界」犯罪案件的發生。恐怖主義犯罪、毒品犯罪、貪污腐敗犯罪、走私犯罪已

---

1 趙國強：〈「一國兩制」下的中國國際刑事司法協助〉，《廣東外語外貿大學學報》2008 年第 5 期。

2 馬進保：〈中國區際刑事司法協助論綱〉，《甘肅政法學院學報》2003 年第 3 期。

經不是局部地區的問題，而是影響所有社會和經濟安全的跨國現象，所以，展開國際合作預防和控制犯罪至關重要。加大對跨境犯罪行為的打擊力度，保障當事人的合法權利，營造良好的社會秩序和安全的社會環境是不同國家和地區的共同需求及責任。

對於我國內地和香港特區而言，刑事司法協助的必要性體現在以下三個方面：第一，跨境犯罪日趨嚴重和控制犯罪的需求決定了內地與香港特區必須加強刑事司法協助。隨着內地與香港特區政治、經濟的交流和文化、社會的融合，跨區域犯罪的數量也相應增多。[3]這些犯罪行為不僅造成了經濟損失，還嚴重破壞了兩地的社會治安秩序，甚至影響了地區安全和國家安全。為有效控制跨境犯罪，需要兩地不斷加強犯罪信息通報、調查取證、緝捕案犯、追贓等方面的司法合作。第二，人權觀念的傳播和保障當事人合法權利的目的決定了兩地必須加強刑事司法協助。除了懲罰犯罪之外，保障人權也是當代刑事法律的重要功能。但是，「根據現有內地與香港的法律規定，可能導致內地與香港兩地司法機關管轄權的衝突、法律適用的爭議、同種行為不同處罰、罪責刑不相適應等一系列問題，甚至會出現犯罪人要麼完全不受處罰逍遙法外，要麼受到雙重追責加重其處罰的極端情況。」[4]因此，為了保護犯罪人的合法權益，使每個犯罪人都得到公正平等的對待，需要兩地加強合作，積極開展刑事司法協助。第三，兩地管轄衝突和保障刑事訴訟順利進行的需求決定了內地與香港必須加強刑事司法協助。跨境犯罪情況十分複雜，往往涉及不同的犯罪行為發生地、犯罪結果發生地和被告人居住地，一案有數個被告或者案犯在不同區域實施數個犯罪的情況也時有發生。因此，在實踐中經常出現多個法院對同一案件享有管轄權的情況，引發兩地管轄權的衝

3　具體情況可參見王仲興、郭天武主編：《內地與香港刑事司法合作研究》，北京：北京大學出版社 2008 年版，第 16-40 頁。

4　王仲興、郭天武主編《內地與香港刑事司法合作研究》，第 175 頁。

突。而且，訴訟的順利進行離不開文書的送達、證據的收集和逃犯的移交，這些活動的順利開展都需要不同法域之間的司法合作，必須通過內地與香港的司法協助加以解決。

（二）刑事司法協助的新趨勢

總的來看，當前刑事司法協助有以下新趨勢：

第一，加緊立法，不斷加大刑事司法領域的協調力度。「19 世紀以前，國際刑事司法協助制度雖然已經確立，並納入法制軌道，國際刑事司法協助的範圍僅停留在引渡以及配合引渡所進行的調查取證和文書送達上，其他方面的刑事司法協助形式未能得到開展。」[5] 近年來，有關刑事司法協助的條約數量有較大增長。在國際公約方面，聯合國相繼制定了《制止向恐怖主義提供資助的國際公約》、《制止恐怖主義爆炸的國際公約》、《打擊跨國有組織犯罪公約》、《反腐敗公約》等一系列重要公約。在區域性公約方面，歐洲理事會制定了《歐洲刑事司法協助公約》、《歐洲刑事判決國際效力公約》等一系列新的公約，頒佈了涉及司法協助的若干規則和指令；非洲聯盟制定了涉及司法協助的反恐及反腐敗區域性公約；亞太地區多次舉行研討會，協調各國的司法協助制度。[6] 此外，雙邊刑事司法協助條約多不勝數。根據實際需要，我國也加緊與其他國家簽署雙邊合作協議或者多邊條約。截至 2019 年 1 月，我國已與 77 個國家締結司法協助條約、引渡條約、資產返還和分享協定、打擊「三股勢力」（恐怖主義、分裂主義、極端主義）協定及移管被判刑人條約共 161 項（131 項生效）。其中，刑事司法協助條約 45 項（36 項生效）、民刑事司法協助條約 19 項（全部生效）、引渡條約 55 項（39 項生效）。[7] 總之，

5　成良文：《刑事司法協助》，北京：法律出版社 2003 年版，第 45 頁。

6　參見徐宏：《國際民事司法協助》，第 3 頁。

7　參見《司法協助類條約締結情況一覽表》，外交部，https://www.fmprc.gov.cn/web/ziliao_674904/tytj_674911/tyfg_674913/default_1.shtml（最後訪問時間：2021 年 3 月 28 日）。

面對跨國或者跨地區犯罪日益嚴重和猖獗的情況，國際社會立法活動頻繁，刑事司法協助力度正在不斷增加。

第二，簡化程序，合力減少國際刑事司法協助的障礙。國際刑事司法協助涉及國家主權，而且相對而言，公法領域在不同國家中的差異和衝突要遠遠大於私法，尤其是直接涉及當事人人身自由和安全的刑事法律，更加要面臨諸多基本法律理念和訴訟制度的碰撞。因此，各國通常都以非常謹慎的態度對待刑事司法協助行為，對於他國刑事司法協助的請求設置較多的審查條件和較複雜的審查程序。但是這種嚴格的執行要求和審查程序明顯不利於各國展開合作、共同打擊國際性犯罪和保障當事人基本人權。「現代國際刑事司法協助中業已出現了一些值得質疑的跡象，就是突破傳統的程序模式，是具體協助行為的執行簡便化。」[8] 例如，根據 1988 年聯合國制定的《禁止非法販運麻醉藥品和精神藥物公約》，各締約國須簡化其引渡程序和有關證據要求，降低了請求國得到被請求國司法協助的難度，減少了刑事司法協助的障礙。

第三，求同存異，針對腐敗、恐怖主義等全球性問題先行達成合作協議。各國家和地區政治、經濟、法律均有很大差異，甚至有些國家在犯罪的範圍和類別、死刑的廢除等問題上亦存在根本分歧。但這並不妨礙各個國家和地區着眼於解決實際問題，放下分歧，就某些迫切需要解決的領域先行達成協議。當下，以「9‧11」恐怖襲擊為明顯標誌的恐怖主義對國際社會的安全構成巨大威脅，毒品犯罪、貪污腐敗、走私、洗錢等跨國犯罪日益猖獗。這些都已經不是局部地區的問題，迫切需要各國攜手應對。因此，國際上雖然沒有制定普遍意義上的刑事司法協助和引渡方面的全球性公約，但是為了應對恐怖主義、毒品犯罪、貪污腐敗等犯罪給人類社會帶來的危害，這方面的協

---

8 成良文：《刑事司法協助》，第 65 頁。

助制度已經先行一步。如聯合國制定的《制止向恐怖主義提供資助的國際公約》、《制止恐怖主義爆炸的國際公約》、《打擊跨國有組織犯罪公約》、《反腐敗公約》等一系列重要公約。有些區域機制（例如亞太反恐部長級會議）已經開始就本地區司法協助問題展開研討和協調。截至 2019 年 1 月，我國專門針對「三股勢力」（恐怖主義、分裂主義、極端主義），已經與烏茲別克斯坦、巴基斯坦等七國簽訂相關協議。可見，雖然各國法律制度仍然存在明顯差異，但本着求同存異的原則，根據現實需求，在某些條件比較成熟的領域可以先行開展司法協助，為今後合作機制的建立打下基礎。

第四，差異縮小，司法公正等核心價值已經成為各個國家和地區的共識。隨着國際交往和文化交融日益加深，各國在一些核心價值觀上的差異正在不斷縮小，共享着某些核心價值觀念。「法的世界化已不再是一個人們是否贊成或反對的問題，因為事實上法正變得越來越世界化。」[9] 因此，在很多制度的安排上較容易達成共識，為進一步深化刑事司法協助打下了良好的基礎。例如，「不得因種族、宗教、國籍、性別、政治見解或身份等原因導致不公正待遇」以及「免予酷刑」等規定，已經成為各國普遍認可的價值觀念和各類刑事司法協助條約的標準條款。隨着社會的發展、全球化時代的到來、各地經貿關係的密切交往，各法域的法律制度和傳統也會發生改革和變化，認識也會達成一定程度上的統一，很多法律上的分歧必將能夠得到解決。

▍二、內地與香港刑事司法協助的現狀

（一）內地與香港刑事司法協助的實踐情況分析

香港特別行政區成立以後，內地與香港特區依據基本法第 95 條

9　〔法〕米海伊爾·戴爾瑪斯—馬蒂著，盧建平譯：〈法的世界化——機遇與風險〉，《法學家》2000 年第 4 期。

積極展開磋商，雖然在一些方面取得共識並且已經有了一些合作和互助的實踐，但終因兩地的法律理念和法律制度存在太大差異，在許多制度上難以達成一致，致使兩地至今還未簽署一個關於刑事司法協助的安排。兩地刑事司法協助以「個案協助」的方式進行，協助的內容主要集中在犯罪情報交流和協助調查取證兩方面。

　　內地檢察機關與香港廉政公署的刑事司法合作可以追溯到香港特別行政區成立之前，兩者首次官方合作開始於 1987 年。經過一段時間的接觸和交流，1990 年，最高人民檢察院決定在廣東省人民檢察院內部成立「個案協查辦公室」，專門負責辦理涉港澳地區的貪污、賄賂、挪用公款等職務犯罪個案協查活動。期間，雙方緊密配合，針對一些職務犯罪進行了協助調查，包括內地檢察院派員赴港進行調查取證、內地證人赴港出庭作證等。例如，廣東省人民檢察院辦理的原惠州市公安局長洪永林受賄案，需要派員赴港調查取證，經批准後，惠州市人民檢察院派 4 名檢察官赴港向證人調查取證。1993 年 2 月 6 日，最高人民檢察院下發《關於同港澳地區司法機關進行案件協助調查取證工作程序的規定》，將內地檢察機關與香港廉政公署相互協助調查案件的工作納入法制化軌道。[10] 香港特別行政區和澳門特別行政區成立後，最高人民檢察院根據現實需要，於 2000 年 4 月 12 日下發《最高人民檢察院關於進一步規範涉港澳個案協查工作的通知》，對 1993 年的規定作出新的修改和補充。根據該通知，地方各級人民檢察院辦理的案件需請香港、澳門特別行政區有關部門協助的，由所在省、自治區、直轄市人民檢察院逐案報最高人民檢察院審批。香港特別行政區廉政公署、澳門特別行政區檢察院辦理的案件需請內地有關檢察機關協助的，與最高人民檢察院個案協助查辦公室聯繫。2011 年，最高人民檢察院與香港廉政公署簽署《關於深化兩地個案協查機

10　參見王仲興、郭天武主編：《內地與香港刑事司法合作研究》，第 163-164 頁。

制的會談紀要》，進一步深化個案協查工作，促進兩地個案協查工作的深入開展。

　　內地公安部門與香港警方在警務工作方面的合作也十分緊密。自1987年國際刑警組織中國中心局廣東聯絡處設立以來，聯絡處與香港警方即進行了多次定期的治安會晤。2000年10月，內地和香港特區簽署《內地公安機關與香港警方相互通報機制的安排》，規定了採取強制措施的情況和非正常死亡的情況通報機制，進一步加強兩地警方的合作，有效打擊跨境犯罪和確保當事人的知情權，維護當事人的合法權利。兩地警方聯合偵破大批跨境犯罪案件，在協助追捕逃犯、協助追繳贓物、協助調查取證、犯罪情況交流等方面開展合作。例如，2016年香港「3‧14」重大搶劫殺人案案發後，香港警方向內地公安部門請求協助緝捕犯罪嫌疑人揭冠國。廣東省公安廳根據香港警方提供的線索，抓捕到犯罪嫌疑人並進行通報。目前，兩地公安機關之間的合作內容已經進一步拓展到個案的情報交換、人員互訪、代為取證、扣押財產、緝捕和移交案犯、出入境管理信息溝通、刑事技術開發與交流、攜手開展專項治理、聯合指揮偵辦跨區域的嚴重刑事案件等更廣泛的領域。[11]

（二）內地與香港刑事司法協助存在的問題

　　目前，內地與香港特區在刑事司法協助方面已經有了一定的進展，積累了一些實踐經驗。然而，內地與香港在刑法的基本原則、犯罪的概念與分類、犯罪的構成要件、刑事責任、刑罰種類等刑事實體法內容和管轄制度、辯護制度、證據制度等刑事程序法在內容上均有很大差異。兩地有着不同的法律淵源、法律傳統、法律理念，在案件的管轄權上存在一定的衝突，對對方的刑事司法制度缺乏足夠的了解

11　馬進保：〈中國區際偵查合作若干問題研究〉，《廣東商學院學報》2002年第6期。

和信任，極大阻礙了雙方刑事司法協助工作的推進。雖然經過多次研討與磋商，但雙方仍未能就刑事司法協助內容正式簽署合作安排，雙方的合作只能以個案協查的方式進行。個案協查模式雖然能夠在一定程度上打擊嚴重刑事犯罪，維護兩地社會的安全和秩序，但存在以下幾方面的不足。

第一，協助效率不高，協助機制不暢順。一方面，參與兩地刑事司法合作的機關繁多，內地有檢察機關、法院、公安機關等，而香港則有警務處、律政司、保安局、廉政公署等。參與刑事司法協助的機關繁多，在刑事司法協助中承擔的具體職能不清晰，可能造成一方難以找到相對應的機關請求司法協助，不同機關相互推諉或者數個機關權限無法協調的情況。另一方面，個案協查辦案手續過於繁瑣，辦案周期過長，有些協助請求經過較長期間仍未有回音，往往因為中間審批環節過多或者被請求機關工作不積極而導致案件難以在訴訟期間內結案。尤其在一些涉黑、涉毒案件的偵查中，需要偵查機關快速反應、迅速行動，以最快的方式控制犯罪嫌疑人和贓款贓物，但由於個案協助的手續繁瑣，犯罪嫌疑人或許早已逃匿或者贓款贓物已被轉移，不利於及時打擊犯罪。

第二，協助形式簡單，無法滿足兩地共同懲治刑事犯罪的需要。在現階段，區際刑事司法合作集中在調查取證領域，採取相互通報情況、協助通緝犯罪嫌疑人等簡單形式。但隨着跨境犯罪數量的增長和犯罪手段的多樣化及案情的複雜化，現有的協助形式已經無法應對目前的需求。雙方應當盡快就區際刑事訴訟移管、已決犯移管、判決的承認與執行等更深層次的問題上建立司法合作。

第三，協助程序缺乏規範指引，協助行為任意性強且在法律效力等方面存在疑問。目前內地與香港特區在刑事司法協助領域缺乏一個普遍性的規範，未有對雙方協助的程序和條件作出明確規定，因此，是否給對方提供協助、提供哪些方面的協助、如何給對方提供協助等

事項都取決於被請求方在具體案件中的自由裁量,任意性非常強。同時,由於缺乏相應規範,雙方協助行為的法律效力尚有一些疑問,例如,由對方協助獲取的證據效力如何認定?委託送達文書如何才算已經送達?這些問題都需要有明確的立法。

三、區際刑事司法協助的原則

「刑事」一詞,是指對犯罪者予以刑罰的有關事務。刑事訴訟,是國家專門機關「追訴犯罪,解決被追訴人刑事責任的活動」。[12] 刑事司法活動的公權力色彩濃厚,刑事訴訟由國家公權力機關主動參與,在訴訟中廣泛使用國家強制力是刑事訴訟區別於民商事司法活動的顯著特徵。由於直接關涉當事人的人身自由甚至是生命權,刑事訴訟對當事人的影響也是最為深刻的。因此,刑事司法活動須遵循某些特有的原則。我國內地與香港特區刑事司法協助的原則既不同於兩地民商事司法協助的具體原則,也不同於國際刑事司法協助的原則。要運用「一國兩制」原則來審視國際刑事司法協助的一些慣例和規則能否適用於我國區際司法協助,凡是與國家主權相衝突的慣例和規則均應堅決予以剔除。

(一)區際刑事司法協助的具體原則

針對刑事案件的特殊性,我國內地與香港特區刑事司法協助除了遵循「一國兩制」、「便捷高效」的總原則之外,還須遵循一些具體的法律原則,以此解決兩地實際存在的法律衝突,促進兩地開展更加廣泛的交流與合作。例如「一事不再理」,犯罪已過追訴時效或已被赦免的案件不予協助等,是國際刑事司法協助的慣例和規則,適用於

12　陳光中主編:《刑事訴訟法》,北京:北京大學出版社、高等教育出版社 2002 年版,第 1 頁。

我國內地與香港特區的刑事司法協助。

「一事不再理」原則，是指已受過一方刑事處罰的案件，原則上不得以同一行為而遭受另一方的檢控或刑事處罰。從對保障人權的角度出發，任何人都不應當由於同一行為而受到雙重的刑事處罰，即禁止重複危險原則。已經受過刑罰處罰的案件，不再屬於區際刑事司法協助的範圍。從法理上看，各個法域的法律地位平等，既要尊重其他法域的法律制度，又要尊重其他法域的判決結果，對於由一方法域作出裁決，已經接受一方刑事處罰的案件，原則上不得再接受另一方的檢控和刑罰。

追訴時效在各法域刑事法律中均有規定，犯罪已過追訴時效期限的，不得再對犯罪人進行追訴，已經追訴的，應當撤銷案件，或者不起訴或終止審理。因此，如果相關犯罪已過本法域追訴時效期限，則被請求方可以拒絕請求方的協助請求。

此外，還有一些原則是各法域在刑事司法活動中所共同遵守的，對這些原則予以遵守和實現，有利於加大雙方的刑事司法合作基礎，促進更加廣泛的交流和合作。例如刑事實體法方面的罪刑法定原則，適用法律人人平等原則，對任何人不得因其種族、宗教、國籍、性別、文化程度或者經濟狀況而提起刑事訴訟或者在訴訟中蒙受不利等；刑事程序法方面的無罪推定原則、辯護原則、正當程序原則等。這些原則是各法域所應當共同遵守的，在各法域之間也已經達成共識。

（二）不適用於區際刑事司法協助的原則檢討

區際司法協助與國際司法協助的性質、依據、方式等均有差異，在適用的原則上也有所區別。例如，有關政治犯罪、軍事犯罪的案件不予協助是國際刑事司法協助中廣泛採用的一項國際慣例，但這些原則並不適用於區際刑事司法協助。從「一國兩制」原則出發，凡是與國家主權相衝突的原則均必須堅決予以剔除。

1. 政治犯不移交原則

政治犯不移交原則來自於國際司法協助的「政治犯不引渡」原則。其基本含義是，「如果要求引渡的對象是政治犯或與政治犯有牽連的犯罪，被請求方可以拒絕引渡。」[13] 政治犯不引渡原則是與庇護制度緊密相聯的，對於何為「政治犯」並沒有統一的認識，是否適用政治犯不引渡原則完全是被請求國內部的事務。各國適用這一原則的主要目的在於維護本國的主權和政治制度。「政治犯不移交」原則使各個國家之間的刑事司法合作集中於普通刑事犯罪，而不涉及敏感的政治問題，在充分尊重國家主權和政治獨立的基礎上開展刑事司法協助。我國也承認政治犯不引渡原則，憲法第 32 條規定，「中華人民共和國對於因為政治原因要求避難的外國人，可以給予受庇護的權利。」但是，我國內地與香港特區的刑事司法協助屬於一國主權範圍內的區際司法協助，在維護本國的主權和國家安全方面，香港特區與我國其他地區有着共同的責任和義務，各法域在維護本國主權和政治制度方面並不存在衝突，當然不能適用政治犯不移交原則。

2. 軍事犯不移交原則

區際刑事司法協助中的軍事犯不移交原則來自於國際刑事司法協助的「軍事犯不引渡」原則。軍事犯罪區別於普通的刑事犯罪，它是指違反一國軍事法律，侵害一國的軍事或國防利益的行為。由於軍事犯罪具有鮮明的排他性和政治性，各國「無必要也不會願意就發生在請求國內的軍事犯罪提供引渡合作」，[14] 一般將軍事犯罪排除在刑事司法協助的範圍之外。軍事犯罪不移交原則當然也應當排除適用於我國內地與香港特區的刑事司法協助。一國範圍內對於違反國家軍事法律、侵害國家軍事利益和國防利益的規定在不同法域之間應當是一致的。香港特區應內地請求對有關軍事犯罪的案件予以協助，是香港特

13　王仲興、郭天武主編：《內地與香港刑事司法合作研究》，第 218 頁。

14　黃風：《中國引渡制度研究》，北京：中國政法大學出版社 1997 年版，第 86 頁。

區履行維護國家主權和安全職責的體現。而且，有關軍人犯罪的管轄問題，《中華人民共和國香港特別行政區駐軍法》第 20 條已經作出明確規定，香港駐軍人員的軍事犯罪實行專屬管轄，香港特區法院對駐軍人員的軍事犯罪沒有管轄權。「香港駐軍人員犯罪的案件由軍事司法機關管轄；但是，香港駐軍人員非執行職務的行為，侵犯香港居民、香港駐軍以外的其他人的人身權、財產權以及其他違反香港特別行政區法律構成犯罪的案件，由香港特別行政區法院以及有關的執法機關管轄。軍事司法機關和香港特別行政區法院以及有關的執法機關對各自管轄的香港駐軍人員犯罪的案件，如果認為由對方管轄更為適宜，經雙方協商一致後，可以移交對方管轄。」

3. 死刑犯不移交原則

有學者借鑒國際引渡制度中的「死刑不引渡原則」，提出在我國區際刑事司法中應適用「死刑不移交原則」。[15] 死刑犯不引渡是指引渡請求所指的罪行，如果根據請求國的法律可以判處死刑，而根據被請求國的法律則不能判處其死刑或者通常不執行死刑，則被請求國可以拒絕引渡，除非請求國保證將不予執行死刑。是否保留死刑反映了一國的犯罪狀況和刑罰的價值觀念，各國在死刑問題上存在較大差異。我國內地仍然保留相當數量的死刑罪名，而香港在死刑問題上則跟隨英國，於 1993 年已經通過立法廢除死刑。「死刑犯不引渡」的規則不能適用於我國區際刑事司法協助，這既是尊重同一國內平等法域的法律制度的需要，也是有效懲治犯罪的需要。「一國兩制」原則要求，各法域不得將自己的法律制度強加於對方，香港特區不得因本法域不執行死刑就要求我國其他地區在死刑問題上持有相同的價值觀念。而且面對日益嚴峻的跨區域犯罪形勢，從有效懲治犯罪、維護社會治安的角度出發，為了防止犯罪分子利用兩地法律的差異，將香港

15　齊文遠：〈法律文化視野中的區際刑事司法協助原則思考〉，載趙秉志主編：《中國區際刑事司法協助新探》，第 37 頁。

特區作為「避風港」，也應排除死刑犯不移交原則的適用。另外，我國內地適用死刑的犯罪類型已經大幅減少，不少保留死刑的案件是危害國家安全、危害公共安全類的犯罪，對於這類案件，如果香港特區堅持死刑犯罪案件不予協助的原則，則明顯違背了香港特區維護國家安全的義務，可能使香港成為反華勢力、分裂國家勢力的基地。

4. 本地居民不移交原則

國際司法協助中適用「本國國民不引渡」或者「本地居民不移交」原則主要是基於兩點考慮：一是從刑事司法管轄權的角度出發，國家對本國國民一般擁有優先管轄權；二是從保護本國國民的角度出發，為了防止本國國民在外國遭到不公正對待，拒絕引渡本國國民。在實踐中，英美法系國家嚴格遵守屬地管轄原則，因此對本地居民不移交原則並不太強調。而歐洲大陸國家及拉美國家則一般嚴格奉行本國國民不引渡原則。根據我國《引渡法》第 8 條第 1 項的規定，「根據中華人民共和國法律，被請求引渡人具有中華人民共和國國籍的」，應當拒絕引渡。香港沿襲英美法系傳統，並不反對引渡本地居民。香港《刑事事宜相互法律協助條例》（第 525 章）第 5 條所列舉的拒絕協助的情況並不包括本地居民犯罪。不管各法域對本地居民不移交原則的適用是否一致，該原則都不得成為區際刑事司法協助的原則。從國民身份的角度看，香港特區絕大多數居民都是中國國民，並不存在因國民身份不同而區別對待的問題。從刑事司法管轄權的角度出發，本地居民不移交從根本上違背了屬地管轄原則。從打擊跨境犯罪的目標看，將案犯移交犯罪地法院審判，有利於調查取證，可以及時查清事實，有效打擊跨法域的犯罪活動。

5. 雙重犯罪原則的有限適用

雙重犯罪原則是國際引渡中適用的一項基本原則，指在移交犯罪時，引渡請求列舉的行為必須在請求國和被請求國內都構成犯罪，方能予以引渡。關於適用雙重犯罪原則的原因，主要有罪刑法定說、國

家主權說、保護基本人權說等不同理論依據。在我國區際刑事司法協助中是否適用雙重犯罪原則，存在兩種不同的觀點。一種觀點認為，協助緝捕並移交案犯是被請求方對被追訴人的否定評價，並且是被請求方對請求方追訴活動的支持和參與，這種否定評價依據的標準應當是被請求方的法律，基於對其他法域法律基本原則的尊重，應當在區際司法協助中適用雙重犯罪原則。[16] 另一種觀點認為，在一國之內，基於相互承認原則和共同打擊犯罪、維護社會安寧的刑事政策，應當反對適用雙重犯罪原則。[17] 筆者認為，應當平衡相互尊重對方法律制度的原則和懲治犯罪、維護社會安寧的需求之間的關係，限制性適用雙重犯罪原則。在適用該原則時，應充分考慮犯罪行為地法律對相關行為的評價。具體而言，如果行為地認為是犯罪，而行為人逃至不認為是犯罪的地方，為了防止某法域成為犯罪分子躲避刑事責任的「避風港」，此時不應當適用雙重犯罪原則，即逃犯不適用雙重犯罪原則；如果行為地不認為是犯罪，則人們在該法域有實施某種行為的自由，此時應當適用雙重犯罪管轄原則。

四、完善內地與香港刑事司法協助機制的建議

我國不同司法轄區的法律制度存在較大差異，這些差異在刑事司法制度上尤為突出。為了在不同法域之間的刑事司法協助上建立必要的法律基礎，澳門特別行政區政府曾於 2015 年 12 月向立法會提交《區際刑事司法協助法》的法案，但終因現時區際刑事司法協助機制仍需進一步協商和深入研究，又於 2016 年 6 月撤回法案。可見，在刑事司法協助方面，各法域要達成一致意見並且形成更加廣泛化、

16　參見成良文：《刑事司法協助》，第 206 頁。
17　參見時延安：《中國區際刑事司法管轄權衝突及其解決研究》，北京：中國人民公安大學出版社
　　2005 年版，第 151 頁。

常態化的合作還需經歷一個較長的過程，有待諸多條件的成熟。有鑒於此，有學者提出內地與香港特區刑事法律衝突的解決以及進一步合作不能單靠一種模式實現，應當分階段確立，不同的階段可以採取不同的模式；不同的階段或者同一階段均可以而且也應該採取多種模式。[18] 也有學者提出可以採取「點菜式」分別簽訂的模式，選擇將司法協助協議所涉事項內容分門別類，從就反貪污賄賂、反洗錢等重要緊迫且容易達成共識的領域進行協商並簽署類別事項司法協助協議開始，按照先易後難、先急後緩的原則，針對每一種類分別簽訂協議。[19] 這些都不失為針對兩地現實情況的務實方法。內地與香港特區要在刑事司法領域實現更加廣泛、深入交流合作甚至是刑事法律一體化需要長期的努力和醞釀，尤其是當前面臨兩地政治爭拗頻繁，立法會拉布現象嚴重，行政主導體制受阻等現實，要在區際刑事司法協助方面有所突破需要更多的政治智慧以及一定的契機。筆者認為，現階段可以從下面幾個方面進行努力和完善。

（一）促進區際刑事管轄權衝突的協調

由於刑事案件的複雜、多樣性，尤其是在一些跨地區的刑事案件中，不同法域對同一案件均有管轄權時，依照一定的法律原則和標準確定管轄權的歸屬尤為重要。《中華人民共和國刑法》第 6 條規定，凡在中華人民共和國領域內犯罪的，除法律有特別規定的以外，都適用本法。犯罪的行為或者結果其中一項發生在中華人民共和國領域內的，就認為是在中華人民共和國領域內犯罪。第 7 條、第 8 條和第 9 條還規定了涉外犯罪的屬人管轄權、保護管轄權和普遍管轄權。《中華人民共和國刑事訴訟法》（2018 年修正）第 25 條規定，刑事案件由犯罪地的人民法院管轄。如果由被告人居住地的人民法院審判會更

18　參見高宏貴：〈論中國區際司法協助的性質、特點和模式〉，《華中師範大學學報》1997 年第 5 期。
19　鄒平學等：《香港基本法實踐問題研究》，第 798 頁。

346

為適宜的，可以由被告人居住地的人民法院管轄。第 26 條針對管轄權競合的情況作出規定，幾個同級人民法院都有權管轄的案件，由最初受理的人民法院審判。在必要的時候，可以移送到主要犯罪地的人民法院審判。第 27 條規定在管轄權不明的情況下，上級人民法院可以指定下級人民法院審判管轄不明的案件，也可以指定下級人民法院將案件移送到其他人民法院審判。可見，「內地刑事法律實行屬地原則為主、屬人原則和便利審判原則為輔的管轄原則。」[20] 香港特區刑事法律管轄原則與英國相似，實行比較嚴格的屬地管轄原則，其刑法效力一般只及於發生在香港的犯罪行為。在發生跨法域犯罪的情況下，如某地居民在不同法域分別實施了數個犯罪行為；或者某一犯罪行為的犯罪預備行為發生在一個法域，犯罪實施行為發生在另一個法域；或者不同法域居民在不同法域實施共同犯罪等，兩地司法機關都有管轄權，此時需要對管轄權進行協調，以便及時查清事實、審結案件。筆者認為，兩地應當先在管轄權衝突方面達成一致的協議，可考慮以便利原則確定管轄權，如哪一法域更加便於調查取證或者哪一法域更加便於及時控制犯罪嫌疑人。在管轄權無法達成一致意見時，由最高人民法院和香港特區終審法院協商確定。

（二）規範司法文書協助送達程序

送達刑事司法文書是指被請求協助一方將請求方司法機關製作的刑事訴訟文書（如起訴書、傳票、拘捕通知書、不起訴決定書、刑事判決書等）及時合法地送交訴訟參與人或與訴訟有關的其他人員的活動。[21] 及時送達刑事司法文書對保障當事人合法權利和訴訟的順利進行有非常重大的意義。內地與香港特區已經簽署了有關民商事司法文

20　王仲興、郭天武主編：《內地與香港刑事司法合作研究》，第 184 頁。

21　參見凌兵：〈內地與香港刑事管轄權研究〉，載趙秉志主編：《世紀大劫案：張子強案件及其法律思考——中國內地與香港刑事管轄權衝突問題》，北京：中國方正出版社 2000 年版，第 331 頁。

書送達方面的司法協助協議，但目前還未就刑事司法文書的送達問題達成協議。可以參考民商事司法文書的送達規則，確定送達文書的種類和所涉及的犯罪類型、送達方式、送達主體和具體的送達程序。

（三）構建調查取證協助制度

目前，內地與香港特區主要通過個案協查制度進行區際調查取證，在缺乏規範指導的情況下，這種協助方式不僅周期長、效率低，而且常常因為雙方認識不同或其他外部因素的干擾而無法進行，或者出現未經聯絡和協商就擅自開展調查取證工作而影響證據效力的情況。因此，應當儘快構建調查取證司法協助機制。在具體制度設計上，首先，明確調查取證的內容，兩地協助調查取證的內容包括協助詢問證人或安排本法域居民到其他法域出庭作證，向有關部門調取物證、書證，提供犯罪嫌疑人的出入境資料等；其次，規範協助調查取證的程序，在各機關之間，根據偵查、起訴、審判等階段建立直接對口的區際調查取證機關；最後，明確調查取證的法律效力，基於各法域之間的相互尊重和信任，除非跨境取證行為存在越權或違反法定程序的情況，請求方應當確認被請求方協助收集的證據的有效性。

（四）完善犯罪信息通報機制

情報交流和使用是開展區際刑事司法合作、共同打擊跨境犯罪的必要因素，也是維護當事人合法權利的重要方式。關於犯罪信息的通報機制，內地和香港特區已於 2000 年簽署《內地公安機關與香港警方相互通報機制的安排》，該通報機制在維護兩地居民的合法權益和加強情報交流、共同打擊犯罪活動等方面發揮了重要作用。截至 2015 年 12 月 31 日，內地公安機關向香港警方通報在內地被採取強制措施的香港居民有 6,172 人；香港警方向內地公安機關通報在香港

被採取強制措施的內地居民有 6,934 人。[22] 但該通報機制適用至今已逾 20 年，香港銅鑼灣書店事件後，兩地於 2016 年 7 月 5 日就進一步完善通報機制進行第一階段的磋商，目前已經在通報的時間、內容和渠道三方面取得階段性成果。在通報機制的完善方面，應當注意以下幾點內容：第一，明限通報的範圍，包括案件基本情況及採取強制措施的情況等；第二，完善通報時間安排，對於一般案件可盡量縮短通報時間，但就涉嫌危害國家安全犯罪、恐怖活動犯罪作通知可能有礙偵查的情況，應當在通報時間方面作出特殊的安排；第三，增加通報方式及通報的對口單位，爭取使通報單位涵蓋所有執法單位。

22　〈內地與香港特區就進一步完善相互通報機制進行首輪磋商〉，新華網，http://www.xinhuanet.com/2016-07/05/c_1119169563.htm（最後訪問時間：2021 年 3 月 28 日）。

參考文獻

一、中文文獻

1.1 著作

[1] 《2016 年香港基本法澳門基本法研究會年會暨「基本法與國家統合」高端論壇論文集》。

[2] 王工藝主編:《中外司法體制比較研究》,北京:法律出版社 2013 年版。

[3] 王仲興、郭天武主編:《內地與香港刑事司法合作研究》,北京:北京大學出版社 2008 年版。

[4] 王叔文主編:《香港特別行政區基本法導論》(第三版),北京:中國民主法制出版社、中共中央黨校出版社 2006 年版。

[5] 王禹:《「一國兩制」憲法精神研究》,廣州:廣東人民出版社 2008 年版。

[6] 王禹編:《蕭蔚雲論港澳政治體制》,澳門:三聯出版(澳門)有限公司 2015 年版。

[7] 王振民:《中央與特別行政區關係:一種法治結構的解析》,北京:清華大學出版社 2002 年版。

[8] 中共中央馬克思恩格斯列寧斯大林著作編譯局編譯:《馬克思恩格斯全集》(第一卷),北京:人民出版社 1956 年版。

[9] 中國政法大學法律史學研究院:《傳承與創新:中國法制史學六十年 張晉藩先生執教六十週年暨八十華誕學術研討會文集》,2010 年版。

[10] 中國第一歷史檔案館編:《香港歷史問題檔案圖錄》,香港:三聯書店(香港)有限公司 1996 年版。

[11] 尤韶華:《香港司法體制沿革》,北京:知識產權出版社 2012 年版。

[12] 史申良:《香港政制縱橫談》,廣州:廣東人民出版社 1991 年版。

[13] 北京大學法學院人權研究中心編:《司法公正與權利保障》,北京:中國法制出版社 2001 年版。

[14] 古星輝:《古星輝論香港》,香港:香港鏡報文化企業有限公司 1987 年版。

[15] 白晟:《基本法解釋問題探究:從法理學角度剖析》,北京:中國政法大學出版社 2011 年版。

[16] 左衛民等：《最高法院研究》，北京：法律出版社 2004 年版。

[17] 成良文：《刑事司法協助》，北京：法律出版社 2003 年版。

[18] 全國人大常委會香港基本法委員會辦公室：《紀念香港基本法實施十週年文集》，北京：中國法制出版社 2007 年版。

[19] 全國人大常委會香港基本法委員會辦公室編：《全國人民代表大會常務委員會香港特別行政區籌備委員會預備工作委員會文件彙編》，北京：中國民主法制出版社 2011 年版。

[20] 宋小莊：《論「一國兩制」下中央和香港特區的關係》，北京：中國人民大學出版社 2003 年版。

[21] 宋冰編：《讀本：美國與德國的司法制度及司法程序》，北京：中國政法大學出版社 1998 年版。

[22] 李太蓮：《〈香港特區基本法〉解釋法制對接》，北京：清華大學出版社 2011 年版。

[23] 李步雲主編：《憲法比較研究》，北京：法律出版社 1998 年版。

[24] 李昌道、龔曉航：《基本法透視》，香港：中華書局（香港）有限公司 1990 年版。

[25] 沈宗靈主編：《法理學》，北京：北京大學出版社 2000 年版。

[26] 佳日思、陳文敏、付華伶主編：《居港權引發的憲法爭議》，香港：香港大學出版社 2000 年版。

[27] 周道鸞：《外國法院組織與法官制度》，北京：人民法院出版社 2000 年版。

[28] 孟慶順：《「一國兩制」與香港回歸後的政治發展》，香港：香港社會科學出版社有限公司 2005 年版。

[29] 易賽鍵：《香港司法終審權研究》，廈門：廈門大學出版社 2013 年版。

[30] 南京師範大學法制現代化研究中心編：《法制現代化研究》，南京：南京師範大學出版社 1998 年版。

[31] 信春鷹：《公法》（第三卷），北京：法律出版社 2001 年版。

[32] 郝健臻：《香港特別行政區行政與立法的關係》，北京：法律出版社 2011 年版。

[33] 郝鐵川：《香港基本法爭議問題述評》，香港：中華書局（香港）有限公司 2013 年版。

[34] 香港文匯出版社編：《基本法的誕生》，香港：香港文匯出版社 1990 年版。

[35] 香港立法會秘書處資料研究組：《數據透視：司法及法律》。

[36] 郭天武等：《香港基本法實施問題研究》，北京：中國社會科學出版社 2012 年版。

[37] 郭天武、何邦武：《香港刑事訴訟法專論》，北京：北京大學出版社 2009 年版。

[38] 郭天武、李建星：《香港選舉制度的發展及其對香港政治生態的影響》，北京：社會科學文獻出版社 2015 年版。

[39] 陳弘毅：《香港法律與香港政治》，香港：廣角鏡出版社有限公司 1990 年版。

[40] 陳弘毅：《法治、人權與民主憲政的理想》，香港：商務印書館（香港）有限公司 2012 年版。

[41] 陳弘毅：《法理學的世界》（第 2 版），北京：中國政法大學出版社 2013 年版。

[42] 陳弘毅、張增平等：《香港法概論》，香港：三聯書店（香港）有限公司 1999 年版。

[43] 陳光中主編：《刑事訴訟法》，北京：北京大學出版社、高等教育出版社 2002 年版。

[44] 陳海光主編：《中國內地與香港司法制度比較》，北京：法律出版社 2015 年版。

[45] 陳端洪：《憲治與主權》，北京：法律出版社 2007 年版。

[46] 陳麗君等：《香港人價值觀念研究》，北京：社會科學文獻出版社 2011 年版。

[47] 徐宏：《國際民事司法協助》，湖北：武漢大學出版社 2006 年版。

[48] 徐克恩：《香港：獨特的政制架構》，北京：中國人民大學出版社 1994 年版。

[49] 徐靜琳：《演進中的香港法》，上海：上海大學出版社 2002 年版。

[50] 時延安：《中國區際刑事司法管轄權衝突及其解決研究》，北京：中國人民公安大學出版社 2005 年版。

[51] 孫勁：《美國的外國法院判決承認與執行制度研究》，北京：中國人民公安大學出版社 2003 年版。

[52] 孫國華、朱景文主編：《法理學》，北京：中國人民大學出版社 1999 年版。

[53] 秦前紅：《新憲法學》，湖北：武漢大學出版社 2005 年版。

[54] 殷嘯虎：《實踐中的憲法》，上海：上海社會科學院出版社 2016 年版。

[55] 張千帆：《憲法學導論》，北京：法律出版社 2008 年版。

[56] 張文顯主編：《法理學》，北京：高等教育出版社 2007 年版。

[57] 張立剛：《法律解釋體制重構研究》，北京：光明日報出版社 2014 年版。

[58] 張光傑主編：《法理學導論》，上海：復旦大學出版社 2008 年版。

[59] 梁美芬：《香港基本法——從理論到實踐》，北京：法律出版社 2015 年版。

[60] 許崇德主編：《港澳基本法教程》，北京：中國人民大學出版社，1994 年版。

[61] 許崇德、胡錦光主編：《憲法》，北京：中國人民大學出版社 2004 年版。

[62] 國務院發展研究中心港澳研究所編：《香港基本法讀本》，北京：商務印書館 2009 年版

[63] 鄒平學等：《香港基本法實踐問題研究》，北京：社會科學文獻出版社 2014 年版。

[64] 黃來紀、楊允中主編：《特別行政區制度與我國基本政治制度研究》，北京：中國民主法制出版社 2012 年版。

[65] 黃風：《中國引渡制度研究》，北京：中國政法大學出版社 1997 年版。

[66] 黃振：《特別行政區高度自治權研究》，廈門：廈門大學出版社 2013 年版。

[67] 黃進：《區際衝突法研究》，上海：上海學林出版社 1991 年版。

[68] 黃進、黃風主編：《國際司法協助研究》，北京：中國政法大學出版社 1993 年版。

[69] 黃衛平、汪永成主編：《當代中國政治研究報告》（第 13 輯），北京：社會科學文獻出版社 2015 年版。

[70] 傅思明：《香港特別行政區行政主導政治體制》，北京：中國民主法制出版社 2010 年版。

[71] 最高人民法院司法改革小組編、韓蘇琳編譯:《美英德法四國司法制度概況》,北京:人民法院出版社 2002 年版。

[72] 程漢大主編:《英國法制史》,山東:齊魯書社 2001 年版。

[73] 賀曉翊:《英國的外國法院判決承認與執行制度研究》,北京:法律出版社 2008 年版。

[74] 董立坤:《普通法的理論與實踐》,北京:人民出版社 1999 年版。

[75] 董立坤:《中央管治權與香港特區高度自治權的關係》,北京:法律出版社 2014 年版。

[76] 董茂雲、杜筠翊、李曉新:《香港特別行政區法院研究》,北京:商務印書館 2010 年版。

[77] 楊靜輝、李祥琴:《港澳基本法比較研究》,北京:北京大學出版社 1997 年版。

[78] 鄧小平:《鄧小平文選》(第三卷),北京:人民出版社 1993 年版。

[79] 趙秉志主編:《世紀大劫案:張子強案件及其法律思考——中國內地與香港刑事管轄權衝突問題》,北京:中國方正出版社 2000 年版。

[80] 趙秉志主編:《中國區際刑法問題專論》,北京:中國人民公安大學出版社 2005 年版。

[81] 趙秉志主編:《中國區際刑事司法協助新探》,北京:中國人民公安大學出版社 2010 年版。

[82] 趙秉志、何超明主編:《中國區際刑事司法協助探索》,北京:中國人民公安大學出版社 2002 年版。

[83] 趙寶雲:《西方五國憲法通論》,北京:中國人民公安大學出版社 1994 年版。

[84] 齊樹潔主編:《英國司法制度》,廈門:廈門大學出版社 2007 年版。

[85] 廣州仲裁委員會:《仲裁研究》(第 3 輯),北京:法律出版社 2007 年版。

[86] 劉兆佳:《回歸十五年以來香港特區管治及新政權建設》,香港:商務印書館(香港)有限公司 2013 年版。版。

[87] 劉兆佳:《一國兩制在香港的實踐》,香港:商務印書館(香港)有限公司 2015 年

[88] 劉振江:《國際民事訴訟法原理》,北京:法律出版社 1985 年版。

[89] 黎熙元:《夢想與現實:香港的社會分層與社會流動》,北京:北京大學出版社 2008 年版。

[90] 蕭蔚雲:《論香港基本法》,北京:北京大學出版社 2003 年版。

[91] 蕭蔚雲主編:《一國兩制與香港基本法律制度》,北京:北京大學出版社 1990 年版。

[92] 韓大元:《憲法學基礎理論》,北京:中國政法大學出版社 2008 年版。

[93] 韓蘇琳編譯:《美英德法四國司法制度概況》,北京:人民法院出版社 2008 年版。

[94] 謝維雁:《從憲法到憲政》,山東:山東人民出版社 2004 年版。

[95] 戴耀廷:《法治心——超越法律條文與制度的價值》,香港:香港教育圖書公司 2010 年版。

[96]　戴耀廷：《香港的憲政之路》，香港：中華書局（香港）有限公司 2010 年版。

[97]　饒戈平、王振民主編：《香港基本法　澳門基本法論叢》，北京：中國民主法制出版社 2011 年版。

[98]　蘇亦工：《中法西用——中國傳統法律及習慣在香港》，北京：社會科學文獻出版社 2007 年版。

[99]　【日】寺澤一、山本草二主編，朱奇武等譯：《國際法基礎》，北京：中國人民大學出版社 1983 年版。

[100]　【希】亞里士多德著，吳壽彭譯：《政治學》（第四卷），北京：商務印書館 1965 年版。

[101]　【法】托克維爾著，董果良譯：《論美國的民主》（上卷），北京：商務印書館 1988 年版。

[102]　【法】孟德斯鳩著，許明龍譯：《論法的精神》（上卷），北京：商務印書館 2009 年版。

[103]　【法】讓‧博丹著，李衛海、錢俊文譯：《主權論》，北京：北京大學出版社 2008 年版。

[104]　【英】丹寧勳爵著，李克強等譯：《法律的正當程序》，北京：法律出版社 2011 年版。

[105]　【美】比克爾著，姚中秋譯：《最小危險部門——政治法庭上的最高法院》，北京：北京大學出版社 2007 年版。

[106]　【美】本傑明‧卡多佐著，蘇力譯：《司法過程的性質》，北京：商務印書館 2000 年版。

[107]　【美】約翰‧亨利‧梅利曼著，顧培東、祿正平譯：《大陸法系》，北京：法 5 律出版社 2004 年版。

[108]　【美】馬克‧圖什內特著，楊智傑譯：《讓憲法遠離法院》，北京：法律出版社 2009 年版。

[109]　【美】梅里亞姆著，朱曾汶譯：《美國政治思想（1865-1917）》，北京：商務印書館 1984 年版。

[110]　【美】理查德‧波斯納、蘇力譯：《法官如何思考》，北京：北京大學出版社 2009 年版。

[111]　【美】博西格諾著，鄧子濱譯：《法律之門》，北京：華夏出版社 2002 年版。

[112]　【美】漢米爾頓等著，程逢如等譯：《聯邦黨人文集》，北京：商務印書館 1980 年版。

[113]　【美】德沃金著，李長青譯：《法律帝國》，北京：中國大百科全書出版社 1996 年版。

[114]　【美】羅斯科‧龐德著，唐前宏、廖湘文、高雪原譯：《普通法的精神》，北京：法律出版社 2001 年版。

[115] 【奧】凱爾森著，沈宗靈譯：《法與國家的一般理論》，北京：商務印書館 1996 年版。

[116] 【德】拉德布魯赫著，米健譯：《法學導論》，北京：商務印書館 2013 年版。

1.2 論文

[1]　丁艷雅：〈法官選任方式與程序之比較研究〉，《中山大學學報（社會科學版）》 2001 年第 4 期。

[2]　王禹：〈港澳基本法中有關授權的概念辨析〉，《政治與法律》2012 年第 9 期。

[3]　王振民：〈論回歸後香港法律解釋制度的變化〉，《政治與法律》2007 年第 3 期。

[4]　王振民：《「一國兩制」實施中的若干憲法問題淺析》，《法商研究》2000 年第 4 期。

[5]　王書成：〈司法謙抑主義與香港違憲審查權——以「一國兩制」為中心〉，《政治與法律》2011 年第 5 期。

[6]　王磊：〈香港政治體制應當表述為「行政長官制」〉，《政治與法律》2016 年第 12 期。

[7]　王麗萍：〈幻象與現實之間的聯邦制——對聯邦制研究中若干重要問題的討論〉，《政治學研究》2014 年第 1 期。

[8]　付婧：〈香港特別行政區立法會提案權研究——從提案權的行使看香港行政與立法的關係〉，《地方立法研究》2017 年第 5 期。

[9]　田飛龍：〈基本法秩序下的預選式提名與行政主導制的演化〉，《政治與法律》2015 年第 2 期。

[10]　田飛龍：〈一國兩制、人大釋法與香港新法治的生成〉，《政治與法律》2017 年第 5 期。

[11]　任東來：〈試論美國最高法院與司法審查〉，《美國研究》2007 年第 2 期。

[12]　任銘珍：〈行政主導體制下香港特區行政權與司法權的關係芻議〉，《社會縱橫》（新理論版）2012 年第 2 期。

[13]　朱國斌：〈香港基本法第 158 條與立法解釋〉，《法學研究》2008 年第 2 期。

[14]　朱最新、曹延亮：〈行政備案的法理界說〉，《法學雜誌》2010 年第 4 期。

[15]　吳天昊：〈特別行政區高度自治權：是權力而非權利〉，《法學》2012 年第 12 期。

[16]　吳天昊：〈論香港特區法院司法管轄權的邊界〉，《當代港澳研究》2013 年第 1 期。

[17]　吳邦國：〈深入實施香港特別行政區基本法，把「一國兩制」偉大實踐推向前進〉，《求是》2007 年第 12 期。

[18]　李元起、黃若谷：〈論特別行政區制度下的「剩餘權力」問題〉，《北方法學》2008 年第 2 期。

[19]　李昌道：〈香港基本法解釋機制探析〉，《復旦學報（社會科學版）》2008 年第 3 期。

[20]　李新天：〈論大陸與香港司法協助的模式〉，《法學評論》1997 年第 2 期。

[21] 李慧:〈香港憲政秩序變遷中的判例制度〉,《法學雜誌》2012 年第 7 期。

[22] 李緯華:〈關於香港特別行政區終審法院適用提請釋法規則狀況的檢討〉,《政治與法律》2014 年第 4 期。

[23] 李蕊佚:〈香港終審法院啟動提請釋法程序的要件〉,《中外法學》2017 年第 4 期。

[24] 李蕊佚:〈對話式司法審查權——香港特別行政區法院的實踐及其前景〉,《當代法學》2017 年第 6 期。

[25] 李薇薇:〈《公民權利和政治權利國際公約》在香港的法律地位〉,《法制與社會發展》2013 年第 1 期。

[26] 杜承銘:〈論特別行政區的授權性地方自治性質及其授權機理〉,《暨南學報(哲學社會科學版)》2015 年第 6 期。

[27] 宋英輝、吳宏耀:〈不起訴裁量權研究〉,《政法論壇》2000 年第 5 期。

[28] 汪進元:〈香港《基本法》解釋體制的內在張力及其緩解——從人大針對《基本法》第 104 條的解釋說起〉,《江蘇行政學院學報》2017 年第 2 期。

[29] 沈巋:〈司法解釋的「民主化」和最高法院的政治功能〉,《中國社會科學》2008 年第 1 期。

[30] 周永坤:〈違憲審查的民主正當性問題〉,《法制與社會發展》2007 年第 4 期。

[31] 季金華:〈《香港基本法》解釋的權限和程序問題探析〉,《現代法學》2009 年第 4 期。

[32] 季奎明:〈香港基本法的解釋權——芻議全國人大常委會和香港法院在基本法解釋上的關係〉,《甘肅政法學院學報》2006 年第 3 期。

[33] 林峰:〈「一國兩制」下香港「外籍法官」的角色演變〉,《中外法學》2016 年第 6 期。

[34] 林峰正:〈司法改革不能沒有律師參與——台灣司法改革的經驗與癥結〉,《南風窗》2009 年第 7 期。

[35] 林哲森:〈論人大釋法及其與香港特區司法終審權的銜接〉,《海峽法學》2013 年第 3 期。

[36] 胡玉鴻:〈「人民的法院」與陪審制度——經典作家眼中的司法民主〉,《政法論壇》2005 年第 4 期。

[37] 胡榮榮:〈政治權威理論視角下的香港行政主導體制〉,《上海市社會主義學院學報》2015 年第 6 期。

[38] 胡錦光:〈違憲審查與相關概念辨析〉,《法學雜誌》2006 年第 4 期。

[39] 胡錦光、朱世海:〈三權分立抑或行政主導制——論香港特別行政區政體的特徵〉,《河南省政法管理幹部學院學報》2010 年第 2 期。

[40] 祝捷:〈香港特別行政區終審法院法規審查的技術實踐及其效果〉,《政治與法律》2014 年第 4 期。

[41] 姚國建:〈論 1999 年「人大解釋」對香港法院的拘束力〉,《法商研究》2013 年第 4 期。

[42] 姚魏:〈論香港特別行政區立法權的性質與特徵〉,《地方立法研究》2017 年第 5 期。

[43] 施瑋:〈弘揚法律的公平、公信精神:陪審制度之審視——兼論中外陪審制度的建構與實踐〉,《太平洋學報》2010 年第 7 期。

[44] 郝鐵川:〈香港特別行政區政治體制是一種獨特的地方政治體制〉,《江漢大學學報(社會科學版)》2018 年第 2 期。

[45] 高宏貴:〈論中國區際司法協助的性質、特點和模式〉,《華中師範大學學報》1997 年第 5 期。

[46] 陳弘毅、羅沛然、吳嘉誠、顧瑜:〈香港終審法院關於《基本法》的司法判例評析〉,《中國法律評論》2015 年第 3 期。

[47] 陳弘毅:〈公約與國際人權法的互動:香港特別行政區的個案〉,《中外法學》2011 年第 1 期。

[48] 陳永鴻:〈論香港特區法院的「違憲審查權」〉,《法商研究》2013 年第 1 期。

[49] 陳欣新:〈香港與中央的「違憲審查」協調〉,《法學研究》2000 年第 4 期。

[50] 陳濤:〈主權者:從主人到代表者——霍布斯的主權理論的發展〉,《北大法律評論》2013 年第 2 期。

[51] 夏引業:〈一國兩制下香港終審法院的角色與立場——以「吳嘉玲案」終審判決為中心的分析〉,《法制與社會發展》2015 年第 4 期。

[52] 徐昕:〈中國區際司法協助方案選擇〉,《政治與法律》1996 年第 1 期。

[53] 徐靜琳、張華:〈關於香港特區違憲審查權的思考〉,《上海大學學報(社會科學版)》2008 年第 2 期。

[54] 孫南申:〈論一國兩制下區際私法的公共秩序保留〉,《華東政法學院學報》2005 年第 4 期。

[55] 孫瑩、劉溟溟:〈論香港《基本法》解釋機制的協調——基於全國人大常委會五次釋法的經驗〉,《地方立法研究》2017 年第 5 期。

[56] 秦前紅、付婧:〈論香港基本法解釋方法的衝突與協調〉,《蘇州大學學報(法學版)》2015 年第 2 期。

[57] 秦前紅、付婧:〈在司法能動與司法節制之間——香港法院本土司法審查技術的觀察〉,《武漢大學學報(哲學社會科學版)》2015 年第 5 期。

[58] 秦倩、李曉新:〈國家結構形式中的司法權配置問題研究〉,《政治與法律》2012 年第 10 期。

[59] 馬進保:〈中國區際刑事司法協助論綱〉,《甘肅政法學院學報》2003 年第 3 期。

[60] 馬懷德、鄧毅:〈司法獨立與憲法修改〉,《法學》2003 年第 12 期。

[61] 張千帆:〈主權與分權——中央與地方關係的基本理論〉,《國家檢察官學院學報》2011 年第 2 期。

[62] 張文彪:〈論《憲法》與《香港特別行政區基本法》的關係〉,《嶺南學刊》1997 年第 1 期。

[63] 張定淮、王夢暘：〈如何理解香港的政治體制特徵？〉，《國外理論動態》2016 年第 1 期。

[64] 張定淮、底高揚：〈論一國兩制下中央對香港特別行政區授權的性質〉，《政治與法律》2017 年第 5 期。

[65] 張淑鈿：〈對香港終審法院《關於非全職法官參與政治活動的指引》的法理探析〉，《政治與法律》2013 年第 3 期。

[66] 張淑鈿：〈論香港行政權、立法權和司法權對終審法院首席法官遴選的影響——從首席法官遴選程序的改革爭議切入〉，《政治與法律》2015 年第 10 期。

[67] 強世功：〈司法主權之爭——從吳嘉玲案看「人大釋法」的憲政意涵〉，《清華法學》2009 年第 5 期。

[68] 曹旭東：〈論香港特別行政區行政主導制〉，《政治與法律》2014 年第 1 期。

[69] 曹旭東：〈香港特區終審法院基本法審查的司法哲學（1997-2017）〉，《法學評論》2020 年第 3 期。

[70] 許昌：〈香港特區政治體制模式的特徵分析〉，《當代港澳研究》2013 年第 2 期。

[71] 許崇德：〈簡析香港特別行政區實行的法律〉，《中國法學》1997 年第 3 期。

[72] 許崇德：〈略論香港特別行政區的政治制度〉，《中國人民大學學報》1997 年第 6 期。

[73] 鄒平學：〈抵觸基本法還是符合基本法——評香港特區立法會〈議事規則〉第 57（6）條之定位〉，《法學》2007 年第 5 期。

[74] 鄒平學：〈論香港特別行政區制度的內容、特徵和實施條件〉，《法學評論》2014 年第 1 期。

[75] 鄒平學、潘亞鵬：〈港澳特區終審權的憲法學思考〉，《江蘇行政學院學報》2010 年第 1 期。

[76] 黃明濤：〈普通法傳統與香港基本法的實施〉，《法學評論》2015 年第 1 期。

[77] 傅思明：〈中國獨創的港澳政權組織形式論略〉，《政治與法律》2000 年第 6 期。

[78] 程潔：〈論雙軌政治下的香港司法權——憲政維度下的再思考〉，《中國法學》2006 年第 5 期。

[79] 程潔：〈中央管治權與特區高度自治——以基本法規定的授權關係為框架〉，《法學》2007 年第 8 期。

[80] 程潔：〈香港基本法訴訟的系統案例分析〉，《港澳研究》2016 年第 2 期。

[81] 程潔：〈香港新憲制秩序的法理基礎：分權還是授權〉，《中國法學》2017 年第 4 期。

[82] 程潔：〈不對稱治理格局下香港的憲制基礎與憲法適用〉，《中國法律評論》2018 年第 5 期

[83] 焦諸華：〈英國陪審制度的歷史嬗變及存廢之爭〉，《政治與法律》2001 年第 5 期。

[84] 董立坤、張淑鈿：〈香港特別行政區法院的違反基本法審查權〉，《法學研究》2010 年第 3 期。

[85]　董立坤、張淑鈿：〈香港特區法院對涉及國家豁免行為的案件無管轄權〉，《政法論壇》2012 年第 6 期。

[86]　楊建兵、陳紹輝：〈香港民主發展歷程的回溯與展望〉，《華南理工大學學報（社會科學版）》2015 年第 5 期。

[87]　楊曉陽：〈美國分權制衡體制中司法權之考察 ── 以最高法院大法官的任命為視角〉，《人民論壇》2013 年第 8 期。

[88]　楊曉楠：〈從「不干預原則」的變遷審視香港特區司法與立法關係〉，《法學評論》2017 年第 4 期。

[89]　鄭戈：〈香港司法如何做到無懼無私〉，《中國法律評論》2014 年第 1 期。

[90]　鄭赤琰：〈「一國兩制」下的司法獨立：來自特區司法的挑戰〉，《港澳研究》2014 年第 4 期。

[91]　鄭賢君：〈九七後香港司法架構的特點 ── 建議終審庭的設立對香港司法體制的影響〉，《中外法學》1997 年第 1 期。

[92]　鄭賢君：〈隱含權力：普通法對香港政制的影響 ── 解釋權的民主性〉，《河南財經政法大學學報》2016 年第 1 期。

[93]　趙偉：〈論香港司法權的憲法屬性〉，《法治社會》2017 年第 2 期。

[94]　趙國強：〈「一國兩制」下的中國區際刑事司法協助〉，《廣東外語外貿大學學報》2008 年第 5 期。

[95]　趙國強：〈論特區終審法院的社會責任 ── 以案例為視角〉，《廣東社會科學》2013 年第 4 期。

[96]　甄樹青：〈法官遴選制度比較研究〉，《外國法譯評》1999 年第 4 期。

[97]　劉永偉：〈變異與進化：美歐憲法解釋模式的生成 ── 兼論《香港基本法》解釋模式的建構〉，《法商研究》2012 年第 1 期。

[98]　劉兆佳：〈香港「佔中」行動的深層剖析〉，《港澳研究》2015 年第 1 期。

[99]　劉海川：〈霍布斯的代表與授權理論〉，《政治與法律評論》2014 年第 1 期。

[100]　劉憲權：〈香港回歸後面臨的法律問題〉，《當代法學研究》1998 年第 2 期。

[101]　蔣朝陽：〈從香港法院的判決看基本法的解釋〉，《港澳研究》2007 年夏季號。

[102]　龍宗智：〈檢察官自由裁量權論綱〉，《人民檢察》2005 年第 15 期。

[103]　駱偉建：〈論特別行政區政治體制與現實政治的關係〉，《港澳研究》2017 年第 3 期。

[104]　蕭蔚雲：〈論中華人民共和國憲法與香港特別行政區基本法的關係〉，《北京大學學報》1990 年第 3 期。

[105]　謝碧霞、謝素軍：〈香港政治發展中異化現象的演變：路徑與啟示 ── 基於相對剝奪理論的分析〉，《廣東省社會主義學院學報》2018 年第 1 期。

[106]　魏磊傑：〈香港管治困境的癥結與出路〉，《國際政治研究》2017 年第 1 期。

[107]　關毅：〈法官遴選制度比較（中）〉，《法律適用》2002 年第 5 期。

[108] 蘇力：〈法官遴選制度考察〉，《法學》2004 年第 3 期。

[109] 嚴勵：〈內地與香港特區司法協助問題研究〉，《上海市政法管理幹部學院學報》2000 年第 2 期。

[110] 顧敏康、徐永康、林來梵：〈香港司法文化的過去、現在與未來——兼與內地司法文化比較〉，《華東政法學院學報》2001 年第 6 期。

[111] 【法】米海伊爾·戴爾瑪斯—馬蒂著，盧建平譯：〈法的世界化——機遇與風險〉，《法學家》2000 年第 4 期。

[112] 【美】羅斯科·龐德著，李鴿譯：〈何為遵循先例原則〉，《山東大學學報》2006 年第 5 期。

1.3 報刊

[1]　〈兼職法官不限制入黨〉，《信報財經新聞》2006 年 7 月 25 日，P06 版。

[2]　〈禁兼職法官入黨或違基本法〉，《新報》2006 年 6 月 6 日，A08 版。

[3]　李國英：〈法官入黨尤為司法獨立無私原則〉，《文匯報》2006 年 6 月 8 日，A26 版。

[4]　李曉兵：〈對香港特區法院憲制角色的思考〉，《大公報》2016 年 6 月 15 日，A12 版。

[5]　馬力：〈兼職法官參政應受限委任〉，《星島日報》2006 年 5 月 13 日，A23 版。

[6]　黃仁龍：〈基本法之下的香港法律制度〉，《文匯報》2007 年 4 月 5 日。

[7]　曾鈺成：〈法官入黨指引有漏洞〉，《文匯報》2006 年 6 月 1 日，A23 版。

[8]　傅鑄：〈香港特區終審法院提請釋法意義重大〉，《人民日報》2011 年 6 月 13 日，第 11 版。

1.4 網絡資源

[1]　田飛龍：〈基本法實踐探索「一國兩制」新路〉，2015 年 4 月，大公網，http://news.takungpao.com/paper/q/2015/0401/2961334.html，最後訪問時間：2021 年 3 月 28 日。

[2]　〈終審法院首席法官二〇一七年法律年度開啟典禮演辭〉，2017 年 1 月，香港政府一站通，http://www.info.gov.hk/gia/general/201701/09/P2017010900464.htm，最後訪問時間：2021 年 3 月 28 日。

[3]　〈中聯辦主任：香港不是三權分立 特首超然三權之上〉，2015 年 9 月，中國新聞網，http://news.china.com/domestic/945/20150913/20381232.html，最後訪問時間：2021 年 3 月 28 日。

[4]　張曉明：〈正確認識香港特別行政區政治體制的特點〉，2015 年 9 月，大公網，http://news.takungpao.com/paper/q/2015/0913/3163893.html，最後訪問時間：2021 年 3 月 28 日。

[5] 〈港九成受訪者反對外傭居權 逾半指覆核造濫用〉，2011 年 9 月，北方網，http://news.enorth.com.cn/system/2011/09/07/007288598.shtml，最後訪問時間：2021 年 3 月 28 日。

[6] 〈終審法院首席法官二〇一五年法律年度開啟典禮演辭〉，2012 年 1 月，香港政府新聞網，http://www.info.gov.hk/gia/general/201501/12/P201501120474.htm 最後訪問時間：2021 年 3 月 28 日。

[7] 〈立法會十四題：濫用司法覆核及法律援助制度〉，2016 年 1 月，香港政府一站通，http://www.info.gov.hk/gia/general/201601/20/P201601200411.htm，最後訪問時間：2021 年 3 月 28 日。

[8] 〈馬道立：司法覆核維護公眾利益〉，2016 年 1 月，香港政府新聞網，http://sc.news.gov.hk/TuniS/www.news.gov.hk/tc/record/html/2016/01/20160111_190338.shtml，最後訪問時間：2021 年 3 月 28 日。

[9] 〈顧敏康：不能忽視濫用司法覆核的現象〉，2015 年 12 月，大公網，http://news.takungpao.com/hkol/politics/2015-12/3255616.html，最後訪問時間：2021 年 3 月 28 日。

[10] 王書童：〈香港司法覆核爭議 梁振英：機制被濫用〉，2016 年 1 月，多維新聞，http://news.dwnews.com/hongkong/news/2016-01-11/59709833.html，最後訪問時間：2021 年 3 月 28 日。

[11] 〈袁國強：佔領違法衝擊法治〉，2015 年 1 月，大公網，http://news.takungpao.com/hkol/politics/2015-01/2884757_print.html，最後訪問時間：2021 年 3 月 28 日。

[12] 柳蘇：〈貫徹基本法不可回避的問題〉，清華大學港澳研究中心，http://www.hmt.tsinghua.edu.cn/publish/hmt/258/2013/20130430165512159667218/20130430165512159667218_.html，最後訪問時間：2021 年 3 月 28 日。

[13] 〈李國能表示：回歸後香港已經全面落實司法獨立〉，2010 年 1 月，中國新聞網，http://www.chinanews.com/ga/ga-sszqf/news/2010/01-12/2066909.shtml，最後訪問時間：2021 年 3 月 28 日。

[14] 陳端洪：〈主權政治與政治主權：《香港基本法》主權話語的邏輯裂隙〉，2007 年，北大法律網，http://article.chinalawinfo.com/ArticleHtml/Article_40841.shtml，最後訪問時間：2021 年 3 月 28 日。

[15] 〈張曉明在「基本法頒佈 25 週年」研討會上的講話〉，2015 年 9 月，中央人民政府駐香港特別行政區聯絡辦公室，http://www.locpg.gov.cn/jsdt/2015-09/12/c_128222889.htm，最後訪問時間：2021 年 3 月 28 日。

[16] 〈人大釋法對香港的重要意義〉，2016 年 11 月，大公網，http://news.takungpao.com/hkol/politics/2016-11/3387935.html，最後訪問時間：2021 年 3 月 28 日。

[17] 〈全國人民代表大會常務委員會關於根據《中華人民共和國香港特別行政區基本法》

第一百六十條處理香港原有法律的決定〉，1997 年 2 月，中國人大網，http://www.
npc.gov.cn/wxzl/gongbao/1997-02/23/content_1480143.htm，最後訪問時間：2021 年
3 月 28 日。

[18] 〈終審法院首席法官二○一六年法律年度開啟典禮演辭〉，2016 年 1 月，香港政府
新聞網，http://www.info.gov.hk/gia/general/201601/11/P201601110433.htm，最後訪
問時間：2021 年 3 月 28 日。

[19] 〈終審法院首席法官二○○七年法律年度開啟典禮演辭〉，2007 年 1 月，香港政府
新聞網，http://www.info.gov.hk/gia/general/200701/08/P200701080121.htm，最後訪
問時間：2021 年 3 月 28 日。

[20] 香港特區政府網站「香港政府一站通」所設欄目「政府資訊及刊物——憲報」，香
港政府一站通，https://www.gov.hk/tc/residents/government/publication/index.htm，
最後訪問時間：2021 年 3 月 28 日。

[21] 香港立法會 1997 年 5 月 24 日會議過程正式紀錄，中華人民共和國香港特別行政
區立法會，https://www.legco.gov.hk/yr97-98/chinese/counmtg/general/yr9798.htm，
最後訪問時間：2021 年 3 月 28 日。

[22] 香港立法會 2012 年 7 月 17 日會議過程正式紀錄，中華人民共和國香港特別行
政區立法會，https://www.legco.gov.hk/general/chinese/counmtg/yr08-12/mtg_1112.
htm，最後訪問時間：2021 年 3 月 28 日。

[23] 香港特區司法機構年報（2011-2015 年），香港特區司法機構，https://www.judiciary.
hk/zh/publications/publications.html#annu_report，最後訪問時間：2021 年 3 月
28 日。

[24] 〈內地與香港特區就進一步完善相互通報機制進行首輪磋商〉，新華網，http://www.
xinhuanet.com/2016-07/05/c_1119169563.htm，最後訪問時間：2021 年 3 月 28 日。

[25] 〈出任陪審員的準則〉，香港法律改革委員會，http://www.hkreform.gov.hk/chs/
publications/rjurors.htm，最後訪問時間：2021 年 3 月 28 日。

[26] 〈列顯倫轟反對派濫用司法覆核〉，2015 年 12 月，大公網，http://news.takungpao.
com/paper/q/2015/1203/3247877.html，最後訪問時間：2021 年 3 月 28 日。

二、外文文獻

2.1 著作

[1] Cross & Harris, *Precedent in English Law*, Oxford: Clarendon Press, 1991.

[2] David N. Atkinson, *Leaving the Bench: Supreme Court Justices at the End*, Kansas:
University Press of Kansas, 1999.

[3]   Jan McCormick-Watson, *Essential English Legal System*, London: Cavendish Publishing Limited, 2004.

[4]   J. R. Lucas, *The principles of politics*, Oxford: Clarendon Press, 1996.

[5]   Peter Wesley-Smith, *The Source of Hong Kong Law*, Hong Kong: Hong Kong University Press, 1994.

[6]   Terence Elliot & Frances Quinn, *English Legal System*, London: Longman Press, 2001.

2.2 論文

[1]   P. B Carter, "The Role of Public Policy in English Private International Law", *The International and Comparative Law Quarterly*, Vol. 42, No. 1, p. 4.

責任編輯　　　CHC
書籍設計　　　道轍

書　　名　　香港特別行政區司法權與終審權問題研究
著　　者　　郭天武　陳雪珍　嚴林雅
出　　版　　三聯書店（香港）有限公司
　　　　　　香港北角英皇道 499 號北角工業大廈 20 樓
　　　　　　Joint Publishing (H.K.) Co., Ltd.
　　　　　　20/F., North Point Industrial Building,
　　　　　　499 King's Road, North Point, Hong Kong
香港發行　　香港聯合書刊物流有限公司
　　　　　　香港新界荃灣德士古道 220-248 號 16 樓
印　　刷　　美雅印刷製本有限公司
　　　　　　香港九龍觀塘榮業街 6 號 4 樓 A 室
版　　次　　2021 年 4 月香港第一版第一次印刷
規　　格　　16 開（170 mm × 240 mm）384 面
國際書號　　ISBN 978-962-04-4782-2
　　　　　　© 2021 Joint Publishing (H.K.) Co., Ltd.
　　　　　　Published & Printed in Hong Kong